제3의
설교론

영상시대에 필요한 설교

제3의 설교론

설교론

영상시대에 필요한 설교

최성수

KSI 한국학술정보(주)

감사의 글

설교자들과 대화를 나누다 보면 그들이 설교를 준비할 때 본문설교와 주제설교 사이에서 심한 갈등을 겪고 있다는 사실을 확인해볼 수 있다. 사실 설교의 현실을 자세히 살펴보면 본문설교와 주제설교는 공존하고 있다. 교계에 잘 알려진 설교자들 가운데 어떤 분들의 설교는 주제설교 맛을 내는 그런 구조를 갖고 있고, 또 어떤 분들은 본문설교를 생명처럼 여기고 있다. 모두에게 잘 알려져 있고 또 설교에 있어서 큰 영향력을 행사하고 있는 분들이다. 그럼에도 불구하고 주제설교와 본문설교 사이에서 고민하고 갈등하는 이유는 설교학 교과서 안에서 주제설교가 비판받고 있기 때문이다.

주제설교는 오래 전부터 있어 왔지만 근대에 들어 특히 계몽주의 사조와 더불어서 유행하게 되었고 또 자유주의적 신학에 물든 목회자들에게 사랑을 받아 왔던 설교형태이다. 당시 주제설교는 청중들의 큰 감동을 불러일으켰지만, 그러나 스위스 조직 신학자 바르트(Karl Barth)와 독일의 실천신학자 투르나이젠(Eduard Thurneysen)의 신학에 걸려 좌초되었다. 그 이후로 평가 절하된 주제설교는 오늘날 한국 설교학에서마저 사생아 취급을 당해 오고 있다. 그러다 보니 누구도 감히 주제설교를 할 용기를 쉽게 갖지 못한다.

그러나 '본문설교냐 주제설교냐'의 양극화된 대립구조는 지양되어야 한다. 설교학에서 본문설교가 중요한 만큼, 주제설교 역시 경시되어서는 안 된다. 양자 모두가 장단점을 갖고 있기 때문이다. 주제설교가 갖는 폐해를 생각한다면 당연히 본문설교가 교회 안에 자리를 잡아야겠지만, 그렇다고 주제설교가 주는 유익함마저 버리는 어리석음은 없어야 한다. 욕조를 씻는다고 해서 그 안에 들어 있는 아이마저 버릴 수는 없는 것 아닌가? 그렇다면 설교학의 과제는 이 두 가지 설교의 형태를 하나로 묶어줄 수 있는 방법을 고안하는 일이 될 것이다. 필자는 그러한 노력을 한국의 설교학에서 발견하지 못했고, 이 안타까움을 풀어 보려는 동기에서 연구를 시작하였다. 그리고 마침내 "현실로부터 본문을 향해 나아가는 설교"로 결실을 보게 되었다.

내용은 "현실로부터 본문을 향해 나아가는 설교"지만 책의 제목을 "제3의 설교론"으로 붙이게 되었다. 이곳에서 제시하는 설교의 형태가 기본적인 구조에서는 본문설교이면서도, 그 모양 면에서는 주제설교적인 면모를 갖추고 있기 때문이다. 즉, 한편으로는 주제설교의 단점을 극복하는 의미에서 성경에서 본문을 택하고 또 주제를 발견하면서도 본문설교가 안고 있는 연역적인 구조로부터 벗어나 귀납적인 설교를 지향한다. 다른 한편으로는 주제설교에서 흔히 볼 수 있는 귀납적 구조를 고수하면서도 본문 안에서 주제의 의미를 발견하려는 노력을 기울인다는 본문설교의 기본정신을 갖추고 있다. 본문설교와 주제설교 가운데서 일방적인 설교형태를 지양하고 예배 안에서 행해지는 설교로서 주제와 본문의 의미 모두가 빛을 발하는 상생의 길을 모색한다는 점에서 "제3의 설교론"이라는 제목을 붙인 것이다. 다시 말해서 앤서니 기든스가 제시한 '제3의 길'이 진보와 보수의 양대 구조의 상극관계를 극복하고 상생을 지향하는 길을 일컫는 것에서 착안되었다.

이 글은 연구서로서 집필되었는데, 연구의 우선적인 목적은 목회자들의 설교준비를 돕고, 또 설교자의 길을 준비하는 신학생들의 설교이해를 돕기 위한 것이다. 한 상담학자의 의문은 필자로 하여금 현실 문제를 중시하는 새로운 설교학에 대한 깊은 관심을 갖게 했다. "신학생들은 설교학 시간에 성경본문을 사람들 삶에 적용할 수 있도록 해주어야 한다는 사실을 배웁니다. 그런데도 신학교 교육을 받은 졸업생들 가운데 실제 세계에서 부딪치는 문제들을(다른 사람들의 문제는 물론 자기 삶의 문제들까지도) 처리하는 데 전혀 준비가 되어 있지 않은 이들이 왜 그렇게 많은지 모르겠습니다. 설교하는 강단이 사람들의 삶 속으로 뛰어 들어가는 도약대가 아니라 오히려 사람들을 피하는 보호벽이 되는 이유는 무엇입니까?"(로렌스 크랩, 『인간이해와 상담』, 100) 설교학에서 문제해결 능력을 배우기보다는 당위적인 표현으로 가득한 이론으로 무장시키는 설교학은 이제 재고되어야 한다.

한편, 설교학에서 신학생들은 본문설교만을 바른 설교로 인식하고 주제설교는 가능한 한 지양되어야 한다고 배운다. 긍정할 만한 충분한 이유가 있다 해도 설교의 실제에 있어서 설교자들은 주제설교의 수준에 머물러있는 경우가 허다하다. 이런 현실을 바라보며 실제적으로 행해지는 설교를 개선하고 그에 대한 신학적 기초를 제공해 주고 싶은 마음이 간절했다. 그러다 보니 어느새 지금까지의 설교론에서는 발견하지 못하는 요소를 담는 것이 되어버렸다. 설교자들을 돕기 위한 노력이 오히려 또 하나의 새로운 부담을 안겨주는 것이 되는 것이 아닌지 모르겠다. 걱정이 앞선다. 그러나 출판되기 이전에 이 글을 읽고 아낌없는 평을 주었던 여러 목회자들의 평가와 호신대의 많은 신학생들(학부 및 신대원생들), 장신대 대학원 박사과정 학생들, 연세대 대학원생들과의 대화와 토론을 거쳐 출판에 용기를 얻을 수 있었다. ACTS 목회자 연구원에서 이 글의 주제를 두고 행해진 특강과 강연을 들은 많은 목회자들은 많은 박수갈채와 더불어서 책의 조속한 출판을 바라는 마음을 보여주었다. 그들 모두의 격려와 칭찬은 출판의지에 대한 필자의 소심함을 극복할 수 있게 해 주었다.

그러나 출판 이후 부진한 판매로 인해 노심초사하던 필자가 재출판의 용기를 얻게 되었는데, 그것은 월간 잡지 「목회와 신학」의 부록 「그말씀」에서 2004년 10월호를 기획하면서 특별인터뷰("이달의 프리칭 인터뷰"(『제3의 설교론』), 8-15)를 제안해왔기 때문이다. 그 후에도 여전히 설교학계가 외면했지만 목회자들을 대상으로 하는 강연에서는 생각지도 못한 많은 격려를 받았는데, 설교자들에게 설교에 대한 새로운 지평을 열어주고 설교에 대한 용기를 북돋아 줄 수 있을 것이라는 전망이 그들이 보여준 한결같은 평가였다. 그러나 강연과 글은 다른 법. 이 글을 읽는 독자들의 아낌없는 평을 바라마지 않는다.

조직신학자로서 설교학에 손을 댄다는 것이 주제넘은 일 같기도 하고 또 쉬운 일은 아니었지만 목회자와 신학자로서의 멀티플레이어를 꿈꾸며 용기를 내었다. 독일 유학시절부터 부전공으로 심혈을 기울여 연구했던 설교학에 대한 기본 감각을 바탕으로 연구에 박차를 가할 수 있었다. 또한 영화에 대한 글을 쓰면서 영화가 설교에서 활용되고 있지만 어떤 근거에서 그렇게 할 수 있는지에 대한 분명한 확신을 갖지 못한 설교자들에게 영상설교에 대한 이론적인 근거를 제시해주고 싶은 마음을 표현해 내고자 애를 썼다. 한 가지 아쉬운 점이 있다면, 설교학 이론에 대한 접근은 충분하게 이루어졌지만 임상실험에 해당할 만한 연구를 하지 못했다는 점이다. 한국 설교자들의 대표적인 설교를 일일이 분석하고 평가하며 연구를 진행해야 했지만 그럴 만한 여유가 충분하지 못했다. 일부 설교자들의 설교를 다루는 것에 제한할 수밖에 없었다. 임상연구는 다른 기회에 이루어질 것을 기대하며 아쉬움을 가슴속에 묻어두었다.

　글을 탈고하며 전체를 다시 읽어보니 목회자들이 쉽게 접할 수 있도록 배려했다고는 했지만 여전히 학문적인 냄새가 깊이 배어나는 것 같아 아쉽기만 하다. 한편으로는 필자의 어눌한 글 솜씨를 스스로 질타하지만, 다른 한편으로는 설교의 기초를 발견하기를 원하는 목회자들과 신학생들, 그리고 신학자들 모두에게 큰 관심의 대상이 될 수 있기를 기대하면서 연구서로서의 모양을 갖추고 세상에 내놓게 되었다. 혹시 독자들 가운데 이 글에 내용에 대한 문의가 있거나, 아니면 비판할 것이 있다고 생각되면 아래의 주소나 메일주소 혹은 전화로 연락을 준다면 저자의 발전적 사고를 위해 매우 귀중한 자료가 될 것이라고 확신한다.

　이 글이 재출판되어 나오기까지 도움을 베풀어준 많은 사람들의 이름을 일일이 거론할 수는 없지만, 이 자리를 빌려 여러분들의 수고에 대해 깊은 감사의 말씀을 드린다. 필자의 은사요 또한 '아버지와 같은 존재'로서 관계를 맺고 있는 자우터(G. Sauter) 교수와 모든 일에 있어서 영적인 대모로서의 사랑을 보여주고 있는 할러-플레메스(Ilse Haller-Flemes) 부인에 대해서도 감사를 드린다.

　피치 못할 사정으로 서울에서 먼 남쪽 땅 빛고을 광주로 말 그대로 빈손으로 내려왔을 때 무등산은 내가 넘어서야 할 태산으로만 여겨졌다. 남도 땅의 소박한 아름다움을 제대로 보지 못했을 뿐만 아니라, 표현할 수 없는 골 깊은 마음의 상처를 부둥켜안고 한동안은 모든 연구를 중단하고 새로운 길을 찾아볼 생각도 했었다. 그러나 가족 모두는 기도와 인내, 그리고 사랑을 통해 생활의 곤고함을 이겨내려고 노력했고, 또 필자가 겪는 모든 어려움들을 극복하는데 큰 도움을 주었다. 이제는 새롭게 연구를 시작할 수 있을 뿐만 아니라, 이곳 빛고을을 포함해서 남도 땅의 구수함을 맘껏 사랑하며 즐길 수 있게 되어 너무 기쁘다. 광주운암교회의 당회장 정해동 목사님의 배려로 인해 필자는 부목사로 있으면서도 연구에 전념할 수 있는 시간을 얻을 수 있었다. 이 자리를 빌려 가장 큰 감사를 드려야 할 분이다. 물론 가족 모두에게 향한 감사를 빼놓을 수 없다. 이 글은 나의 아내 고영미를 포함해서, 하은恩(하나님의 은혜로 얻었고), 하람(하나님의 사람으로 자라나기를 바라며), 그리고 하진眞(어려운 시절 보여주신 하나님의 진실이 우리의 삶을 끝까지 동행하여 주시기를 바라는 마음)으로 이루어진 사랑하는 나의 가족에게 바치는 것이 당연할 듯싶다.

2008년 빛고을에 비추고 있을 밀양을 생각하며
신학박사 최 성 수

 **Ⅲ** ▮ 이제는 들어야 할 때 / 261

I

설교의 현장을 걸으며,
설교학 교과서들을 뒤적거리며

1. 설교론과 설교현실

'설교'란 구원의 복된 소식을 전하는 것으로서 기독교의 독특한 현상으로 알려져 있다.[1] 그 폭발적인 생명력이 종교개혁 전통에서 유래되기 때문에 가톨릭보다는 개신교적인 전통에 더 가깝다. 이런 특징을 갖는 설교에 관심을 갖고 설교학 관련 책을 뒤적거리다 보면 설교자에게 향한 수많은 조언들과 당위적 성격의 충고들에 놀라움을 금치 못한다. 설교의 초보자나 설교에 관한 책을 처음 접한 사람들에게 설교의 중요성을 숙지시키기 위해 어느 정도 효과를 볼 수 있는 제안들이지만, 이미 한두 권 정도 정독한 목회자들은 목회현실과 설교경험에 비추어 곧 눈을 돌리고 만다. 현실과 너무 다를 뿐만 아니라 설교에 대한 기쁨과 용기를 부여해 주기보다는 부름받은 자로서 마땅히 설교해야만 하는 당위적인 이유만이 발견되기 때문이다.

설교자들이 요구하는 설교론은 목회현실을 충분히 감안한 것이며 설교자들에게 지나친 부담을 안겨 주지 않는 것이다. 자신의 설교를 돌아볼 수 있게 해 주고 신학적 기초를 다져 줌으로써 설교에 대한 소명뿐만 아니라 설교에 대한 기쁨과 기대와 자신감을 심어 줄 수 있는 것이면 금상첨화가 아닐 수 없다. 이를 위해 설교론은 단순한 원리를

---

1) 부두일, "實效있는 講道의 要素", 「신학지남」 Vol.4. No.1(1921), 80-86, 80. 비록 다른 종교와 철학에서 신탁과 같은 모습이나 예언자적인 의미에서 신비의 지식을 전하는 형태가 없지는 않지만 오늘날 개신교에서 행해지고 있는 형태와 같은 설교의 모습으로는 쉽게 찾아볼 수 없다. 참고: Hans-Joachim Klimkeit, Predigt I. Religionsgeschichte, TRE 27, 1997, 225-231.

제시하는 데 그치기보다는 기존의 설교관행 및 설교자의 형편과 처지를 고려하며 설교에 자신감을 부여해 줄 필요가 있다.

예컨대 가장 기본적이고 당연한 일이겠지만, 설교자들은 적어도 한국 목회자를 겨냥한 설교론을 기대한다. 서구학자에 의해 연구된 이론이라도 한국인의 정서와 의사소통 과정에 맞게 재구성되지 않는다면 쉽게 뿌리를 내리지 못하게 되기 때문이다. 초기 한국교회의 설교와 설교학적 전통도 설교론에서 고려되어야 할 소재들이다. 그 안에는 한국인의 정서와 한국교회에 대한 정보가 담겨 있기 때문이다. 그러므로 설교 현장이 반영된 설교론을 구상함에 있어서 당연한 출발점이 되어야 할 질문은 다음과 같다: 설교에 대한 여러 이론들은 설교 현장에서 충실하게 반영되고 있는가?

한국교회는 초기부터 교회 사역에서 설교의 중요성을 강조했고 또 설교자들이 설교의 과학으로서 유념해야 할 설교론을 소개하였음에도[2], 사실 오늘날 이 질문에 대해서 자신 있게 말할 수 있는 설교자는 그렇게 많지 않다. 흔히 설교위기[3]의 특징적인 모습으로 지적되고 있는 비성서적인 설교, 청중을 무시하는 설교, 신학이 없는 설교 등은 설교자들이 설교론을 진지하게 받아들이지 않고 있음을 반영한다. 설교이론과 설교 현장의 관계를 묻는 대답에 대한 불확실한 태도는 '설교론' 집필에 대한 부담감을 갖게 한다. 아무런 효과를 보지 못하고 사장될 위험이 있기 때문이다. 그럼에도 불구하고 여러 설교들을 듣거나 설교

---

2) 예컨대 곽안련의 『설교학』(대한기독교서회, 1925, 개정판 1954); 그리고 정성구, 『한국교회설교사』(총신대학출판부, 1986).

3) 박근원, 『오늘의 설교론』(대한기독교서회, 1980, 증보판 1998), 18ff; 정장복, 『한국교회의 설교학개론』(예배와 설교아카데미, 2001), 21. 참고: Cleyd Reid, [정장복 역, 『설교의 위기』(대한 기독교출판사, 1982)].

집을 읽으면서 필자는 집필의 의욕을 새롭게 다질 수 있었다. 설교자들이 가능한 한 설교의 기본적인 틀에서 벗어나지 않으려는 노력을 확인할 수 있었기 때문이다. 예컨대, 성경본문에 기초한 설교를 한다든지, 혹은 설교가 예화를 나열하는 것으로만 끝나지 않고 끊임없이 성경본문과의 관계에 유념한다든지, 아니면 본문의 행간에 담긴 의미를 충실하게 읽어 내려는 주석 및 해석의 노력을 기울이는 등의 모습은 설교의 원론적인 차원에서 강조되고 있는 것으로 설교 현장에서 발견되는 좋은 예이다. 설교와 설교론에 대해 목회자들이 보여 주는 진지한 태도를 고려해 볼 때 설교론을 집필함에 있어서 최소한의 기대와 희망을 갖게 된다. 그럼에도 불구하고 한국인의 정서를 반영하고 있는 설교론이나 설교를 발견하기란 그렇게 쉽지가 않다. 이 사실은 한국목회자들이 한국인 청중들을 향해 설교를 할 때 청중들이 필요로 하는 부분이 충분히 채워 주고 있지 않는 현실을 간접적으로 보여 준다. 신학의 토착화 작업은 이미 대중적인 뿌리를 내리고 있는 상황임에도 불구하고 설교에서는 그 작업이 아직도 진지하게 수용되지 않고 있는 실정이다.

1) 많은 설교횟수

누구나 인정하는 부분이지만, 목회 생활은 많은 일들로 가득 차 있다. 설교횟수를 생각해 보거나, 혹은 이론에 충실하게 설교 준비를 했지만 실제 설교에 대해 보여 주는 성도들의 다소 회의적인 반응을 생각해 볼 때, 사실 설교에 대한 여러 이론들이 설교 현장에서 충실하게 적용되기를 기대하는 것은 무리다. 그렇지만 설교를 바르게 준비하기를 고민하면서 설교론을 읽는 모든 사람들은 무엇보다 먼저 설교 준비에 전념할 수 없도록 만드는 구조를 개선해야만 한다. 경우에 따라서는 그것을 제도화할 필요가 있다. 아무리 좋은 설교론이라도 구조적인 문제로 그것을 현실에 응용할 수 없다면 무의미한 것이 되고 말 것이기 때문이다.

대표적인 경우를 든다면 한 목회자가 담당하는 설교횟수를 줄이는 것이다. 단독목회의 경우에는 그것이 가능하지 않겠지만 적어도 부교역자를 둘 수 있는 교회에서 설교를 책임지고 있는 목회자들은 설교론을 읽기 전에 먼저 다른 교역자들과 설교의 기회를 서로 나눌 수 있는지를 진지하게 생각해 볼 필요가 있다. 그렇지 않고 설교론을 읽는다는 것은 좋은 결실을 가져다주지 못할 뿐만 아니라, 설교론에서 제시되는 각종 좋은 설교, 효과적인 설교에 대한 갈증만이 더욱 심해질 것이기 때문이다. 심하면 남의 설교를 모방하는 경우마저 생기게 된다. 설교론이란 충실한 설교 준비와 효과적인 설교를 위해 있는 것임을 명심할 필요가 있다. 다시 말해서 설교론은 충실한 준비만으로 만족할 수 없고 또 아무런 준비 없이 효과만을 기대해서는 안 된다는 사실을 환기시켜 준다. 불충실한 설교 준비는 설교에 대한 청중들의 기대를 떨어뜨린다.

2) 모방설교와 신학의 부재

여러 설교 이론들은 설교의 다양성을 말한다. 설교의 다양성은 청중의 다양성에 기인되지만, 무엇보다 먼저는 하나님의 다양한 계시방식을 반영한다. 설교자가 하나님을 어떻게 인식하느냐에 따라서 다양한 설교가 구성되는 것이다. 그러므로 신학은 설교를 준비하는 과정에서 설교의 기초를 확실하게 해 주면서 또한 풍성하고 다양한 설교가 되도록 돕는다. 그런데 현실적으로 설교 준비에 있어서 신학은 그렇게 크게 작용하지 않는 것 같다. 설교 준비에서 가장 먼저 시행하게 되는 성경주석의 경우, 몇몇의 설교자들을 제외하고는 자신이 직접 주석하기보다 기존의 주석을 참조하는 경우가 대부분이다. 최근에 유행되고 있는 주석들은 본문에 따른 설교까지 포함된 것도 있어서 목회자들이나 신학생들이 본문 연구에 큰 노력을 기울일 필요가 없게 되었을 정도이다. 성서신학자들의 연구를 참조하는 것은 그렇다고 치더라도, 인터넷이 활성화된 이후에는 유명한 설교자들의 설교가 단순히 참조되는 수준에서 벗어나서 그대로 복사되는 경우도 적지 않다는 말을 듣는다. 설교를 위한 착상을 얻기 위한 것이라면 모르겠지만 설교가 그대로 복사되는 것은 큰 문제다. 설교자의 윤리가 땅으로 추락했다는 비난과 더불어서 교회의 앞날에 대한 우려의 소리가 높다.

설교가 QT의 연장선상에서 이루어지는 경우도 있다. 설교를 준비함에 있어서 QT가 갖는 중요성은 결코 무시할 수 없지만, 이렇게 되면 본문 자체에 대한 신학적인 의미가 부각되지 않게 된다. 본문에 대한 비유적 혹은 유비적, 도덕적 혹은 윤리적인 깨달음을 바탕으로 현실에 적용하는 식으로 구성되는 것이 보통이기 때문이다. 본문에 대한 깨달음이 먼저 신학적 논의 안으로 수렴되지 않으면 깨달음은 지나치게 주관적이고 자의적일 수 있다. 전통과의 단절을 초래하기도 하고, 심하면 이단적인 경향을 띨 수도 있다.

이것은 설교에 대한 성도들의 반응에서도 읽어 볼 수 있다. 소위 '은혜를 받았다'는 말의 대부분이 '깨달았다' 혹은 '알지 못한 것을 알게 되었다' 혹은 '이해했다'는 정도로 해석될 수 있는데, 성도들의 이러한 반응이 잘못된 것은 아니지만, 문제는 신앙전통과 일치하지 않음에도 불구하고 자신의 주관적 깨달음이 지나치게 강조된다는 것이다. 경우에 따라서는 거듭남의 경험이나 아무런 신학적인 고찰도 없이 본문의 의미를 단순히 교훈의 형태로 환원시키고 도덕적 혹은 윤리적 삶을 위한 적용으로 끝나는 설교가 되기도 한다. 그 결과 설교는 복음을 드러내는 것이 아니라, 율법적인 것이 되어 버리게 된다. 하나님을 알게 됨으로써 기대되는 생각과 삶의 변화는 나타나지 않은 채, 심리적인 갈증만이 채워지는 것과 같은 자기만족의 의미에서 '은혜를 받았다'고 말을 하는 성도들이 많이 생겨나게 되었다. 수많은 좋은 설교를 듣고 지식에는 뛰어나나 삶의 변화가 없는 신앙인들의 모습을 보면, 신비한 지식을 통해 구원을 얻을 수 있다고 믿는, 그야말로 현대판 영지주의를 보는 듯하다.

3) 이해냐 거듭남이냐?

설교가 청중들에 의해 이해되어야 함은 마땅하고, 또 그것은 설교 준비가 겨냥해야 할 핵심이기는 하지만, 그렇다고 해서 설교가 지식을 전달하고 또 개념을 이해시키는 데에만 한정되는 것은 아니다. 그렇게 되면 청중들이 설교를 외면하게 된다. 한 걸음 더 나아가서 설교는 성령의 능력이 청중 가운데 나타나기를 기대하며 행해진다. 이 기대로 인해 설교의 우선적인 목적은 단순히 "이해하는 데 있지 않고, 오히려 거듭남"[4]에 있게 된다. 거듭남은 단순히 지적인 사건이 아니다. 그것은 전인격적인 사건이다. 설교가 청중의 지성, 감성, 의지에 있어서의 변화를 지향하는 것이어야 한다는 말이다. 인격적인 변화로 이어지는 거듭남은 성령사역의 결과로 나타나는 것이며 하나님에게 자신을 드러내는 것이다. 다시 말해서 예수 그리스도를 통한 하나님의 사역이

---

4) M. Josuttis, "설교와 예전: 예배 의식에 있어서의 하나님의 말씀", 『창조적인 목회를 위한 실천신학』(하우실트, 이영미, 슈뢰터 엮음, 한들출판사 2000), 193-211, 195.

나를 위한 것임을 깨닫게 되는 것이다. 설교는 하나님이 청중들과 함께 계심을 일깨워 주고, 청중들에게는 때로는 자신이 하나님의 영광을 드러내는 중요한 수단으로 사용되고 있다는 사실을 인식시켜 줄 뿐만 아니라, 때로는 하나님의 동역자로서 부르심을 받았다는 사실을 인식시켜 주기도 하고, 복음적 순종을 통한 삶의 변화가 나타나기 위한 적절한 동기를 부여해 준다. 청중들의 지성과 감성을 흥분시키고, 행함에 대한 기쁨과 기대를 불러일으킨다. 그래서 설교는 강연과 다르다. 설교에 본문의 내용을 이해시키고 숙지시키는 교육적인 요소가 없지 않지만, 설교는 단순히 교육만이 아니고, 의사소통의 원리가 작용하는 곳임을 명심할 필요가 있다.5)

4) 효과적인 설교가 기대된다

설교자들의 특별한 관심을 끄는 것은 소위 '효과적인 설교'이다.6) 일찍이 평양신학교 교수였던 富斗一 박사는 1927년 "실효잇는 강도의 요소"란 제목의 논문에서 "實效잇는講道는聽者等의意見이예수의게服從ᄒ게ᄒ는것이오又는聽者의想像力을煽動ᄒ고聽者의感情을動케홀쑨아

---

5) 참고: Robert E. Weber, *God Still Speaks*(1980) [정장복 역, 『그리스도교 커뮤니케이션』(대한기독교출판사, 1985)], 59: "무엇을 듣는다는 것은 그것에 의해서 산다는 것이다. 그리스도의 커뮤니케이터로서 우리의 소명은 사람들로 하여금 단순히 신앙내용을 받아들이도록 하는 것도 아니고, 그들의 마음속에 그리스도에 대한 따스하고 부드러운 감정을 불러일으키는 것도 아니다. 오히려 그리스도교 커뮤니케이션의 요지는 우리의 주가 되기며, 구주가 되시는 예수 그리스도 안에서 신앙을 일깨우는 것이다."

6) 연구논문 가운데 상당수가 효과적인 설교를 주제로 삼고 있다. 참고: 변대원, 『설교, 이렇게 합시다: 효과적인 설교학』(엘맨, 1995); 김행옥, 『효과적인 강해설교의 연구』, 목원대학교 석사학위논문, 1992; 김재순, 『효과적인 설교전달을 위한 대화설교연구』, 한세대학교신학대학원, 석사학위논문, 1999.

니라聖者의意志力을贍大히推進ᄒᆞ느니라"[7]고 말했다. 청중의 의견이
예수에게 복종하게 한다 함은 청중의 공명을 얻는다는 것이고, 청중으
로 감동하게 하고 또 그에 따른 실천적 삶을 가능하게 하는 것이라
함은 설교가 공감적이어야 함을 가리킨 것이다. 그러므로 어떻게 성
도들의 공명과 공감을 얻을 수 있는 설교를 할 수 있겠는가 하는 것
은 효과적인 설교에 있어서 매우 중요한 질문에 해당된다.[8] 한국에
온 선교사로서 한국의 설교학에 지대한 영향을 미쳤던 곽안련(Charles
Allen Clark)은 청중들이 갈망하는 감동적인 설교를 위해서 필요한 것
은 설교자가 곧 죽어 가는 자에게 하듯 하는 설교에서 볼 수 있는 열
심과 성의라고 보았다.[9] 박영재는 설교가 청중에게 전달될 수 있는
길을 제시하기도 하고[10] 또한 설교가 전달되지 않는 열여덟 가지 이
유를 들면서 그 첫 번째로 공감대를 형성하지 못하기 때문이라고 보
았다.[11] 공명이란 다른 사람들의 의견에 동의하는 것이며, 공감이란
다른 사람의 관점 혹은 그들의 감정에 들어가게 되는 상태를 말한다.

---

7) 부두일, "實效있는 講道의 要素", 81.
8) 참고: Craddock, *Preaching*(김영일 역, 『설교, 열린체계로서의 귀납적 설교
   방식』, 컨콜디아사, 1989), 200f. 이곳에서 크래독은 "효과"란 말을 "어떻게
   하면 그 메시지를 듣게 만들고 또 그들에게 적합한 것이 되게 만들까" 하
   는 질문을 통해서 이해하고, 효과적인 설교를 '들리는 설교'로 이해하고 이
   를 위해 설교가 갖추어야 할 것으로 "통일성, 전통성, 인식 가능성, 일체성,
   기대가능성, 친밀성" 등을 들었다. 박근원도 『오늘의 설교론』, 41-43에서
   설교에서 공감적 이해의 중요성을 강조했다. 박영재는, 『설교가 전달되지
   않는 18가지 이유』(규장사, 1998) 23-47에서 공감대를 형성하는 원리로서
   여덟 가지를 제시하고 있다: 주입식을 피하라, 흑백논리를 피하라, 설교 주
   제의 필요성을 강조하라, 설교의 목적을 밝히라, 상식적이어야 한다, 문제를
   제기하라, 청중을 칭찬하라, 접촉점을 만들라.
9) 곽안련, 『설교학』, 46.
10) 박영재, 『설교자가 꼭 명심할 9가지 설득의 법칙』(규장사, 1998).
11) 박영재, 『설교가 전달되지 않는 18가지 이유』(규장사, 1998), 23ff.

다시 말해서 '효과적인 설교'란 설교를 듣는 청중들이 내 이야기로 듣고 또 내 생각의 부족함을 때로는 채워 주고, 때로는 비판해 준다는 느낌을 주는 설교이다. 설교에서 말하고자 하는 내용이 논증의 형식으로만이 아니라 청중들의 마음속에 명료한 이미지로 그려지고, 그럼으로써 그들이 더욱 분명하고 또 구체적으로 삶의 현실과 부딪칠 수 있는 기회도 제공해 줌으로써 전인적인 삶의 변화를 불러일으켜 주는 설교라고 이해될 수 있다. 이것은 학자들에 따라서 다양하게 표현되고 있다. '아하-포인트'라고 말하기도 하고, '그래, 맞아!'라고 말하기도 한다. 필자는 '말 잊음'의 상태로 표현하고 싶다. 하나님의 말씀에 사로잡혀 자신이 해야 할 말을 찾지 못하고 자신의 생각이 멈추어지기 때문이다. 청중들의 언어는 설교에서 들린 언어로 바뀌고, 청중들의 생각은 설교적인 사고로 바뀐다. 어떻게 표현되든 설교에서 공감과 공명이 일어나는 사건을 신학적으로 말한다면, 하나님의 임재 경험에 대한 청중의 전인격적 반응이다. 그래서 성도들에게 나타나는 변화는 사실 설교자의 몫이 아니라 단지 기대될 수 있는 부분이다. 성령의 사역이기 때문이다. 설교자는 이 변화를 겨냥한다. 설교자가 성령의 사역을 불러일으킬 수는 없지만, 세심하게 준비된 설교를 통해서 청중들이 이미 자신들 안에서 시작하신 성령의 사역을 기대하면서 참다운 기독교인으로서의 모습을 삶 속에서 구체화시킬 수 있는 용기와 결단력을 발휘하도록 도울 수는 있다. 청중들이 하나님의 임재를 경험할 수 있고 또 고백할 수 있도록 힘써 돕는다. 부흥회식 설교가 일시적인 효과가 있기는 하지만 평상시의 설교에서 더 크고 진한 감동을 받을 수 있다. 사실 삶의 변화에 대한 동기를 부여받는 설교에 대한 질문과 그 질문에 대한 바른 대답은 내용적인 측면은 물론이고 형식적인 측면인 수사학적인 관점이나 형태론적인 측면을 고려할 때 가능하다. 형태는 설교를 담는 그릇으로서 설교의 설득력을 강화시켜 주고 효과적인 설교에 큰 기여를 한다. 단순한 설교가 많은 감동을 주는 것이 사실이지만, 단순하다고 해서 설교 준비가 없었다는 말은 아니다. 뿐만 아니라 설교자 자신이 '설교자론'이라는 이름으로 설교학의 주제 가운데 하나로 인식되는 것도 결국에는 '효과적인 설교'에 대한 관심이 반영된 것이다. 그렇기 때문에 부두일 역시 실효 있는 설교에 있어서 설교자에게 요구되는 네 가지 사항, 즉 경건, 재능, 학식, 숙련을 나열하게 된 것이다.[12] 설교자의 인격이 설교의 공명과 공감의 정도에 미치는 영향은 아무리 강조해도 결코 지나치지 않는다. 그렇다고 해서 설교자의 됨됨이가 설교의 효과를 항상 결정하는 것은 아니다. 만일 그렇다면 설교자로서 강단 위에서 제대로 서 있을 수 있는 사람이 누가 있겠는가? '오직 의인은 하나님의 은혜로 말미암아 살 것이라' sola gratia의 종교개혁의 원리는 설교자론에서도 유효하게 적용된다. '오직 설교자는 하나님의 은혜로 강단에 설 것이다.'

5) 유행하는 설교

설교에도 유행이 있다. 설교가 기본적으로 현대인을 향한 의사소통행위이기 때문에 시대의 흐름에 영향을 받는 것은 당연한 일이다. 요즘 같은 시대에는 지역적으로도 차이가 있어서 강남과 강북, 수도권과 농촌지역, 서울과 지방자치 도시와 같이 지역에 따라 유행하는 설교도 다르다는 느낌을 갖는다. 어떤 시대든 다양한 형태의 설교가 나타나고 서로 혼합된 형태의 설교도 나타나고 있지만 주종을 이루는 형태가 있었음을 설교사적으로 확인해 볼 수 있다.[13] 그것을 간략하게 살펴보도록 하자.

---

12) 부두일, "實效있는 講道의 要素", 81ff.

사도시대에는 구약의 약속이 예수 그리스도에게서 성취되었다는 의미에서 그리스도 중심적인 구속사적 설교와 종말론적 공동체를 위한 파레시스(권고)를 위한 설교가 주종을 이루었다. 사도 후 시대인 고대교회에서는 성서를 해석하는 사도시대의 전통을 계승하고 있지만 (특히 오리게네스, Origenes) 성도들의 기독교인으로서의 정체성에 맞는 도덕적 삶을 겨냥한 설교도 많았다(닛사의 그레고르, Gregor von Nyssa). 설교의 대가로 알려진 크리소스톰(Johannes Chrysostomus)은 먼저 성서를 해석하고 나서 후에 윤리적인 삶을 권고하는 혼합된 형태를 사용하였다. 크리소스톰의 설교형태는 오늘날 설교형태인 해석-적용의 원형이 된다. 설교의 암흑기로 알려진 중세 시대에 설교가 없었던 것은 아니었다. 설교는 미사의 한 부분으로서 수도원과 교회에서 행해지기도 했지만 유랑설교가들에 의해서 신앙을 일깨우는 설교도 없지 않았다.

중세 시대 역시 성경을 해석하되 유비적인 혹은 모형적인 방식을 주로 사용했다. 그러나 중세후기에 접어들면서 담화적 성격의 설교(sermo)는 논증(disputatio)의 의미를 갖게 되었는데 선포 대신에 교육적인 설교(didactic preching)의 형태를 띠게 되었다. 수사학적인 측면이 더욱 강조되었고 설교 자체를 체계화시키는 작업이 중시되었다. 그래서 설교 본문으로부터 주제를 도출하고 나서 또다시 주제를 세분해서 다루는 일종의 대지 설교의 모습이 자리를 잡아 나가게 되었다.

종교개혁 시대에는 설교가 예배의 중심위치로 부상했다. 개혁의 본질이 교회의 의식이나 전통보다는 말씀에 기초한 것이었기 때문에 설

---

13) 참고: TRE 27, 240ff: Alfred Niebergall, Die Geschichte der christlichen Predigt, in: *Leiturgia 2*, 1956, 182-359: Friedrich Wintzer, *Die Homiletik seit Schleiermacher bis in die Anfänge der dialektischen Theologie in Grundzüge*(1969) [정인교 역, 『현대설교학』(한국신학연구소, 1998)].

교는 주제설교에서 멀어지고 본문중심의 설교에 큰 비중을 두게 되었
다. 특히 구원론적인 내용이 다수를 차지했다. 이는 성경에 대한 새로
운 인식과 더불어서 성경에 대한 강한 열정이 일었던 시대였고 또한
칭의론에 바탕을 두고 구원을 이해했기 때문이었다. 칼빈은 설교를 통
해서 선포되는 말씀을 하나님의 말씀으로 이해했을 정도로 본문의 권
위를 높이 평가했다.

　　종교개혁적 열정이 교회의 분열로 이어지면서 시작된 정통주의 시대
의 설교는 교리를 체계화하는 과제에 부응해서 성경의 가르침으로부터
교리를 설명하는 형태가 대부분이었다. 특히 축자영감설이 믿어졌던 시
대였기 때문에 설교에서 본문에 대한 의존도는 대단하였고 또한 성경
적인 경건한 삶이 강조되어 이때부터 벌써 사회와 교회의 부조리에 대
한 비판이 설교의 주제로 등장하였다. 설교의 내용에 있어서 이러한 비
판적인 경향은 경건주의 시대에 더욱 강하게 나타났다.

　　성경을 실천적으로 해석하는 경향을 강하게 보인 경건주의 시대에
는 당연히 성경적인 설교에 성경적인 삶을 이상으로 삼았다. 정통주의
시대에서 나타난 복잡한 신학논리를 배격하였고 단순한 구조의 설교
언어를 사용해 청중들의 마음을 꿰뚫는 설교를 지향하였다. 청중들의
교양보다는 회개를 촉구하고 신앙의 결실을 맺는 중생된 삶, 성화의
삶을 강하게 요구하였다.

　　계몽주의 시대에는 과학이 발달되어 신비로만 믿어졌던 성경의 내
용들이 의심받았고, 이성의 중요한 인식 및 검증수단으로 인정되면서
신앙에 대한 태도 자체가 바뀌기 시작했다. 시대적인 흐름에 맞추어
행해지는 합리적인 설교가 청중들의 환영을 받았고, 이에 따라서 현
대 사조에 부합된 '현대적인 설교'(moderne Predigt)가 행해졌다. 설
교가 교회에서 차지하는 위치가 자연히 약화되기 시작했다. 이때의 설

교는 경건한 인간보다는 합리적인 인간을 참기독교인으로 보았다. 성경 이외의 서적들이 빠르게 보급됨으로써 철학과 과학 그리고 문학에 대한 지식이 교양으로 자리잡게 되었고 또 이 교양을 갖추도록 하는 설교가 유행하였다. 청중들의 윤리와 도덕의식을 함양하는 것이 설교의 과제로 여겨졌다. 그러므로 성경의 내용이 강조되는 경우라 하더라도 형태로는 꼭 본문 설교를 취하지 않았다. 일정한 주제에 대한 제목 설교와 주제설교 등이 많이 행해졌다. 강하게 밀려드는 세속화 경향에 따라서 교회는 사회로부터 고립되는 태도를 취하기보다는 청중들의 의식 수준과 그들이 접하는 문제들에 근접하는 방식으로 청중들과의 관계를 유지한 것이다. 기독교의 내용을 문화의 형태로 나타낼 필요가 있었기 때문에 당시의 문화와 사상적인 사조와 타협하는 길을 모색했다. 이 시대를 일컬어 문화개신교주의(Kulturprotestantismus)라고 한 것은 이러한 이유에서 비롯되었다. 이때 기독교의 하나님에 대한 관심을 다시금 불러일으키기 위해 노력하면서 쉴라이에르막허는 '종교론'을 집필하게 되었다. 이 책은 교회의 가르침에 등을 돌린 당시의 지성인들에게 기독교적 신앙경험에 대한 합리적인 설명을 제시하려는 것이었다. 물론 이 시기의 영국에서는 휘트필드(George Whitefield)와 감리교의 설립자인 웨슬리(John Wesley)의 활동으로 성경적 설교가 다시금 활기를 찾을 수 있었다. 독일에서는 '신학의 본연의 자세로 돌아가자'(Zur Sache)고 외치며 유행하는 당시의 신학적 흐름을 거부했던―스위스 신학자인 바르트에게 와서 새로운 신학적 경향, 소위 종교개혁의 전통을 계승한―신정통주의 신학은 설교를 다시금 성경으로 돌아가게 했고, 세속적인 요소와의 타협을 일절 거부하고 오직 성경의 본문만을 설교할 것을 주장하였다. 특히 성경에 기초한 설교에서 사용되는 인간의 말은 하나님의 말씀이라고 말해 자신의 신학이 칼빈의 전통에 서 있음을 보여 주었다. 본문 설교의 신학적 기초는 이 시기에 든든하게 다져졌다.

이상과 같이 개괄적으로 살펴본 설교사적인 흐름으로부터 공통적으로 확인해 볼 수 있는 점은 어떠한 경향의 설교가 유행한다 해도 청중들로부터 일정한 반응을 불러일으킬 수 있는 '효과적인 설교'에 대한 욕구는 변하지 않고 지속되고 있다는 것이다. 청중들에게 공명과 공감을 주는 설교, 혹은 삶과 태도의 변화를 위한 동기를 부여해 주는 설교는 시대를 초월해서 추구되어 온 설교이다.

이런 의미에서 한국교회의 강단에서 유행처럼 번지고 있는 강해설교[14]는 한국교회와 사회의 한 단면을 엿보게 한다. 물론 강해설교에

---

14) 한국 강단에서 설교의 형태와 관련해서 두드러지게 나타나고 있는 현상은 강해설교에로의 변화이다. 다시 말해서 본문에 기초해서 차분하게 본문의 내용을 해석해 나가는 강의식 설교가 설교자들과 성도들의 폭발적인 관심을 끌고 있다. 강해설교는 설교자들이 설교본문을 정하는 데에 있어서 겪는 어려움을 해결해 준다는 점에서 설교자들에게 대대적인 환영을 받았다. 특별히 공동체 구성에 있어서 교육이 갖는 의미가 강조되면서 더욱 많은 관심을 불러일으킨 설교형태이다. 강해식 설교가 오늘 한국교회의 강단을 차지하고 있다고 해도 과언이 아니다. 강해설교를 위한 강연회나 세미나의 흥행 정도를 보아서뿐만 아니라, 강해를 위한 설교가 대부분의 교회주보에서 발견되기에 하는 말이다. 강해를 위해서는 강의를 준비하는 것과 같은 전문적인 식견과 신학적인 판단능력이 필요함에도 불구하고 크고 작은 모든 교회에서 행해지고 있다는 것은 놀랄 만한 일이 아닐 수 없다. 그러나 내용적으로 그 실상을 파악해 보면 대단히 회의적이다. 강해설교라는 것이 많은 설교자들에게 있어서는 다른 강해설교의 모방과 반복의 수준에 머물고 있기 때문이다. 그렇지 않으면 강해라기보다는 단순히 개념 분석이나 역사적 상황 설명, 유비적인 혹은 비유적인 해석에 불과한 경우가 많다. 신학사적으로 이미 문제로 지적된 것들이 전혀 여과되지 않고 오늘날에도 버젓이 재현되고 있어 안타깝기가 말로 다할 수 없다. 더군다나 어휘분석, 본문 분석 등과 같은 단순한 본문 분석으로 그칠 뿐 성도들의 감동과 삶의 변화를 겨냥하는 설교에까지 이르지 못하는 경우도 많이 있다. 이런 설교로부터는 쉽게 공명과 공감을 얻을 수 없게 된다.

대한 간절한 욕구에 따라서 한국에서 유행되었다기보다는 수입신학의
한 측면에서 소개되고 그것이 몇몇 유능한 설교자들에 의해서 좋은
효과를 보았고 또한 한국의 전통적인 유교교육 방식(주해 및 뜻풀이)과
유사했기 때문에 '설교＝강해설교'라는 식의 생각이 정착된 것이라고
생각한다. 그러나 몇몇의 유능한 설교자들을 제외하면 강해설교는 기
대만큼이나 큰 효과를 거두고 있지 못하는 것 같다. 이것은 강해설교
가 설교자들이 직면하고 있는 상황(설교적 능력, 청중들의 인식능력
등)에 대처하기 위한 설교로 문제가 있음을 보여 주는 것은 아닐까?

6) 강해설교, 새로운 유행?

강해설교[15]는 본문의 현재적인 의미를 드러내면서 진리와 은혜가
성도들의 삶에 적용될 것을 목적으로 성서를 해석하기 때문에 주관적
인 체험보다는 객관적인 사실에 더 중점을 둔다. 그래서 "객관주의적
설교"[16]로 불리기도 한다. 이러한 설교가 유행하게 된 데에는 몇 가
지 이유가 있다.

첫째, 정성구는 한국 강단의 설교를 설교사적으로 관찰하면서, 선교
사들이 주로 제목설교(topical sermon)를 선호했던 것에 반해, 한국인
설교자들은 주로 본문 설교의 유형에 근접하고 있다고 보았는데[17],
필자가 보기에 이는 당시 한국인들이 유교적 전통에 익숙해져 있었기
때문에 나타난 자연적인 현상으로 여겨진다. 유교적인 강화 방식은 주

---

15) 참고: "강해설교", 『예배학 사전』, 정장복 외, 예배와 설교아카데미, 2000,
   968-975.

16) H. Kraemer, *The Communication of the Christian Faith*(1960) [임춘갑
   역, 『그리스도교 신앙의 커뮤니케이션』, 종로서적, 1981], 27.

17) 정성구, 『한국교회설교사』, 31.

로 본문을 읽고 그에 따른 뜻풀이로 이루어져 있기 때문이다. 이러한 태도가 기독교의 경전인 성경에 대한 인식에 지대한 영향을 끼쳤다는 것은 이미 잘 알려진 사실이지만, 한국의 강해설교와의 관계에 대해서는 아직 연구가 되지 않고 있다. 필자의 견해에 따르면, 1907년 평양 대 부흥회를 가능하게 한 부흥 사경회나 오늘날의 강해설교가 한국인들에게 폭발적인 관심을 불러일으킨 것에는 그것이 한국인의 문화종교적 전통과 잘 부합되었기 때문이었다.

둘째, 성서적 설교의 중요성이 인식되었기 때문이다. 대부분 인정되는 지적이지만 그동안 목회자들은 교회의 양적 부흥에 전념해 왔다. 설교 준비를 위한 시간을 갖지 못한 것은 말할 것도 없다. 목회자들은 설교 준비 이외의 다른 목회적 업무에 매달리는 삶에 익숙해져 있다. 결국에는 준비되지 못한 상태에서 행하는 설교는 본문에서 벗어날 수밖에 없었고, 그럼으로써 설교를 통해서 마땅히 선포되어야 할 말씀이 선포되지 않았다. 교인들의 의식 수준을 떨어뜨렸고 쉬운 설교만을 선호하도록 했다. 또한 기복적인 설교가 강단을 지배하게 되었음에도 불구하고 아무런 문제의식도 갖지 못했다. 설교에 대한 실망감을 더욱 많이 안겨 주었고, 비록 양적으로는 늘어났다 해도, 교회의 본질적인 모습이 심히 왜곡되었다는 비판을 받지 않을 수 없게 되었다. 이것은 흔히 '위기의 상황', 혹은 '설교의 위기'라는 말로 진단되었고, 이로 인해서 하나님의 말씀을 선포하는 의미에서 성서적 설교[18]의 중요성이 강조되었

---

18) 예컨대 박근원, 『오늘의 설교론』, 21ff. 다음을 참조: 박종수, 『성서적 설교의 이론과 실제』(대한기독교서회, 2002), 185ff; 정장복, 『한국교회의 설교학개론』, 95-108; 김희웅, 『성서적 설교의 원형에 관한 연구』, 한신대학교 신학대학원 석사학위논문, 1998; 성서적 설교를 주장하는 신학자 가운데 대표자로서 밀러를 들 수 있다. 참고: D. Miller, *The Way to Biblical Preaching* (New York: Abingdon Press, 1957).

다. 그러나 설교에서 본문이 중요하게 인식됨에 따라 강해설교는 소수의 설교자들을 중심으로 점점 더 큰 영향력을 발휘하기 시작했다.

셋째, 성경에 대한 성도들의 깨어 있는 의식은 강해설교의 중요성을 더욱 부각시켰다. 매일 성경읽기(lectio continua: 본문을 연속적으로 읽어 나가기, 혹은 lectio propria: 발췌된 성경구절을 읽어 나가기)에 익숙해져 있는 성도들은 성경본문에 대한 내용을 단순하게 접하기보다는 보다 구체적으로 알기를 원한다. 따라서 강해설교는 교회의 본질 회복과 깨어 있는 성도들의 바람에 부응하는 것으로 볼 수 있다.

넷째, 설교자들로 하여금 본문설정에 대한 부담으로부터 짐을 덜어 줄 수 있다는 확신이었다. 설교자는 일정한 본문을 순차적으로 강해해 나가기 때문에 그동안 본문을 정하기 위한 고민으로부터 해방될 수 있었다.

2. 설교론의 문제로서 강해설교

설교론에 대한 새로운 관점을 소개하려는 사람들은 누구나 강해설교에 대한 자신의 입장을 표명하지 않을 수 없다. 그만큼 강해설교는 오늘날 한국교회 강단에서 가장 선호되는 설교로 인식되고 있다. 수요예배나 주일 저녁 예배 때 성경의 각 권을 차례대로 읽어 나가면서 설교해 오던 이른바 강해설교는 이제 주일 낮 예배에서도 행해지고 있다. 강해설교만을 설교로 인식할 정도이다. 그만큼 강해설교에 대한 가치가 높이 평가되고 있는 현실을 말해 준다. 강해설교가 한국 강단의 회복에 기여한 부분은 결코 한두 마디로 평가될 수 없을 정도이다. 무엇보다도 강단의 질을 향상시켜 주었고, 성경본문에 대한 이해를 높여 주었다.[19]

그럼에도 불구하고 강해설교는 그 기대되는 효과만큼이나 부정적인 측면이 없지 않다.[20] 한마디로 말한다면 제대로 정착되지 않았다고

---

19) 곽안련은 그의 『설교학』, 267f에서 강해설교의 이점을 여덟 가지로 정리하고 있다: 1) 하나님의 말씀을 선포하는 설교에 잘 부합된다. 2) 더욱 안전하고 정확한 지식을 준다. 3) 설교본문으로서 성경이 편중되지 않고 골고루 사용할 수 있게 해 준다. 4) 청중들에게 설교에 대한 관심을 북돋아 준다. 5) 강해설교를 위해 준비해야 하기 때문에 설교자의 역량을 풍부하게 한다. 6) 설교자가 자신의 기호에 맞는 설교를 주로 하는 경향을 억제함으로써 설교의 단조로움과 지루함을 막아 준다. 7) 청중들의 다양한 기대에 잘 부응하게 된다. 8) 청중들과 이해관계에 있어서 마찰을 일으키고 있는 문제라도 쉽게 다룰 수 있게 된다.

20) 최근에는 부흥회적인 요소와 강해식을 겸한 그야말로 '부흥사경회'가 대중집회로 자리잡아 가고 있는 것 같다. 유명한 설교자들을 초청한 큰 집회에 참석해 보면 예전에 성행했던 부흥회적인 분위기도 있고 또한 강해식의 설교분위기를 발견할 수 있기 때문이다. 그러나 이것은 강해설교의 대안이라기보다는 집회의 성격상 두 가지가 한 설교 안에서 나타나고 있다고 보아야 할 것이다.

말할 수 있다. 강해설교를 구절들을 분석하고 설명하는 것으로 오해하는 경향이 많아지기도 했다.[21] 많은 문제들이 강해설교에 대한 오해에서 비롯되는 것이지만, 좀더 자세히 살펴본다면 첫째, 산만해질 수 있다. 원래 강해설교는 주석과는 달리 한 주제에 집중되고 조직되어 통일된 모습을 갖추는 것을 겨냥한다. 본문 전체의 의미를 파악하고 그것에 따라서 각 구절들의 의미를 이해하려고 하기보다는 강해설교라는 이름하에서 설교자는 흔히 각 구절들로부터 의미를 읽어 내려고 한다. 그 결과 한 설교 안에 많은 주제가 언급됨으로써 기대되는 효과를 얻기보다는 오히려 산만해진다. 이러한 산만함을 피하고 한 가지 주제에 집중하는 것이 강해설교의 가장 중요한 과제라 하겠다.

둘째, 강해설교에서는 주로 본문의 의미에만 집중함으로써 성도들의 실존적인 삶이 깊이 있게 고려되거나 반영되지 못하게 된다. 성도들 모두의 상황이 다 반영될 수 없는 것은 당연하나 설교의 효과가 설교자의 능력이 공동체의 공감대를 파악할 수 있느냐의 여부에 좌우된다는 사실은 부정할 수 없는 사실이다.

셋째, 강해설교의 결론 부분에서는 적용이라는 이름하에 삶의 교훈이나 생활의 지혜 그리고 윤리적인 지침 등이 선포된다. 여기서는 결단의 시간이 매우 중요하게 여겨진다. 이는 전통적인 유교적 가르침의 형태와 비교해 보면 별로 다를 바가 없다. 문제는 이렇게 됨으로써 복음선포와 고백이라고 하는 기독교적 설교의 고유한 특성이 점점 사라져 가는 것이다. 설교에서 가르침의 요소는 결코 배제될 수 없고 또

---

21) 강해설교의 한계를 지적한다고 해서 강해설교가 없어져야 한다는 말은 아니다. 강해설교가 보다 나은 효과를 얻기 위해서 설교자가 명심하고 주의해야 할 사항들을 지적하는 것이다. 뿐만 아니라 설교와 강해설교를 지나치게 동일시함으로 인해서 설교의 단조로움으로부터 벗어날 수 있는 길을 모색해 보려는 것일 뿐이다.

윤리적인 조명도 중요하다. 뿐만 아니라 가르침과 삶의 윤리적 조명은 성도들이 견고한 기초 위에서 신앙생활을 할 수 있기 위해 유익한 것이지만[22], 사실 많은 성도들은 이런 형태의 교훈을 설교가 아닌 다른 형태로 생활 속에서 늘 접하고 있다. 선교 초기나 대중매체를 통한 정보습득이 일반화되지 않았던 시기 그리고 성도들의 교육이나 의식 수준이 오늘날과 같지 않았던 시대에는 교회가 계몽적인 역할을 충분히 감당할 수 있었고, 설교는 바로 이 일을 수행함에 있어서 매우 효과적인 방법이었다. 그러나 시대가 바뀌었다. 고도로 발달된 대중매체에 이어 최근 들어서는 인터넷이 확산되면서 정보습득은 더욱 보편화되었을 뿐만 아니라 유명인사들의 강연과 저서들 역시 어디서나 손쉽게 접할 수 있게 되었다. 성도들의 교육 및 의식 수준도 전과는 비교할 수 없을 정도로 높아졌다. 성도들이 교회 밖에서 쉽게 들을 수 있고 또 일반 서적을 통해 접할 수 있는 내용들이 설교에서도 반복된다면 설교에 대한 기대감은 당연히 감소하게 된다. 설교에 대한 기대감은 교회출석에도 영향을 미친다. 설교에서 거론되고 있는 문제와 그 해결책을 전문가를 통해 들을 수 있게 된다면 설교자를 통해서 듣는 것보다는 훨씬 나을 것이라고 생각 할 것이다. 설교는 강연이나 연설의 측면이 있지만 아무리 그렇다고 하더라도 세속적인 것들과는 구별되어야만 한다.

넷째, 강해설교가 갖는 또 하나의 문제는 읽고 듣는 문화에서 보는 문화, 즉 영상매체의 문화로 전환되고 있는 것과 깊은 관계를 갖는다. 강해설교가 주로 개념을 중심으로 메시지가 전달될 것을 기대하고 이루어지지만 그것은 현대인들의 바뀐 삶의 문화형식에 부응하지 못하

---

22) 특히 농촌지역이나 특별한 시간을 두고 교육할 수 없는 지역성도들로 구성된 교회의 설교는 교육의 장소가 될 수밖에 없다. 그럼에도 불구하고 설교를 교육의 장으로 이용하는 것에는 특별한 주의를 요한다.

는 부분들이 있다. 설교에서 영상매체가 꼭 사용되어야 하는 것은 아니지만 50년대 이후부터 지금까지 꾸준히 발전되고 빠르게 보급된 영상매체를 통해서 문자 이후 시대를 살고 있는 청중들이 듣고 그들의 마음속에서 설교에서 말하고 있는 현실을 쉽게 그려낼 수 있는 '친숙한' 언어나 개념이 사용되는 것은 매우 중요하다. 그렇다고 설교의 수준을 낮추라는 말은 아니다. 눈높이를 맞출 필요가 있다. 강해설교가 주로 문자와 명제적 진술 그리고 논증에 의존해 있다고 볼 때, 이것은 영상문화에 익숙한 청중들의 공감과 공명을 얻는 데에 적지 않은 한계를 안게 되기 때문에 논증보다는 감성과 상상력에 호소할 수 있는 이미지를 사용할 필요가 있다는 말이다.

다섯째, 대부분의 설교자들이 사용하는 주석은 제한되어 있어서 강해를 위한 주석이 다른 설교자들과 동일해질 때 본문의 의미가 획일적이 될 수 있고 설교가 단조롭게 진행될 수 있다.

여섯째, 강해설교는 그 전개방식에 있어서 연역적이다. 명제적 형식의 선포, 명료한 주석 혹은 해석 그리고 구체적인 삶의 적용(Praedicatio-Explicatio-Applicatio)의 구조를 일컫는다. 성경본문의 의미 자체가 구속력을 갖고 있기 때문에 나타나는 자연스런 현상이다. 때문에 청중들에게 성경의 의미를 보다 효과 있게 전달할 수 있는 장점이 있다. 그렇기 때문에 교육적인 설교(didactic preaching)에서 많이 사용되어 왔다. 주입식으로 이루어지기 때문이다. 그러나 다른 한편으로는 소위 성서적 진술의 서술형과 명령형 사이의 긴장관계가 충분하게 고려되지 못한 채 설교에서 그대로 나타날 수도 있다. 성경 속에 담겨진 체험이 공유될 수 있도록 청중들을 인도하기보다는 설교자의 체험만이 강요되거나 혹은 삶의 규범이 지나치게 강조됨으로 인해 청중들의 자유로운 체험의 가능성을 막을 수도 있다. 복음적인 내용을 다루면서도 율법적 설교로 끝나는 경우가 허다하다. 최근의 설교의 경향들이 점점 윤리화되는 것과 무관하지 않다.

　일곱째, 설교에서 필요로 하는 상상력 고갈현상을 가져왔다. 워어스비는 강해설교가 강단을 차지하면서 설교에서 상상력의 중요성이 사라지는 현상을 다음과 같이 꼬집어 말했다: "근자에 들어 설교자들은 강의자(강사)가 되고 있다. …… 예배 장소는 교실이 되고 있다. 설교를 듣기 위한 가장 중요한 준비물은 갈급한 마음과 청결한 심령이 아니라 깨끗한 공책과 뾰족하게 심을 갈은 연필이다."[23]

---

23) 워어스비, 워렌(외 6인 공저), 『심령을 꿰뚫는 설교를 합시다』(배응준 역, 나침반, 1996), 64.

3. 설교론의 문제로서 비기독교적인 문화

그 밖에 한국의 설교론을 구성하려 할 때 반드시 고려되어야 할 점
이 있는데, 소위 '설교의 접촉점'이다. 설교의 접촉점은 청중들이 주제
에 대한 관심을 높여 주고 설교에 귀를 기울일 준비를 하도록 해 준
다.24) 설교에서 '접촉점'을 고려하는 행위는 독일의 실천신학자 되르네
(Martin Doerne)의 말대로 사실 "자명하고도 필연적"25)인 일임에도
불구하고 그것이 내포하고 있는 신학적인 문제점 때문에26) 설교학에
서 여전히 깊이 있게 다루어지지 않고 있다. 토착화 신학에서도 논의
의 대상이 되었듯이 한국교회의 강단이 접촉점과 관련해서 부딪치는
문제는 '설교와 비기독교적 문화와의 관계'이다. 특히 한국 상황에서
그것은 기독교가 타 종교나 다른 신념체계에 대해 배타성을 보이는
태도와 관계한다. 성도들이 타 종교 혹은 비기독교적인 한국 전통문화
(예술뿐만 아니라 삶의 가치를 형성하는 데 지대한 영향력을 행사한
유교나 불교의 가르침들)에 대해 갖는 편견은 대체로 설교라는 커뮤
니케이션 과정을 통해서 습득된다. 설교의 교육적인 기능으로 인해 나
타난 결과라고 볼 수 있다. 이러한 측면을 우리는 한국인의 언어생활

---

24) 박영재, 『설교가 전달되지 않는 18가지 이유』(규장사, 1998), 43ff.

25) M. Doerne, Das Liebeswerk der Predigt. Ein Beitrag zur Predigtlehre, in: F. Wintzer(hg. und eingeführt), *Predigt. Texte zum Verständnis und zur Praxis der Predigt in der Neuzeit*, München 1989, 162–173, 165.

26) 특히 바르트와 부르너 사이에 자연신학과 관련해서 전개된 논쟁은 설교에 있어서 '접촉점'을 적극적으로 수용하지 못하게 되는 이유가 되었다. 다음을 참조: E. Brunner, *Natur und Gnade*, Tübingen 1934. K. Barth, *Nein! Antwort an Emil Brunner*, 1934(TExH 14). 두 신학자의 논쟁은 다음의 글에 수록되어 번역되어 있다: E. Brunner/K. Barth, *Natural Theology* [김동건 역, 『자연신학』, 한국장로교 출판사, 1997].

속에서 발견할 수 있다. 대화관계에서 '설교하려 든다'는 말을 종종 들을 수 있다. 여기서 말하는 '설교'란 '가르친다', '지시한다', '훈계한다'는 의미를 갖는다. 서로의 관계가 사제지간도 아니고, 또 그렇다고 해서 연장자의 위치에 있지도 않으면서 가르치거나 훈계하려고 하면서 상황에 맞지도 않고 또 정도에서 벗어난 태도를 일컬어서 '설교한다'는 말을 사용한 것이다. 이러한 부정적인 언어적 관행을 볼 때, 한국사회에서 '설교'는 일방적인 언어 행위로 이해되었음을 알 수 있다. 설교가 이렇게 이해된 것에는 한편으로는 오직 기독교에서만 구원이 있다는 배타적인 구원론에 바탕을 둔 선교태도에서 그 원인을 발견할 수 있지만, 다른 한편으로는 한국 전통문화가 설교 안에서 충분하게 수용되고 있지 못하기 때문이다. 성도들의 삶 속에서 살아 숨 쉬고 있는 전통문화들이 교회 안에서 배제되고 있음에도 불구하고 그것을 대체할 만한 다른 문화가 제공되지 않고 있다. 이런 현상이 계속되는 한 성도들은 교회 안에서 질식하거나 아니면 교회 안과 밖의 삶이 다른 이중적인 태도에서 벗어나지 못하게 될 것이다.

설교와 문화와의 관계를 고려할 때 반드시 고려되어야 할 원칙이 있다면 하나는 복음은 "초문화적"[27]이라는 것이며, 다른 하나는 설교를 통해서 복음이 전달될 수 있어야 한다는 것이다. 오늘날 교회가 중요시하는 문제 가운데 하나는, "어떻게 하면 복음을 세속적인 인간에게도 이해될 수 있는 언어로 전하는가"[28] 하는 것이다. 필자는 현대 한국교회가 직면하고 있는 정체적 현상과 더불어 거론되는 소위 '위기'는 이 문제의 해결능력에 좌우된다고 생각한다. 다시 말해서 하나

---

27) R. E. Weber, 『그리스도교 커뮤니케이션』, 36.

28) H. Kraemer, *The Communication of the Christian Faith*(1960) [임춘갑 역, 『그리스도교 신앙의 커뮤니케이션』, 종로서적, 1981], 30.

님의 메시지인 복음이 문화적인 침투능력을 갖추어야 한다는 것인데,
청중들의 삶 깊숙이 침투해 들어갈 수 있기 위해서는 청중들이 들을
수 있는 방식과 청중들의 문화가 수용할 수 있는 방식이 요구된다. 청
중들이 문화적 다양성에 실존적으로 얽매여 있다고 해서 설교자가 그
것을 두려워할 필요가 없는 이유가 있다. 복음은 초문화적이기 때문이
다. 최근에 열린 예배나 혹은 토착화 예배를 통해서 전통문화가 예배
안으로 수용되고 있기는 하나, 전통문화적 요소들이 설교 안에서 어떻
게 수용될 수 있는지, 이 일을 위해서 설교는 어떤 형태를 갖추어야
하는지에 대해서는 아직 내놓을 만한 연구가 없는 실정이다.[29]

  한국 설교사 안에서 살펴볼 때 설교 준비에 있어서 청중이해의 의
미를 특별하게 강조한 사람은 富斗一이다. 그는 "趣味잇는 講道"란 제
목의 글에서 설교자는 설교를 준비할 때 시대를 이용할 것, 각 개인의
정황을 잘 살펴볼 것, 우리가 생활하는 시대의 형편을 잘 알 것을 권
장하면서[30], 특별히 그리스도인들의 소망과 타 종교적인 소망 간의
차이를 분명히 파악하고, 또 기독교 간의 차이와 기독교가 시대에 요

---

29) 최근에 김운용은 「기독교사상」(2002년도 1월부터 9월까지)에서 연재되는
   글을 통해서 설교의 형태에 대해 강조하면서 여러 가지 설교형태를 소개했
   다. 그러나 유감스러운 것은 전통문화에 대한 고려가 전무하다는 것이다. 여
   러 가지 설교형태를 살펴보는 것에 제한되고 있는 것 같다. 전통문화가 수
   용될 수 있는 설교형태는 고려되고 있지 않다. 한편, 긍정적인 시도로 여겨
   지는 것으로 박종수의 『성서적 설교의 이론과 실제』(대한기독교서회, 2002)
   를 들 수 있다. 비록 설교학적인 이론을 전개하는 것은 아니지만 설교의 실
   제를 통해서 저자는 전통종교 문화적 배경에서 성서적 설교가 어떻게 가능
   한지를 보여 주고자 했다. 176ff를 참고: "설교자는 기독교의 복음을 선포
   할 때 한국 문화에 대한 배타적인 자세보다는 보다 열린 자세로 성서의 가
   르침을 전해야 한다. 한국의 교회는 한국 문화와의 대립적인 관계를 청산
   하고 화해와 일치가 지배하는 하나님 나라 건설에 앞장서야 할 것이다."
30) 부두일, "趣味있는 講道", 「신학지남」Vol.1. No.2(1918), 103-104.

구하는 점과 또한 시대가 기독교에 요구하는 것을 바로 파악해서 설교할 것을 강조했다.[31] 이는 청중들의 마음을 사로잡고, 그들의 잘못된 기대를 수정하며 또한 기독교적인 문제해결능력을 고취시키기 위함이었다.

이러한 요구에 잘 부응하여 수많은 청중을 울렸던 설교자는 길선주 (1869-1935)였다. 그는 어려서부터 16세까지 한학을 배우고, 그 이후 도교나 불교의 가르침에 심취하여 진리에 대한 열정을 보였지만 결국에 그의 진리를 향한 열정은 기독교에서 안식을 찾을 수 있었다. 그는 1907년 평양 대부흥의 중심에 서 있었던 자로서 식민지 시대에 적절한 설교를 통해서 당시 청중들의 깊은 영성을 일깨워 주었다.[32]

비록 뛰어난 설교가로서는 아니지만 한국의 종교문화적인 배경 속에서 성도들을 염두에 두고 그들을 이해하면서 그들과 만날 수 있는 접촉점을 찾으면서 신학을 했던 신학자로 감리교 신학자 최병헌(1858-1927)과 유동식(1922-)[33]을 들 수 있다. 최병헌 역시 처음에는 유학자로서 출발하였지만 새로운 진리를 탐구하려는 열심에 따라 기독교를 알게 되어 세례를 받고 목사 안수를 받았다. 그의 전기적인 배경이 말해 주듯이, 그는 처음부터 한국기독교인들의 동양 종교 문화적 배경을 자신의 신학에서 진지하게 반영했다.[34] 비록 그의 설교는 전래되고 있지 않지만 그의 강연 가운데는 동양종교사상이 많이 소개되고 있다.[35]

---

31) 부두일, "趣味있는 講道", 104.
32) 참고: 길선주, 『길선주 목사 설교: 강대보감 및 다니엘서 사경안』(혜문사, 1977): -, 『길선주 목사 설교 약전』(혜문사, 1971).
33) 다음을 참고: 유동식, 『한국종교와 기독교』(대한기독교서회, 1965): 『풍류신학에로의 여로』(전망사, 1988).
34) 참고: 『성산명경』, 『만종일련』.

42

유동식은 한국인의 종교적 심성을 분석하고 나서 복음이 뿌리를 내리고 결실을 맺을 수 있기 위해서는 복음이 토착화되어야 한다고 주장해 한국에서 토착화 논의를 불러일으켰다. 그는 한국인의 심성은 이미 역사과정 속에서 유교, 불교, 무교에 의해서 영향을 받았다고 주장한다. 이러한 복합적인 심성으로 인해 복음이 아무리 좋다고 해도 그것이 서구적인 것이라면 좋은 결실로 나타날 수 없다는 것이 그의 지론이다. 서구적 언어와 문화를 통해 채색된 복음은 한국토양에서는 뿌리를 내리지 못할 것이라고 염려한 것이다. 한국 기독교가 다른 어떤 나라와는 비교할 수 없을 정도로 선교에 성공한 나라로 보인다 해도 한국적인 심성에 뿌리를 내리지 못한다면 이내 시들어 버릴 것이라고 전망하기도 했다. 그래서 그는 한국인의 심성에 대한 집중적인 연구를 했고 그 결과로서 소위 '풍류도'에 이르게 되었다. 그에 따르면, 풍류도는 한국인의 영성을 대표하는 것이다. 따라서 한국의 기독교 신학은 풍류도에 걸맞은 것이어야 한다고 주장한다. 그는 이 신학을 풍류도의 신학이라 이름했다. 유동식의 풍류도의 신학은―그 진술의 신학적 의미와 정당성에 대해서는 조직신학적으로 재고해 볼 부분이 많이 있지만―청중은 이미 종교문화사적 배경을 전제하고 있고, 또 그런 의미에서 종교문화적 공동체라고 규정한다는 점에서 볼 때 매우 중요하다. 청중은 의식적으로든 혹은 무의식적으로든 종교문화적 역사를 공유하고 있다는 말이다. 종교문화사적인 배경뿐만이 아니라 정치사적인 배경도 갖는다. 청중들은 자신의 무의식적 심성을 자극해 주는 설교를 기대한다는 말로 이해될 수 있다. 따라서 설교자는 청중들로 하여금 그들의 삶과 그들의 언어 그리고 그들의 종교정치문화 속에 내포된 역사를 회상시킴으로써 그들의 복음과의 관계를 스스로 조명해 볼 수

35) 최병헌, 『몽양원』(이주익 역편, 도서출판 탁사, 1999).

있는 계기를 마련해 줄 수 있다. 유동식은 설교론을 집필하지도 않고 또 자신의 이론에 근거한 설교를 남겨 놓지도 않았지만, 그의 토착화 주장은 한국 설교론에서 설교신학의 기초를 다지기 위해 깊이 있게 고려해야 할 부분이라고 생각한다.

4. 선포 – 해석 – 적용?

강해설교를 포함해서 교과서적인 의미에서 이해되는 본문 설교(Text-predigt)는 '본문에서 설교로'(von Text zu Predigt)[36]의 틀을 갖는다. 본문에 기초한 설교를 말한다. 신학적인 의미에서 이해될 때, 이것은 설교의 주체자가 사람이 아니라는 주장에 근거한다. 설교는 '하나님이 말씀하신다'(Deus dixit)는 사건이 일어나는 곳일 뿐이다. 이런 의미에 서의 설교는 사람의 말이 하나님의 말씀이 되는 사건이 된다. 보다 더 적극적으로 말한다면 인간의 언어를 통해 '하나님이 말씀하신다'고 본 다.[37] 신비의 과정으로 이해되며 성령의 사건으로 고백된다. 설교를 주석(해석)과 적용의 관계에서 이해한 종래의 설교이해를 통해서는 결국 하나님의 말씀을 해석자의 독단으로부터 구해 낼 수 없다는 문 제에 직면하게 된다. 이를 인식하고 비판한 바르트[38]와 투르나이젠 (Edward Thurneysen)[39]은 설교학적 견해를 성서주의와 영적인 성서 이해에 바탕을 두었다. 이들은 설교를 하나님을 증언하는 것으로 이해 하면서 심지어는 성서가 말하는 것을 반복하는 것이 설교라고 주장하 기도 했다.

이러한 의미에서의 설교는 대체로 성서 본문을 역사비평적 관점에

---

36) 참고: O. Weber, Vom Text zur Predigt, in: O. Weber, *Der euch berufen hat. Predigten und Erwägungen zur Predigt,* Neukirchen 1960, 31–46.

37) 그러나 이것은 설교를 듣는 사람들에게서 일어나는 성령의 내적 감동을 표현하는 것일 뿐이지 사실적으로 볼 때 인간의 언어 행위를 하나님의 언 어 행위와 동일시하는 것은 결코 가능하지 않다. 잘못된 권위주의가 이러 한 생각에서 비롯된다.

38) K Barth, *Menschenwort und Gotteswort in der christlichen Predigt,* in: Zwischen den Zeiten 1925, 119–140.

39) E. Thurneysen, *Die Aufgabe der Predigt,* PBl 63, 1921.

서 이해하고 본문의 의미를 찾아낸 다음 그것을 현실에 적용한다는
인식과 마찰이 된다.[40] 역사비평적인 성서 이해는 성서의 역사성을
강조하고, 또 성서 기자의 신학을 인정하기 때문이다. 역사비평적 성
서 이해에 바탕을 둔 설교는 본문의 의미를 유비적인 사고를 바탕으
로 현실에 적용하면서 설교를 구성한다. 본문 설교로 이해된 강해설교
가 성서주석의 과정과 구분되지 않아 때때로 설교에서 절대적으로 필
요한 역동성을 잃게 되는 것은 바로 이러한 구조 때문이다. 그 구조는
많은 경우에 있어서 '본문(주석explicatio)에서 현실로(적용applicatio)'
(von Text zu Wirklichkeit) 이해되었다. '본문에서부터 현실을 향해
나아가는 설교'라고 특징지을 수 있다.

　본문 설교를 이렇게 이해하게 될 때 본문이해와 현실과의 관계 속
에서 나타나는 차이를 어떻게 극복하느냐? 하는 질문에 부딪히게 된
다. 이 질문은 선포 - 해석 - 적용의 설교구조를 가능하게 했고 전통적
인 설교의 틀을 형성하도록 했다. 선포를 현재적인 의미로 해석하고
그것을 청중의 삶에 적용하는 구조를 갖게 된 것이다. 미국의 설교학
자 크래독은 이러한 구조를 "이성적"[41]이라고 규정했는데, 한국 설교
학에서는 당연시 여겨지고 있는 실정이다.

　그런데 이러한 구조의 설교는 긍정적인 효과와 더불어서 몇 가지
부정적인 회의에 부딪히게 된다. 첫째는 지나치게 명제적인 성격으로
인해서 청중들의 감성을 자극하지 못한다는 것이다. 삶의 변화는 전인
격적이다. 그러므로 설교가 이성과 감성 가운데 어느 한쪽에만 중점을
두는 것은 바람직하지 못하다.

---

40) 칼 바르트가 로마서 주석을 출판했을 때 비역사적인 성경 이해라고 비판
　　을 받게 된 이유가 바로 이러한 갈등 때문이다.
41) Fred B. Craddock, *As One without Authority*(1974), 153.

둘째, 비기독교적인 전통에 젖어 있는 국가나 민족, 혹은 성과 인종의 차별을 현실로 느끼며 살아가고 있는 사람들이 회의에 부딪히게 되었다. 다시 말해서 역사적, 문화적, 종교적 혹은 정치적 맥락이 오늘날과는 다르게 형성된 본문을 오늘 우리에게 적용하려고 할 때 어려움에 부딪히게 된다는 사실이다. 그렇기 때문에 토착화 신학이나 상황신학 등과 같이 전통적인 서구 기독교의 틀에서 벗어나 독자의 정치, 종교, 문화적, 혹은 성(性)−실존적 상황 속에서 성서를 읽고자 하는 상황신학적 노력이 나타났다. 이는 역사비평적 성경 이해에 따른 당연한 결과였다.

셋째, 선포−해석−적용의 전통적 설교구조에서는 흔히 윤리나 도덕적인 규범이나 교육적인 측면에서 고려되는 교훈적인 요소들이 설교의 중심주제로 나타난다. 가르치고 전달하는 것을 목적으로 하는 교육적 혹은 교리적 설교에서 많이 사용된다. 이렇듯 '선포에서부터 해석을 거쳐 적용의 과정으로 이루어지는 설교'에서는 청중들의 감성을 자극하는 데 강압적이 되기가 쉽고, 또한 전통문화적 요소들이나 현대 사회의 문제들이 긍정적으로 수용될 공간을 얻기가 쉽지 않다. 설교가 지나치게 이성적일 뿐만 아니라 설교 안에서 먼저 시작되는 본문이해로부터 이미 기독교적인 당위성이 부여되고 있기 때문이다. 전통문화는 실존적 상황에서 겪는 경험과 관계에서 이해되거나 고려되는 것이 아니라, 대부분 성경본문의 의미에 의해 부정적으로 판단될 뿐이다.

1) 성도들의 배타적인 태도와 설교

필자는 오래전부터 평소에는 타인에 대해 부드러움을 보여 주었던 사람들이 유독 타 종교나 비기독교적인 문화 혹은 현대 사회문제와 관련해서는 지나치게 배타적인 감정과 태도를 갖게 되는 것에 대해 의아하게 생각해 왔다. 기독교의 배타성에 대한 신학적인 연구[42]와 더불어 병행된 오랜 고심 끝에 한 가지 사실을 확인해 볼 수 있었다. 타 종교에 대해 부정적인 경험 없음에도 불구하고 그들이 비기독교적인 종교나 문화에 대해 배타적인 태도를 보이는 데에는 그들이 접하는 설교가 큰 영향력을 행사하고 있다는 것이다. 이름 있는 어떤 설교자들의 설교 안에서 한국적 문화나 비기독교적인 종교적 배경을 통해 얻게 되는 삶의 경험을 긍정적으로 다루거나 또는 기독교를 보다 깊이 이해하기 위해서 도입 부분에서 설명되는 것을 쉽게 접할 수 없었다. 그것들은 오히려 본문에서 얻은 의미를 통해서 아무런 객관적인 인식이나 평가도 없이 비판되고 있을 뿐이었다. 다시 말해서 기독교인들의 삶 속에서 나타나는 배타적 태도에 설교의 내용이나 구조가 큰 영향력을 행사하고 있다는 것이다. 비기독교적인 종교문화적 배경 속에서 살아왔고 또 그것과 더불어서 살아가고 있을 뿐만 아니라 그것에 의해 실제적으로 영향을 받고 있음에도 불구하고, 그것이 성경본문과 전혀 무관하다고 생각되거나 혹은 계속적으로 비판받게 될 때 성도들은 확고한 신앙적 가치에 근거해서 기존의 관계와의 단절을 불사하기도 하면서 끝까지 배타적인 태도를 취하거나, 아니면 유연한 입장을 취해 교회 안에서와 교회 밖에서의 태도를 필요에 따라 바꾸는 이중적인 모습을 보이게 된다. 그동안 설교를 통해 보여 준 목회자들의 타 종교에 대한 배타적인 태도는 충분히 납득될 만한 것이지만 이제 시대는 바뀌었다. 종교를 단순히 배척만 하게 될 때, 기독교 진리마저 의심받는 시대가 되어 버렸다. 타 종교에 대한 객관적인 인지의 노력이 필요함은 물론 타 종교 안에서 발견될 수 있는 긍정적인 요소를

---

42) 참고: 졸고, 『종교다원주의시대의 기독교와 종교적 관용』(민지사, 2001).

기독교적으로 수용할 수 있는 방법이 고안될 필요가 있다.[43]

2) 성서의 실존적 해석?

한편, 이러한 문제를 해결하기 위해 성서저자와 독자의 상황을 구분해서 성경을 읽는 것이 강조되었다. 문제는 저자의 실존적 상황 속에서 본문의 의미를 읽어 내려는 '실존론적 해석'에 근거한 성서 읽기가 오늘날 한국 기독교 신학 안에서는 단순히 독자의 실존적 상황 속에서 본문을 읽어 내는 '실존적 해석'으로 오해되었다는 것이다.[44] 독자를 분석함으로써 독자의 구조적, 즉 종교, 역사, 정치, 경제, 사회적 상황에 따른 성서의 수용경로가 추적 가능하다고 본 것이다. 성서를 이렇게 해석하게 되면, 컨텍스트와 텍스트가 전도되는 위험을 낳게 된다. 한국인의 심성과 종교문화적 상황 그리고 역사적 실존에 따라 본문의 이해가

---

43) 목회자들이 타 종교나 비기독교적인 문화에 대한 식견을 얻는 데 어려움이 있다는 것은 충분히 인정된다. 그래서 신학교 교육에서 종교학에 대한 교육은 반드시 필수과목으로 정해져야 할 것이며, 교회 안에서도 단순히 성경만을 가르치는 것이 아니라 종교 일반에 대한 교육의 필요성을 한번쯤 검토해 보는 것도 바람직하다고 생각한다. 인류의 평화는 나의 종교만을 최고로 생각해서는 결코 성취될 수 없는 일이 되어 버렸다. 이 부분에서 꾸준하게 연구 결과를 제시한 신학자는 한스 큉(Hans Küng)이다. 최근에 그는 종교적인 평화가 21세기의 세계평화에 크게 기여할 것이라고 전망했다: 다음을 참고: Klaus Schwab(ed.), *Overcoming Indifference (1995)* [장대환 감역, 『21세기 예측』, 매일경제사1996], 59ff.

44) 실존적 해석이란 하이데거(Martin Heidegger)의 해석방법으로 그것은 현존재 안에는 진리가 반영되어 있기 때문에 현존재 분석을 통해서 진리를 인식하려는 해석방법이다. 이것이 성서해석에 사용되면서 성서 이해를 성서 그 자체의 관점이 아니라 독자를 분석함으로써 독자의 정치, 사회, 문화적 입장에서 성서를 이해하고자 하는 해석방법으로 탈바꿈하게 된 것이다. 다음을 참고: 최성수, "한국신학의 '신학적 과제 인식'에 대한 신학적 성찰", 『한국문화와 예배』, 한국문화신학회 편, 한들, 1999, 216-249.

규정되고 또한 서로 다른 이해의 차이가 문화적인 차이로 환원됨으로써 보편적 이해를 불가능하게 만들기 때문이다. 사실 이러한 해석이 실제적으로 일어나고 있고, 또 경우에 따라서 불가피한 것은 사실이지만, 본문을 오직 그렇게만 읽어 나갈 경우 컨텍스트에 해당되는 독자의 실존적 상황에 대한 이해가 본문의 의미를 결정하게 되는 경우가 없지 않게 된다. 이것은 주제설교에서 흔히 나타나는 현상이다. 더욱 극단적인 경우에는 이스라엘의 역사인 구약이나 유대 및 헬라 문화의 소산인 신약은 단순히 상징적인 의미만을 갖게 될 뿐이다.[45]

3) 역사비평적 이해?

성경을 역사비평적 관점에서 이해하고 그에 따라 본문이 오늘 우리에게 갖는 의미를 묻고 적용하는 작업에 바탕을 둔 설교조차도 오늘날 많은 문제에 직면하게 되었다.[46]

첫째, 역사적 사실을 바탕으로 본문을 이해하게 될 때는 유비적인 이해를 전제로 한다. 설교는 성경의 역사적인 사실이 설교자의 현실과 유비적으로 이해될 수 있을 때에만 가능해진다. 설교에서 예화가 차지하는 비중이 높아지는 경향과 무관하지 않다. 역사비평적 주석은 독자로 하여금 역사적 정황과 이리저리 얽혀 있는 성경본문의 내용을 접하게 하면서 성경을 새롭게 읽을 수 있는 길을 열어 주었다.

---

45) 예컨대 유동식의 풍류도의 신학은 성경의 중심을 그리스도로 보면서 그리스도를 통해서 성경 전체를 이해하려고 한 것이라고 이해될 수 있다. 그런데 그리스도가 새로운 존재로 상징화되면서 한국신학을 구성함에 있어서 구약은 한국의 종교문화사에 비해 그 의미에 있어서 낮게 평가되는 결과로 나타나게 된다.

46) 참고: R. Bohren, Die Krise der Predigt als Frage an die Exegese, EvTh 22, 1962, 66-92.

  그렇지만 부정적인 측면도 없지 않다. 역사비평적 성경 이해가 일반화되기 이전에는 알레고리적, 유비적, 혹은 영적 이해를 통해서 성경의 다양한 이해가 가능했다. 이러한 이해가 오늘날에도 재현되어야 한다고 주장하는 것은 아니지만, 유익하고 긍정적인 요소마저 배척되는 것은 안타까운 일이다. 다시 말해서 이러한 이해방법을 통해서 성경은— 지나치게 자의적인 의미로 변질되는 위험을 제외하면— 언제나 현실과의 관계 속에서 이해되었다. 당연히 공명과 공감을 불러일으키는 성경 이해가 가능했다. 역사비평적 성경 이해에 근거한 설교의 경우, 만일 설교를 듣는 성도들에게 유비적인 요소가 제시되지 않을 경우에 성서나 설교는 아무런 감동을 주지 못하게 된다. 성서의 역사적 맥락에만 매여 있다 보니 성서의 고백적인 차원이 쉽게 드러나지 않음으로써 성서가 증언해 주는 하나님 행위의 역동적인 측면을 잃게 되기 때문이다.

  둘째, 역사적 사실에 바탕을 둔 이해를 추구하면서 적용을 해 나가다 보면 성경의 역사적 의미가 성도들에게 공감과 공명을 일으키지 못하는 경우가 생긴다. 그때와 오늘의 유비적 관계가 공동체적인 경험을 바탕으로 재구성되는 것이 아니라 설교자 자신의 현실 이해나 경험에 따라 결정되기 때문이다. 청중들의 공명을 얻지 못하는 설교는 삶의 결단으로까지 이어지지 않는 법이다. 하우(Howe)는 "복음의 의미와 우리의 삶 속에서 얻고 있는 의미들이 서로 만나지 못하는" 것을 일컬어 "설교의 위기"라고 했는데[47], 청중과 공명되지 않는 설교는 '설교의 위기'로 이어지게 되어 있다. 필자의 견해에 따르면, 오늘날 교회의 예배에서 하나님부재의 경험을 자주 듣게 되는 것은 바로 이러한 공명

---

47) R. L. Howe, *Partners in Preaching*(1965) [정장복 역, 『설교의 파트너』 (도서출판 엠마오, 1982)], 49. 참고, 11-21.

과 공감의 부재로 인한 것이 아닌가 생각된다. 공명과 공감이 없는 본
문이해와 설교는 결국 형식에 있어서의 변화를 유발하게 되었다. 소위
'열린 예배' 혹은 '열린 집회'나 '토착적 예배'가 그 대표적이겠지만, 이
외에도 예배형식의 변화는 현대 예배학자들의 화두가 되고 있다. 그러
나 형식의 변화를 통해서 일시적인 '변화'를 가져올 수는 있다 해도,
공명과 공감이 부재하는 한 근본적인 변화는 기대하기 힘들다. 예배에
서 공명과 공감은 공동체의 문제이다.[48] 예배학적으로 볼 때는 위험한
생각이고 또 마땅히 수정되어야 하겠지만, 예배 참여자의 하나님 경험
을 좌우하는 것이 거의 대부분 설교라는 것은 솔직한 현실을 반영하는
견해이다.[49] 설교에서 아무런 공명과 공감을 얻지 못하기 때문에 찬양
을 통해서 그것을 대체해 보려는 시도가 유행하게 되는 것이다. 열린
예배, 혹은 열린 집회, 찬양집회의 형식이 그것이다. 그렇다고 해서 본
문의 역사적 사실을 배제하고 청중의 상황에만 초점이 맞추어질 경우
에는 본문이 상황에 묻혀 버릴 위험이 있다. 이런 경우에는 청중들의
기대나 소원, 혹은 설교자의 사상이 설교의 중심무대로 부상하게 된다.
　셋째, 대체로 본문의 역사적 의미를 중시할 경우 설교자는 본문으
로부터 몇 가지 현실적인 교훈을 지적하는 것으로 끝나게 된다. 특히
인물설교나 역사적 배경이 분명한 구약을 본문으로 하는 설교일수록
이러한 경향은 심하게 나타나고 있다. 감사, 회개, 기쁨, 제자로서의
삶 등과 같은 것을 기대하며 결론을 맺는 것이다. 설교에 있어서 기대

---

48) 특별히 개혁교회 전통에 서 있는 대부분의 한국교회가 예배형식의 변화를
　　통해서 개혁교회의 정체성을 확보할 수 있다고 생각하는 것은 오해라고
　　생각한다.
49) 쉴라이에르막허 역시 기독교에서 가장 효율적으로 기독교신앙을 북돋아
　　주는 것으로서 공동체의 경건한 의식이 언어로 표현되는 것, 즉 설교
　　를 들었다. 참고: F. Schleiermacher, *Kurze Darstellung des theologischen
　　Studiums(1830)*, Darmstadt 1993, §284.

되는 성령의 사역이 교훈으로 대체되는 기현상이 나타난다. 최근에 윤리적인 설교가 강단에서 범람하고 있는 현상이 단순히 사회의 비도덕적 비윤리적인 경향에 기인한다고 보는 것은 지나치게 단순한 추리이다. 설교의 구조에 있어서 설교본문에 대한 이해를 바탕으로 바로 그것을 현실에 적용하려고 할 때는 당연히 당위적인 언어가 사용될 수밖에 없게 된다. 성경의 목적은 단순히 현실적인 깨달음만을 얻는 데 있지 않다. 성경저자가 경험한 것과 동일한 경험, 혹은 하나님에 대한 동일한 고백, 동일한 지식에 이르게 하는 것은 물론이고 하나님의 새로운 행위를 인식할 수 있는 눈을 열어 주는 데 있다.

설교 준비와 관련해서 역사비평적 성경 이해방식의 문제점으로 지적되고 있는 것은 넷째, 설교에 대한 의욕을 불러일으키지 않는다는 것이다. 성경을 역사적 생성물로 여기고, 본문을 난도질할 뿐만 아니라, 개념적인 이해에 지나치게 치중함으로 인해 본문이 가지고 있는 따뜻함을 도무지 느끼지 못하게 하기 때문이다.[50]

4) 본문 설교='선포 - 해석 - 적용'?

설교학 교과서의 내용이 설교 현장에서 제대로 기능을 발휘하지 못하는 것은 앞서 제시한 설교자가 처한 상황도 있지만, 다른 한편으로는 선포 - 해석 - 적용의 방식을 고집하는 설교론에도 그 원인이 있을 수 있다. 이 구조는 대부분의 설교학자들에 의해서 본문 설교의 전형으로 권장되고 있다. 그러나 그것만을 본문 설교의 전형으로 고집하는 것은 지나친 일이다. '본문에서 설교로'라는 개념의 핵심을 오해한 결과이기 때문이다. 이것은 설교가 성경본문에서부터 나와야 한다는 주

---

50) Chr. Möller, *Seelsorglich Predigen*, Göttingen 1983 [2]1990, 29.

장이지, 반드시 선포 – 해석 – 적용의 구조를 갖추어야 한다는 것은 아니다. 이것이 오해됨으로 인해서 이론과 실제의 차이를 쉽게 극복하지 못하게 되었다. 설교가 율법적인 구조를 갖게 만드는 원인을 제공하기도 했다. 귀납적인 설교의 형태에 대한 새로운 안목을 여는 데 장애요소가 되기도 했다. 다시 말해 설교학 시간에 학습된 내용들에 대해서 원칙적으로는 동의할 수 있지만 설교 현장에서 실천적 가능성과 그 당위성에 대한 충분한 이유가 발견되지 않게 된 것이다. 이렇게 되면 설교이론이 새롭게 조정되거나 보충될 필요가 있다. 무엇보다 필요한 것은 본문 설교가 선포 – 해석 – 적용의 구조로만 이해되는 오해에서 벗어나는 것이다. 이것은 본문 설교 가운데 연역적인 구조를 갖춘 설교일 뿐이다. 이러한 구조의 설교를 부정하는 것이 아니라, 설교가 오직 그러한 구조로만 이루어져야 한다고 보는 입장이 문제이다. 이러한 오해에서 벗어나게 될 때 설교는 다양한 형태로 구성될 수 있는 가능성을 얻게 되는데, 설교의 귀납적 형태에 대한 안목이 넓혀진 것은 바르트식의 본문 설교에 대한 이해에서 벗어났을 때 가능했다.

지금까지 지적한 문제들을 극복하려고 노력할 때 그 대안적인 설교는 어떤 형태를 갖게 될까? 이 글은 바로 이러한 질문에 대해 대답을 하려는 마음에서 집필되었다. 곧 설교형태의 편파적인 이해와 오해를 극복하고 새로운 형태의 본문 설교의 가능성을 고찰해 보기 위한 것이다. 본문 설교의 한 유형으로서, 본문으로부터 얻은 당위적인 의미를 현실에 조명해 보거나 적용해 보는 연역적인 설교는 대부분 주입식으로 이루어지기 때문에 듣는 자들로 하여금 이 시대의 변화에 민첩하게 대응하지 못하게 한다. 설교는 시대의 변화에 적절하게 반응할 수 있을 뿐만 아니라 전통문화적 요소들도 충분히 소화해 낼 수 있어야만 한다.51) 그러기 위해서 설교는 귀납적이 되어야 할 필요가 있다.52) 이 글에서 필자는 본문 설교의 한 유형으로서 본문에 대한 신학적 이해(본문의 의미)를 전제로 하되, 설교는 현실 이해로부터 시작해서 본문의 당위적이고 고백적인 의미를 오늘 우리들의 고백으로 삼고, 또 본문 안에 내포된 체험을 오늘 우리들의 체험으로 재구성할 수 있기를 지향하는 귀납적 설교의 한 형태로서 '현실로부터 성경본문을 향해 나아가는 설교'를 고찰해 보고자 한다. 지금까지 제기한 질문들과 문제들을 염두에 두면서 '현실로부터 성경본문을 향해 나아가는 설교' 형태에 대해 그것의 의미와 중요성 그리고 그것의 신학적인 근거에 대해 상술해 보고자 한다.

---

51) 이런 설교를 위한 학자들의 연구는 이미 여러 가지 방법으로 이루어져 왔다. 박근원은 '수평적 전환'이라는 개념을 사용했고, 김운용은 미국의 설교학적인 흐름을 한국에 소개하면서 크래독의 '듣는 설교'란 개념을 사용하고 있다.

52) 박영재, 『설교가 전달되지 않는 18가지 이유』(규장사, 1998), 170ff.

Ⅱ

설교의 기초를 탐색하며

1. 설교이해의 문제

웨슬레 신학교 구약학자인 부르스(Bruce C. Birch)는 "평신도들은 우리들의 성서적 및 역사적 기억으로부터 나오고 있는 신앙의 비전을 아는 것과 명료케 하는 일에도 밀접하게 동참되어야 한다. 평신도들이 목사에게만 일임되어 있는 영역들에도 반드시 동참되어야 한다"고 말하고, 그 예로 "성년들을 가르치는 일, 청중의 예배생활을 형성하는 일, 목회적 심방을 하는 일 등"을 말했다.[1]

여기에 설교도 포함시킬 수 있다. 다시 말해서 설교가 이제는 목회자만의 문제는 아니게 되었다. 평신도도 설교를 할 수 있다는 것을 의미하지는 않는다. 설교를 듣는 청중들도 설교를 이해할 필요가 있다는 말이다. 설교의 질을 떨어뜨리는 데에 있어서 청중들이 차지하는 부분이 결코 간과될 수 없기 때문이다. 교육을 통해 청중들이 진리에 대한 간절함을 가질 수 있도록 하는 것이 무엇보다 중요하다. 설교는 기본적으로 진리를 선포하는 것이고 그럼으로써 하나님 앞에서의 바른 삶을 돕기 위한 것이기 때문이다.

일부 설교자들의 불성실한 설교 준비로 인해서 비롯된 결과이기도 하겠지만, 복잡한 생각을 피하고 단순한 설교만을 선호하는 청중들로 인해서 설교자들은 설교의 수준을 평균 이하로 설정해 놓기를 강요받는다. 설교학 시간에서조차도 단순하고 명료한 언어를 사용하도록 훈

---

1) C. Ellis Nelson(Ed.), *Congregations. Their Power to Form and Transform* (1988) [김득룡 역, 『회중들』(한국장로교출판사, 1996)], 48.

련받는 실정이다. 그것의 중요성을 아무리 강조한다 해도 지나치지 않
겠지만, 다른 한편으로는 청중들의 수준을 높이면서 설교의 효과를 높
이는 것도 필요하다. 과거에는 예배를 위한 교육이 일방적으로 예배나
설교에 임하는 태도에 주의를 환기시키는 것으로 일관되었지만, 이제
는 설교를 바르게 들을 수 있도록 도와주어야 한다. 말씀에 대한 절박
감을 생활 속에서 느낄 수 있는 청중들과 설교에 대한 분별력을 가진
자만이 설교로부터 참다운 진리의 말씀을 기대할 수 있다.

청중들의 듣는 수준을 높이기 위해 설교가 무엇인지, 설교 안에서
무엇이 이야기되고 있는지, 어떤 것이 설교로 오해되어서는 안 되는지
를 청중들 역시 알 필요가 있다. 이미 일부 성숙한 성도들은 이 부분
에서 자발적이고 적극적인 태도를 보이고 있다. 이것은 설교자와 청중
모두에게 하나님이 행하심으로써 나타나는 다양한 모습이 서로 보완
되어 설교 안에서 통전적인 시각이 이루어질 수 있도록 하는 데 매우
중요한 측면이다.[2] 청중들의 교육 및 의식 수준이 향상되어 있기 때
문에 이제는 설교자가 소명의 열정만을 갖고 전하기만 하면 되는 때
는 곧 사라지게 될 것이다. 그렇다면 설교론은 단순히 설교자만을 위
한 것이 아니라 청중들을 위한 측면도 고려되어야 마땅할 것이다. 청
중들이 설교를 이해하고 바른 깨달음과 삶의 변화로 이끌어 주기 위
해 필요한 작업은 그들에게 설교의 형태를 인식시켜 주는 것이다.

이런 의미에서 크래독이 청중들의 설교이해를 그림을 이해하는 것에
비유해서 말한 것은 매우 옳은 지적이다.[3] 다시 말해 그림에 대한 형식

---

2) 참고: R. L. Howe, 『설교의 파트너』, 머리말.
3) 후레드 크래독, 『설교, 열린체계로서의 귀납적 설교방식』, 204: "의사소통 영
   역에 있어서 복합성과 복잡성이 늘어갈수록 형식의 중요성 그리고 형식이 할
   수 있는 일에 대한 관심이 자기 이야기가 청중들에게 들리기를 원하는 사람에
   게 있어서는 최우선 과제로 남아 있다. 그림에 있어서 윤곽이 그러한 일을 하

이 바로 이해되지 않으면 그림을 감상하는 데 있어서 중요한 부분을 놓치고 만다. 단순히 색상의 아름다움이나 화폭에 나타나는 모양만을 감상하는 것은 초보단계에서도 가능하지만 그림 속에 담긴 화가의 생각이나 그림 자체가 갖는 상징들을 읽어 낼 수 있기 위해서는 미술의 형식에 대한 기본적인 인식이 요구된다. 어디 미술만 그렇겠는가. 운동경기도 그렇고 또 음악감상의 경우에서도 마찬가지다. 멜로디의 아름다움을 넘어서 음악의 깊이를 파악하기 위해서는 음악의 형식에 대한 이해가 필수적이다.

설교도 마찬가지다. 설교형태론은 설교자들이 상황에 적합한 설교를 준비하기 위해 도움이 될 뿐만 아니라 설교를 집중해서 제대로 이해하기를 원하는 청중들을 위해서도 매우 중요하다. 형식을 통한 이해 이외에 좀더 깊은 이해를 가리키기 위해 '참여적 이해'라는 개념이 생겼다. 쉽게 말한다면, 음악은 음악활동을 하는 가운데, 미술은 미술활동을 하는 가운데 가장 잘 이해된다는 말이다. 특별히 설교에 있어서 참여적 이해라 함은 하나님의 행위에 함께 동참할 때 하나님의 말씀과 행위가 바로 이해될 수 있음을 가리킨다.

구체적으로 말한다면 봉사의 삶을 살아가는 가운데, 하나님의 일을 하는 가운데 말씀을 바로 이해할 수 있다는 말이다. 곧 이론은 실천을 통해서 더 잘 이해된다는 것인데, 이는 '신앙의 기초'와 밀접한 관계를 가지고 있다. 산상수훈의 결론은 말씀을 듣고 행하는 자는 반석 위에 집을 짓는 지혜로운 자 같다고 했다. 듣는 것만으로 부족하고, 그렇다고 행하는 것만으로도 결코 갖추어질 수 없는 것이 신앙의 기초다. 듣고 행하는 자는 든든한 기초 위에 집을 짓는 지혜로운 자라고 인정되고, 기독교인은 바로 이러한 기초 위에 마땅히 서 있을 것으로 기대된다고 한다

듯이 설교에 있어서도 형식은 청중들이 메시지를 이해하도록 도와주고, 초점을 맞추어 주고, 강조점을 찾아 주고 이해를 확고하게 하는 데 한몫을 한다."

면, 설교란 듣는 자가 행할 수 있도록 돕는 작업으로 이해될 수 있다.

행하는 것은 한편으로는 들은 것이 바로 이해될 수 있기 위함이기도 하고, 다른 한편으로는 그것을 통해 하나님의 영광이 나타날 수 있기 위함이다(마5:16). 청중들의 설교이해 수준은 설교 자체에 대한 이해와 깊은 상관관계를 갖는다.

60년대 '하나님의 죽음의 신학'이나 '세속화 신학'과 같은 자유주의 신학의 흐름으로 유발된 설교에 대한 위기를 겪은 후인 70년대에 미국에서 설교형태의 중요성이 새롭게 부각이 된 것은 기존의 케리그마적 설교의 문제점이 지적되었기 때문이기도 하지만, 한편으로는 세계 제2차 대전 이후의 경제성장이 가져온 교육 및 의식 수준의 발달과 무관하지 않다. 대중매체가 발달되면서 교회는 갖가지 정보를 독점할 수 없게 되었다. 정보를 습득할 수 있는 부분이 다양화되면서 청중들은 더 많은 교육의 기회와 더불어 높은 의식 수준을 갖게 되어 기존의 선포형식의 설교는 벽에 부딪히게 되었다. 조금 늦은 감이 있지만 한국에서도 설교의 형태론에 대해 깊은 관심을 가지고 글을 연재했던 김운용의 노력은 매우 적절했다고 생각된다.[4]

그러나 설교형태론에서 신학적인 고찰은 결코 빠질 수가 없다. 예컨대, '설교의 귀납적 형태의 신학적인 근거는 무엇인가?'와 같은 질문은 귀납적 설교론에서 지나쳐 가서는 안 되는 질문이다. 단순히 기술적이거나 효과적인 문제만을 거론하고 신학적 정초에 대한 노력의 결여는 그 효과가 나타나기 이전에 시들어 버리거나 아니면, 유행하는 설교형태의 대세에 쉽게 밀려나버릴 위험에 노출된다. 설교와 신학의 이원성은 한국 강단에서 반드시 극복돼야 할 현상이다.[5]

4) 김운용, "설교의 새로운 패러다임", 「기독교사상」 495-502(2000. 3-10). -, "창조적인 설교를 위한 방법론적 접근", 「기독교 사상」517(2002.1), 128-141.

2. 현실로부터 본문을 향해 나아가는 설교

1) 공명과 공감

지금까지 우리는 설교 현실과 설교론의 문제들을 비판적인 의미에서 개괄적으로 살펴보았다. 설교론은 성경본문, 설교자 그리고 청중 사이에서 이루어지는 커뮤니케이션 과정에 있어서 효과적인 설교가 될 수 있도록 돕는 것을 목표로 한다. 곧 어떤 형태와 구성을 갖는 것이든 설교자들이 공명과 공감을 줄 수 있는 설교에 자신감을 가질 수 있도록 돕는 설교론을 필요로 한다. 설교론에서 어느 한 형태의 설교만을 선호하도록 하는 것은 설교자의 개성이나 청중들의 다양성, 본문의 다양성을 무시한 결과이다. 설교자는 다양한 형태의 설교를 통해 복음을 선포해야 한다. 설교자들의 모든 요구와 필요를 채워 줄 수 있는 '슈퍼 설교론'은 가능하지 않겠지만, 이러한 조건을 최소한 만족시켜 주는 한 형태로서 공명과 공감을 줄 것으로 기대되는 '현실로부터 본문을 향해 나아가는 설교'를 살펴보도록 하자.

시를 통해서 깊은 감명을 받는 것은 시인의 생각이 독자에 의해서 바로 읽혀졌기(해석) 때문만은 아니다. 시를 통해서 자신의 삶과 현실을 발견하게 되면서 공감하게 될 때 독자들은 더욱 큰 감동을 받게 된다. 한편의 영화가 관람객들에게 깊은 감동을 주는 이유는 영상 및

---

5) 설교와 신학, 특히 조직신학의 관계는 이미 곽안련의 설교학에서 매우 강조된 사실이다(곽안련, 『설교학』, 174). 그럼에도 불구하고 설교자들이나 목회자들이 목회현장에서 조직신학을 중요하게 생각하는 것만큼 그들의 설교와 사역에서 신학적 사유의 흔적이 나타나지 않는 것은 심히 유감스런 일이다. 신학과 목회가 서로 평행선을 걷고 있는 현실을 진단하며 그것을 극복할 대안과 노력을 제시한 졸저를 참고: 『신학과 목회, 그 뗄 수 없는 관계』(씨엠, 2001).

음향 기술의 섬세함이나 화려함도 한몫을 차지하지만 그것은 일시적인 것일 뿐이다. 한동안 마음 한구석에 깊은 잔영으로 남아 지속적인 감동을 주는 것은 영화의 내용에서 비롯된다. 대개 삶의 현실들이 잘 반영된 시나리오와 치밀한 구성 그리고 뛰어난 영상 및 음향 기술에 힘입어 예술적으로 표현되었을 때 오래 기억되는 법이다. 한국 영화사의 한 페이지를 장식한 많은 영화들은 한국인들의 현실의 한 단면을 잘 보여 준 것들이다. 특히 "쉬리"나 "공동경비구역"과 같은 영화들은 분단현실의 아픔을 잘 보여 주었고, 한국 사회에 조폭 신드롬을 불러 일으킨 "친구", "조폭 마누라", "달마야 놀자" 등은 조직에 기반을 둔 한국 사회의 일면과 그것의 문제점들을 드러내 줄 수 있었기 때문이며 '웰컴투 동막골'은 분단 상황의 한국인들의 꿈과 이상을 잘 표현했기 때문에 많은 사람들의 관심을 끌 수 있었다. 유감스럽게도 그동안 많은 관객을 동원했던 영화들로부터 영상의 화려함이나, 폭력이나 섹스와 같은 자극적인 표현 등을 사용하는 미국의 할리우드식 영화를 지향하는 성향을 볼 수 있었지만, 앞으로는 잔잔한 감동을 주는 예술적 영화에 관심을 기울일 필요가 있다. 그것이 충분히 가능함을 우리는 "집으로"라는 영화를 통해서 확인해 볼 수 있었다. 공명과 공감의 문제는 읽고 듣고 보는 자들의 현실과 밀접한 관련을 갖는다.

현실과 밀접한 관계를 갖는다는 말은 공명과 공감이 단순히 머리로부터만 나타나지 않는다는 말이기도 하다. 이론으로부터 연역적으로 도출되기도 하지만 삶의 현장으로부터 우러나올 때 더 큰 공명과 공감을 준다. 혼자만의 감정에 사로잡혀 있을 때에도 나타나지 않는다. 현실은 서로 다른 몸들이 거하는 공동의 시간과 공동의 장소이다. 다시 말해서 들리고 보이는 것에 대해 함께 반응하고 함께 움직여지는 것은 몸과 몸의 부딪침으로부터, 온몸의 느낌을 통해서 나타난다. 그렇기 때문에 공명과 공감은 논리의 정확성이나 시각적 화려함에 좌우되지 않는다. 소박함에 감탄을 자아낼 수도 있고 어눌함에 더욱 큰 감동을 받을 수도 있다. 중요한 것은 듣거나 읽거나 보는 자들의 현실이 상황에 따라 때로는 어루만져지고, 때로는 파헤쳐지고, 때로는 미련으로 남겨 두게 될 때 촉촉한 감동을 경험하게 된다는 것이다. 비판적인 현실인식도 필요하고, 삶을 관용적으로 바라보는 것도 필요하고, 때로는 높은 이상을 향한 용솟음칠 듯 힘찬 현실인식도 필요하다. 중요한 것은 현실을 바로 볼 수 있게 해 주고 때로는 위로 가운데 현실을 인정하게 하며, 때로는 현실을 극복해 가도록 격려해 주고, 때로는 현실 앞에 눈을 감는 중요성을 인식시켜 주는 것이다.

그러나 현실을 단순히 본다고 해서 청중들이 만족을 얻는 것은 아니다. 청중들의 현실은 문제로 가득 채워져 있기 때문이다. 설교자가 그들의 관심을 유발시켜 줄 뿐만 아니라, 한 걸음 더 나아가서 그들의 문제를 바로 지적해 주기도 하고 또 그것을 해결시켜 줄 때 청중들은 흡족한 마음을 얻게 된다. 이러한 설교를 가리켜 우리는 공명과 공감을 주는 설교라고 한다.

가) 설교는 청중들의 고백을 이끌어 내야 한다

공명과 공감을 주는 설교를 말할 때 우리는 현실적으로 공명과 공감을 결정하는 설교 몇 편을 분석해 보면서 시작할 수 있을 것이다. 그러나 우선적으로 하나의 원칙으로 먼저 제시되어야 할 것이 있다. '설교는 청중의 고백을 이끌어 내야 한다'는 것이다. 설교에 있어서 공명과 공감은 아멘으로 이루어지는 화답이 내적으로나 외적으로 자연스럽게 나타날 때 가능하다. 이 원칙은 최소한 성경과 설교의 관계가 분명해짐으로써 더욱 자세하게 이해될 수 있다. 앞서 말한 바와 같이 성경은 하나님의 행위나 그에 따른 인간들의 경험 그리고 그들의 고백을 기록한 것으로, 성경의 저자들은 읽는 자나 듣는 자로 하여금 동일한 인식과 경험 그리고 같은 고백을 기대하며 성령의 감동에 근거해서 기록해 나갔다.

그렇다고 한다면 설교가 본문으로부터 현실적용의 순서를 거치는 과정에서 성경이 항상 출발점으로만 남아 있을 필요는 없다. 설교는 결코 주석이 아니기 때문이다. 주석 이후의 행위인 설교에서 성경은 고백으로서 처음의 위치만이 아니라 마지막에 위치할 수도 있다. 청중들이 본문의 내용을 이미 숙지하고 충분히 이해한 상태라면 고백보다는 설명의 방식이 더 나을 수도 있다.

그렇지만 성경본문의 의미는 결코 어떤 한 주석가에 의해서, 혹은 어떤 한 시대에 완전하게 파헤쳐지지 않는다. 누구도 그렇게 생각하지 않는다. 그것은 시대에 따라, 읽거나 듣는 사람들에 따라 늘 다양한 모습으로 다가온다. 그렇다면 본문은 적어도 하나님의 행위가 이루어지길 기대하는 마음으로 읽혀질 수 있다. 본문은 하나님의 행위가 일어나고 청중들이 그 행위를 인식하는 공간을 마련해 준다. 특히 성경은 하나님의 약속으로서 종말론적인 지평을 가지고 있다. 그러므로 청중들은 본문 안에서 비로소 확실한 신앙고백을 발견하며 또한 자신의 신앙을 고백할 수 있다. 다시 말해서 본문의 의미는 현실인식으로부터 본문을 향해 나아가는 설교, 하나님을 인정하며 고백하는 길로 나아가는 설교, 어둠 속에서부터 빛으로, 무지에서 하나님을 알게 되는 과정으로 나아가는 설교를 위한 기초를 제공해 준다.

설교를 준비하는 석의 과정에서는 성경이 출발점이 되겠지만, 설교는 결코 석의적인 노력이 아니다. 설교에서의 출발은 현실이 될 수 있다. 현실분석의 결과와 주석 및 해석의 결과로부터 얻은 본문의 의미

64

와의 차이를 관찰하는 가운데 설교자는 질문을 발견하고 그것으로부터 문제가 제시되고 또 그것을 해결하거나 혹은 설명하는 과정을 거칠 때, 먼저는 성서적 진술에 충실할 수 있고, 그다음에는 공동체의 공명과 공감을 얻을 수 있다.[6] 한편, 청중들의 공명과 공감을 줄 수 있는 부분이 앞부분에 놓이느냐 아니면 뒷부분에 놓이느냐에 따라 설교에 대한 청중들의 집중도는 큰 차이를 보인다. 대부분의 설교들은 서론 부분에서 설교의 주제에 대한 관심을 유발시킨 뒤 본론 부분에서는 본문에 대한 긴 설명과 더불어 적용의 단계로 이어진다. 청중들의 관심의 대상이 되는 적용 부분이 나중에 나오고 있다. 물론 시대에 따라 청중의 관심도 변한다. 과거에는 성경본문 자체에 대한 이해가 우선되는 관심의 대상이었지만, 이제는 '나'의 삶 속에서 '나의 문제'가 어떻게 이해되고 또 어떻게 해결될 수 있는지에 대한 지대한 관심을 보인다. 박영재는 찰스 스펄전의 "진정한 설교는 적용이 시작될 때 시작한다"는 말을 인용하며 그것을 "본문 설명이 끝나고 적용을 시작할 때부터 청중들은 설교에 귀를 기울이기 시작한다"고 이해하고 있는데 충분히 공감되는 부분이다.[7] 이렇게 본다면 본문 설명이 아닌 설교가 현실로부터 출발할 수 있는 충분한 이유가 있는 것이다.

---

6) 이러한 점에서 볼 때, 쉴라이에르막허가 설교를 일종의 공동체적 언어 행위로 이해한 것은 매우 옳다고 생각한다. 그러나 설교자가 공동체의 보편적 감정을 설교를 통해 선포해야 한다는 것은 본말이 전도된 생각으로서 이러한 점에 대한 바르트의 비판은 정당하다: "……그러나 말씀이 청중으로부터 오는 것인가, 오히려 말씀은 청중의 외부로부터 청중들에게 돌입해 들어오는 것으로 이해해야 하지 않은가……"(바르트, 『설교학』, 정인교 역, 한들, 1999[*Homiletik: Wesen und Vorbereitung der Predigt*, TVZ]). 공동체의 보편적 감정이 아니라 성경의 의미를 바탕으로 공동체의 경험이 분석되고 이해되어 결국 다시 성경의 의미, 즉 하나님의 행위를 인정하고 기대하는 고백으로 나가야 한다.
7) 박영재, 『설교가 전달되지 않는 18가지 이유』(규장사, 1998), 80ff.

공명과 공감은 단순히 공동체적인 언어를 사용한다고 해서 얻어지는 것은 아니다. 설교에서 공명과 공감을 불러일으키는 요소는 하나님의 행위를 알게 되고 그것에 대한 언어적 기술 그리고 듣는 자들의 동의(consensus), 곧 고백이 이루어질 때 가능하다. 본문의 의미가 되는 하나님의 행위로부터 시작하는 설교는 연역적이 되겠지만, 듣는 자들의 동의로부터 출발해서 언어적인 혹은 영상적인 혹은 음악적인 표현을 매개로 해서 하나님의 행위를 분명하게 선포할 때는 귀납적이 된다. 설교의 공명과 공감이 이처럼 적어도 청중들과 그들의 실존상황과 매우 밀접하게 연결되어 있다는 점을 생각해 볼 때, 여러 형태의 설교가 공명과 공감을 줄 수는 있지만 '현실로부터 본문을 향해 나아가는 설교'는 그 효과에 있어서 더욱 뛰어나다.

나) 공명과 공감은 성령의 사역

설교의 공명과 공감과 관련해서 염두에 두어야 할 점은, 설교는 다른 예술분야와 달라서 한편으로는 원활한 의사소통의 결과이기도 하지만, 다른 한편으로는 성령의 사역이라는 것이다. 설교가 단순히 수사학적인 노력만으로 이루어질 수 없다는 말로 이해될 수 있겠다. 성령의 감동은 때로는 원활한 의사소통이 없이도 일어날 수 있는데, 그것은 하나님의 주권적인 사역의 결과이기 때문이다. 설교자가 아무런 준비도 없이 성령의 사역만을 지나치게 기대하게 될 때 설교에 위기가 찾아온다. 개혁주의 전통에서 성령의 사역은 말씀과 밀접하게 연결되어 있는 것으로 고백되고 있다. 그렇다면 설교 준비는 성령의 폭발적인 사역이 나타나는 일에 대한 순종으로 이해될 수 있다. 성실한 설교 준비를 하고 나서 성령 사역을 기도하게 될 때 비로소 공명과 공감은 기대될 수 있다.

2) 설교의 예

다음에서는 먼저 "현실로부터 본문을 향해 나아가는 설교"의 형태를 갖는 세 개의 설교를 살펴보도록 하겠다. 하나는 설교가로서 유명한 포스딕의 감동적인 설교이고, 다른 하나는 필자의 설교다. 서로 다른 본문이지만 동일한 주제("죄")를 다루고 있다. 필자는 포스딕에 대해 그가 단지 미국 교회와 설교사에서 중요한 의미를 갖는다는 정도로만 알고 있었을 뿐이었다. 정장복 교수의 글과 소개를 통해서 처음으로 접하게 되었는데, 그 이후 그의 여러 설교를 살펴보면서 필자는 '현실로부터 본문을 향해 나아가는 설교'의 형태가 나타나고 있음을 발견할 수 있었다. 그래서 '현실로부터 본문을 향해 나아가는 설교'의 예로서 이곳에 소개해 보고자 한다. 특히 정장복 교수가 소개하고 있는 설교를 택한 것은 정장복 교수에 의해 영성과 지성 면에서 뛰어난 설교로 소개되었기 때문이었다. 두 번째 설교는 광주운암교회 청년부에서 행해진 것으로, 청년들로부터 많은 공감을 얻었다는 말을 들은 것이었다. 부족하지만 '현실로부터 본문을 향해 나아가는 설교'의 한 예로 소개한 것이니만큼 그것이 어떠한 모습을 갖고 전개되는지를 함께 느껴보기를 기대한다. 끝으로 소개되는 설교는 소망교회 곽선희 목사의 설교이다. 그의 설교에 대한 연구를 하지 않다가 초고를 읽은 몇몇 분들이 곽선희 목사의 설교를 이론화한 것이 아니냐는 질문에 그의 설교집을 살펴보았다. 곽 목사의 설교 가운데 많은 것들은 명백히 '현실로부터 본문을 향해 나아가는 설교'다. 벌써 수십 권이 넘어가는 그의 설교집들을 읽어 나가면서 필자는 곽 목사의 설교 안에서 현실인식을 반영하는 예화나 현대인들의 삶의 모습으로부터 시작해서 본문으로부터 파악된 한 가지 주제를 향해 나아가는 노력을 확인해 볼 수 있었다. 그래서 세 번째로 곽선희 목사의 설교 한 편(요일4:7-11 "사랑하는 자의 속성", 『미련한 자의 지혜』, 설교집 27권, 105-117)을 분석하면서 '현실로부터 본문을 향해 나아가는 설교'의 모습을 더욱 구체적으로 살펴보도록 하자.

가) 마1:21 "죄에 대한 현대적 재발견"[8]

이 설교는 사순절을 맞이하기 이전에 사순절의 진정한 의미를 생각해 보기 위해서 행해진 것이다. 설교의 특징은 짧은 도입부와 결론부 그리고 긴 본론으로 구성되어 있고, 본론 부분은 세 개의 명제(1. 인간 본성은 타락되었다. 그 결과는 죄이다. 2. 죄의 문제를 해결하기 위해서는 인간 본성이 바로 파악되어야 한다. 인간 본성이 바로 파악될 때 사회, 인간, 경제 문제가 바로 인식된다. 3. 인간 본성이 타락되었다는 인식은 절망이 아니라 오히려 소망이다. 이것은 예수 그리스도의 오심의 목적이기 때문이다)에 각 명제를 뒷받침하기 위한 예들이 제시되었다. 본문이 사순절과 관련된, 예수님의 수난사의 일부가 아니라 예수님의 출생에 대한 메시지라는 것이 주목할 만한 점이다. 이런 선택은 사순절과 관련해서 흔히 생각하는 '고난' 혹은 '순종'과 같은 기대에서 벗어나게 하면서 청중들로 하여금 다소 놀라운 충격을 안겨다 주는 것이다. 이 본문이 선택된 이유는 사순절의 의미가 죄의 용서와 관련되어 있다면 죄 문제에 있어서 가장 중심되는 해결점이 예수 그리스도이심을 보여 주기 위함이다.

이를 위해 포스딕은 먼저 조상 시대의 기독교와 현대, 곧 자유주의적 사상에 물든 현대 기독교가 이해하는 죄 인식의 차이를 청중들에게 인식시킨다. 이는 현대인들이 얼마나 죄에 대해 무감각해져 있는지

---

8) 정장복, 『설교 사역론』(대한기독교서회, 1990), 309ff에서 재인용.

를 드러내기 위함이다. 현대인들이 간과한 결과가 어떻게 나타나고 있는지를 포스딕은 하고 있는 인간 본성의 타락의 결과를 보여 주기 위해 그리고 조상들의 생각이 옳았다는 것을 말하기 위해 세 가지 예를 제시하고 있다. 이 세 가지 예들은 청중들이 쉽게 이해할 수 있는 시사적인 것들이었다. 하나는 과학기술이 전쟁에서 어떻게 사용되고 있는지를 보여 주는 것이었고, 다른 하나는 인간 본성의 죄악성을 무시하고 단순히 교육을 통해서 인간 본성을 개조하려는 노력의 좌절을 보여 주는 것이었다. 그리고 다른 하나는 고상한 정신을 고양함으로써 인간 본성을 은폐하려는 노력이 결국에는 전쟁과 같은 다른 국가나 민족을 향해 엄청난 죄악을 저지르게 되었음을 보여 주었다.

그 결과 포스딕은 조상들의 기독교가 보았던 죄에 대한 사상이 옳았음을 재차 확인하면서 인간 본성을 바로 파악할 때만이 인간에 대한 통찰력을 넓힐 수 있게 된다고 보았다. 이에 대해서 포스딕은 또한 세 가지 예를 제시하고 있다. 이 예들 역시 청중들이 쉽게 접근하고 이해할 수 있는 것들로 채워져 있다. 사회문제와 인간문제 그리고 평등한 분배와 관련된 경제문제가 그것이다. 인간 본성이 바로 파악되었을 때 가져오는 결과로 포스딕은 그것이 절망이 아니라 희망의 시작이고 나의 정체성을 바로 알게 해 준다고 본다. 그러나 죄의 간교함과 교활함으로 인해서 인간은 누구도 죄의 본성의 문제에서 벗어날 수 없으며 그렇기 때문에 인간은 오늘날에도 구원이 필요하다고 역설한다: "나는 바로 오늘에도 이 세상은 복음을 필요로 하고 있다고 봅니다." 그리고 그 필요는 예수 그리스도의 근본적인 치료를 통해서만 가능하다고 주장한다. 이러한 주장과 더불어서 포스딕은 죄의 구원을 위해서 일어난 사건으로서 사순절의 의미를 더욱 크게 부각시켰다: "우리의 절실한 요구를 깊이 느끼고 진실하게 회개하고 용서와 권능을 추구하고 우리의 구원을 위해서 고난받으신 분을 진실되게 받아들이고 정의를 위해서 불의를 버리면 그때에 그리스도께서 우리를 하나님께 인도하실 것입니다. 이것이 바로 사순절을 지키는 의미입니다."

포스딕은 본문 속에서 사순절의 참의미를 읽었으며 죄를 용서해 주시는 분으로서의 예수 그리스도를 고백하고 있다. 내용상으로는 죄의 현상을 말하고 있어서 율법적인 내용으로 마무리될 것으로 기대되었지만, 본문 속에 담겨진 예수 그리스도의 죄 용서 사역을 환기시킴으로써 전체적인 내용에 있어서 복음적인 설교가 되고 있다. 결론적으로 말해서 이미 잘 알고 있는 사순절의 의미를 청중들에게 새롭게 부각시키기 위해서 그리고 예수 그리스도를 죄를 용서하시는 구세주로서 고백을 이끌어 내기 위해 포스딕은 현대인들의 죄 인식과 과거의 죄 인식을 비교하면서, 그로부터 인간 본성의 죄성은 무엇으로도 해결되지 못하고 오직 예수 그리스도의 구속의 사역을 통한 죄 용서를 통해서만 해결될 수 있음을 선포한 것이다. 이런 이유로 인해서 수난절이 이르기 이전에 예수 그리스도의 탄생을 되새겨 보는 것은 매우 뜻 깊은 일이 되는 것이다.

마1:21 　죄에 대한 현대적 재발견

"아들을 낳으리니 이름을 예수라 하라 이는 그가 자기 백성을 저희 죄에서 구원할 자이심이라 하니라"

사순절을 시작하기에 앞서서 우리가 회개와 겸허한 자세를 배우기에 앞서서 "이름을 예수라 하라. 이는 그가 자기 백성을 저희 죄에서 구원할 자이심이라." 하는 예수 그리스도에 대한 말씀 뒤에 깔려 있는 비극적인 사실에 대해서 잘 알아보는 것이 좋겠습니다. 베들레헴 위에 나타난 별이 그 어두운 밤을 배경으로 비친 것같이 인간의 죄의 배경에서는 예수의 탄생이 밝게 비치고 있습니다.

이러한 관점에서 볼 때 우리 조상 시대의 기독교와 오늘날 우리가 물들어 있는 자유주의 기독교 사이에는 분명한 비교점이 있습니다. 우리 조상들에게는 죄란 무서운 존재로서, 인간의 본성 가운데 깊이 뿌리박힌 타락성으로 날 때부터 물려받은 것이며 하나님의 은총으로 그리스도 안에서만 죄로부터 구원받을 수 있다는 믿음이 있었습니다. 옛날의 신학이 바로 이러한 확신을 중심으로 해서 이루어졌고 고대의 찬송이 이것을 노래했고, 지옥에 관한 옛 그림 또한 죄의 결과가 얼마나 무시무시한 것인가를 생생하게 그려 보여 주었습니다.

자유주의 기독교는 그와 반면 인간 본성에 대해서 일반적으로 대단히 낙관적입니다. 근대주의의 발생은 진보가 시대적 정신으로 자리잡고 진화가 삶의 과정을 설명하고 교육이 삶의 해방자로 여기던 때에 이루어졌습니다. 그 시기는 새로운 발전과 이상적인 희망과 매력 있는 미래가 뒤얽혀 낙관주의로 가득 찼던 때입니다. 그렇기 때문에 자유주의적인 기독교는 어디에서나 인간 본성에 대한 이상주의적인 견해를 가진 것이 특성이라고 하겠습니다. 확실히 말해서 실패는 낡은 것으로 보이고 부조화는 지난 것 같고 무지개가 밝은 빛을 얻고 이기주의자가 새로운 정신으로 바르게 고쳐진 듯하였으나 파스칼이 말한 대로 인간을 "우주의 영광이요, 스캔들이요, 형용하기 어려운 괴물"이라고 보는 인간 본성의 비극적인 타락에 대해서는 전혀 생각지도 못했습니다.

그렇지만 지금 어려운 시기에 우리에게 사순절은 찾아왔습니다. 우리 앞에는 지금까지 일찍 겪어 보지 못했던 잔인하고 타락한 모습이 전개되고 있습니다. 나도 옛날 신학을 믿지 않습니다. 옛 찬송들이 찬송가에서 빠지고 다시 끼어들지 않은 것을 기쁘게 생각합니다. 지옥에 대한 옛 그림은 나에게는 믿을 수 없는 저주처럼 보입니다. 그러나 인간 본성에 대해서 안이하게만 생각하는 부드럽고, 감상적이고, 안위적인 자유주의에 어떻게 만족할 수 있겠습니까? 근대의 선생 한 분이 『종교의 의미』라는 책을 썼습니다. 이분의 친구가 책을 읽고서 왜 죄에 대해서는 한 마디도 언급을 하진 않았느냐고 묻자. 왜? 그런 것은 내 책에는 한 자도 있어서는 안 되지." 라고 대답하더랍니다. 우리 조상들이 모든 일을 시작하는 '출발점'은 말하자면. 인간 본성의 피상적인 파악보다 실제적인 모습을 무한히 파악하는 데 있었다고 하겠습니다.

오늘날 우리의 희망과 우리의 모든 노력이 선을 추구한다고 하지만 서로 반목하고, 인간 본성의 악마적이고, 비극적이고 끔찍한 면만 남아 있어서 우리의 가장 사랑스런 요소가 악으로 변했고 가장 좋은 노력이 실패로 끝나고 말았습니다. 우리 조상들은 그것을 죄라고 지칭했습니다. 이것을 다른 이름으로 부를 수 있거든 얼마든지 부르십시오. 그러나 죄의 실제적인 사실만은 인정해야 할 것입니다.

분명하게. 인간이 오늘날 걷는 모든 길은 죄에 대한 재발견일 뿐입니다. 예를 들어 과학적인 발명을 봅시다. 그것은 인간의 풍성한 삶을 구가할 수 있을 만큼 얼마나 희망에 불탔습니까? 보다 나은 지구를 건설할 수 있는 선물이 끝없이 풍성한 듯했습니다. 그러나 이것들이 비극적으로 잘못 사용된 현실을 주시합시다. 뮌헨에서 개최된 민주주의 회담은 어떻습니까? 베를린 상공에는 만여 대의 비행기가 런던을 공습하고 대기하고 있는 동안 뮌헨에서는 평화회담이 개최됐으며 이에 따라 런던은 수많은 어린아이들을 대피시키느라 애를 썼습니다. 우리는 조상들이. 유아들이 죄를 갖고 태어났다고 가르쳤음을 비난했습니다. 그러나 우리 자신을 보면 구원하는 데 사용되어야 할 하나님의 선물을 우리 자신들의 목적을 위해 마음대로 사용하고 있는 것입니다. 결핵으로 죽는 젊은이나. 세계대전에서 독가스로 죽은 젊은이가 말하기를 "차라리 우리 원수들이 독가스를 만드는 화학기술보다는 하나님을 다 잘 알았으면 오죽이나 좋았겠습니까?"라고 절규했습니다. 가장 선한 것을 가장 악하게 사용할 줄 아는 악마적인 요소가 인간 본성에는 존재합니다.

교육을 생각해 봅시다. 1세기 전에 보스턴에서 호레이스 만(Horace mann)은 말하기를 정부 세금으로 운영되는 공립학교의 수를 증가시키면 이 나라에는 실제적으로 범죄가 없어질 것을 믿는다고 말했습니다. 좋습니다. 지금까지 우리는 세금으로 운영되는 학교의 규모와 숫자를 호레이스 만이 말한 것보다 더 많이 지었습니다. 그렇지만 우리는 아직까지 범죄를 없애지 못했습니다. 우리 미국에서는 교육에 모든 것을 투자하고 있습니다. 엄청난 돈입니다. 여기에다 교회에서도 막대한 돈을 들입니다. 정부와 교회의 돈을 합치면 교육에 드는 돈은 얼마나 엄청나겠습니까? 여기에다가 우리는 자선사업비로 많이 사용합니다. 이 모든 금액을 다 합치면 이 나라에서 범죄예방을 위해 쓰는 돈이 5억 달러 이상입니다. 그만큼 돈을 들여 교육을 시켰으면 우리를 충분히 구원하고도 남아야 할 교육받은 천재들이 오히려 범죄에 빠진다는 것입니다. 분명히 인간의 본성에는 최선을 최악으로 왜곡시키고도 남을 악마적인 요소가 있습니다.

인간의 영적인 요소인 충성심, 책임감, 애국심, 공동체 의식, 우정, 지도자에 대한 호응도 등을 생각해 봅시다. 자체적으로 보면 이런 요소들은 참 좋습니다. 인간은 이러한 고상한 능력에 의해서 자아중심적인 이기심으로부터 자아나 자기 종족이나, 국가를 떠나 다른 사람을, 종족을, 국가를 돌아볼 수 있게 됐습니다. 그러나 이 가공할 괴물인 인간은 이러한 요소들을 어떻게 사용하고 있는지 이 세상을 살펴봅시다. 최근에 예수를 믿는 한 일본 여자가 저에게 전화를 걸어왔습니다. 지금까지 내가 얘기해 본 가운데 가장 큰 충격을 준 사람 중 하나였다고 봅니다. 그 여자는 최근에 일본에서 왔으며 비로소 처음으로 제삼자적인 눈으로 일본이 중국에서 무슨 짓을 했는가 깨달았다고 합니다. 일본 안에서 사람들이 얼마나 꽉 막혀 있는지 모른다고 합니다. 천황에 충성하는 연합된 힘, 공동체의 동맹을 위한 불붙는 의식, 극동에서의 일본이 맡은 신성한 사명감 의식, 중국을 악정으로부터 구해야 한다는 십자군 의식, 새벽 일찍이 일어나서 일하는 늙은 부모님의 사랑 그리고 겨울에도 전쟁터에 나간 아들이 용감하게 싸우게 되도록 정한수 떠놓고 정성드리는 어머니들의 모습 등을 말했습니다.

이렇게 해서 인간은 전쟁을 자행했고 우리의 조상들이 죄라고 불렀던 우리 속에 갇혀 있는 악마적인 요소들이 거룩함을 옷 입고 우리의 가장 본성적 요소를 왜곡시킬 때, 그렇게도 저주받을 악을 중국에서 그리고 이 땅에서 저지르고 있는 것입니다.

분명히 우리 조상들은 헛것을 본 것이 아닙니다. 조상들이 생각했던 대로 육체적인 본성에 대해서는 잘 파악했지만 인간의 정신적 본성에 대해서는 조상들의 견해에 반대하고 있습니다. 어떻게 할 것입니까? 육체적인 본성은 필연적으로 법이 거주하는 장소이며 원인과 결과를 추적해서 그 결과를 조절할 수 있는 부분입니다. 그러나 인간의 정신적 본성은 전혀 다른 어떤 것을 제공합니다. 고상하고도 무서운 자유의 선물, 가장 거룩한 것에서 가장 악한 것을 산출해 내는 그 힘, 자유가 잘못 사용되면 내적인 잘못들이 결합해서 인간의 가장 좋은 희망까지도 무산시켜 버릴 요소인 것입니다. 이렇게 인간 본성을 파악할 때에, 비로소 삶에 대한 사실적인 모습을 한 단계 벗겨내는 것이며, 여기에서 우리 자신에 대한 통찰력의 차원을 넓히는 것이 됩니다.

맨 먼저 사회문제에 대한 우리들의 통찰력의 차원을 한층 심화시켜 줍니다. 여기에서는 이렇게, 저기에서는 저렇게 상황에 따라 처방을 내리는 만병통치적인 안이한 신념, 혹은 지름길을 따라가다 보면 행복을 갖게 되리라는 안이한 생각은 인간 본성 그 자체 안에 무엇인가 악이 존재한다는 것을 보지 못하는 실수를 범했습니다. 만일 이러한 말이 옛날 구시대 신학 같아서 듣기에 거북하거든 새로운 심리학적인 용어로 말해 주면 믿겠습니까? 옛날 신학자들은 인간 본성의 타고난 타락성을 '원죄'라고 불렀습니다. 그리고 프로이드는 그것을 '이드'라고 불렀으며, 본성적으로 날 때부터 타고난다고 했습니다. 이 세상과 우리 자신 속에서 가끔 전쟁을 유발시키는 원초적이고, 이기적이고 왜곡된 감정을 '원죄'라 부르지 않고 '이드'라고 부른다 해도, 이것의 실제적인 사실만은 묵과할 수 없을 것입니다. 인종적으로 타고난 이 성질은, 프로이드가 옳게 보았는데, 한 세대에서 다음 세대로 이전되어서 인간의 모든 선한 희망을 파괴시키고, 결국에는 우리의 사회개혁 의지가 좌절됐을 때에 비참한 결과를 안겨다 줄 것입니다.

인간의 문제가 쉽게 풀릴 것으로 생각한 사람도 있었습니다. 1893년에 히람 맥심(Hiram Maxim)은 자신이 개발한 새 총의 무서운 위력을 말하면서, "이것만 있으면 전쟁은 일어날 수 없노라"고 했습니다. 이 말은 자신이 인간 본성을 잘 알고 한 것입니다. 1892년에 알프레드 노벨(Alfred Nobel)은 다이너마이트를 발명했는데, 자신이 만든 다이너마이트로 평화가 깃들이기 전에 전쟁을 종식시킬 것이라고 했습니다. 이것이 인간 본성을 알고서도 한 말입니다. 이 이해가 가지 않는 괴물인 인간은 다이너마이트보다도 맥심의 총보다도 수천 배나 더 많이 인간을 도매급으로 멸망시킬 수 있는 요소를 지니고 있으며, 이 요소를 어떻게 사용해야 하는지도 잘 알고 있습니다.

우리의 생각을 좀더 높은 차원으로 옮겨 봅시다. 우리들 부드러운 마음을 가진 자유주의 기독교인들은 인간적인 전통에서 자라 왔기 때문에, 혜택을 받지 못하고 버림받은 사람들에 대해서 상처를 받기 쉽고, 그래서 세상의 모든 사람이 다 공평하게 혜택을 누린다면 이 사회는 밝은 사회가 되리라고 생각합니다. 나 자신도 삶을 저주하는 불평등을 싫어합니다. 불평등은 우리 문명의 수치입니다. 나는 모든 사람이 안락한 집에 거하며, 모든 사람이 안락한 생계를 유지하기 바랍니다. 우리가 세상의 재물을 공평하게 분배해서 가질 때 만족할 수 있을 것입니다. 인간 역사에서 가장 비극적인 절망을 회피하기 원하면 불평등을 해결한다고 해서 인간의 문제를 다 해결할 수 있다고 생각해서는 안 됩니다. 혜택을 누리지 못하고서는 좋은 기독교인이 되기는 어렵습니다. 그러나 내가 묻는 것은 이 세상의 모든 재물을 가지고 있다면 좋은 기독교인이 되기에 필연적으로 쉬울 것으로 생각합니까? 당신은 5번가나, 공원가나, 강가에 사는 부자 사람들은 인간에 대해서는 전혀 존경도 하지 않는 사람들이면서도 인간의 근본적인 문제를 필연적으로 해결했다고 보십니까? 당신이 이렇게 생각한다면 당신은 필시 5번가나, 공원가나, 강가의 부자 사람들을 이해하지 못한 것입니다.

인간의 외부로 나타난 악은 심오한 영적 갱생만이 고칠 수 있고 그것이 우리 인간 본성에 있음을 깨닫는다면, 이제는 사회적 절망으로부터 떠나서 다른 문제를 생각해 보기로 합시다. 이것은 바디매오가 길가에서 구걸할 때에, 삭개오가 돈을 버렸을 때, 부자가 궁전에 있을 때 깨달은 것입니다. 가련한 사마리아 여인이 우물가로 물 길러 왔을 때 깨달았으며, 니고데모가 중생의 필요성을 깨달았을 때 비로소 안 진리입니다.

인간 본성의 비극적인 사실에 대한 깨달음은 곧 인간의 절망의 시작이 아니요, 희망의 출발입니다. 이러한 깨달음을 갖지 못하면 인간의 실제적인 사실을 직시하지 못합니다. 신약성서는 처음부터 마지막까지 이 사실에 대해서 기록하고 있기에 인간을 절망시키지 않고 이 세상에서 가장 빛나는 승리를 안겨다 주는 책입니다. 신약성서는 처음부터 비극으로 시작합니다. "우리가 죄로 인하여 죽게 되었을 때에" 인간은 바로 여기에서부터 시작합니다. 그리고 나서 예수 그리스도를 통한 구원의 힘이 이 세상에 나타나서 개인 개인을 구속하고 움직여 이제는 더 이상 문제를 갖지 않고 대답을 얻으며 더 나아가서 세상의 모든 사람들을 이끌어 더 이상 문제에 시달리지 않고 올바른 해답을 얻을 수 있게 해 줍니다. 신약성서에서는 구원받은 인간에 대해서 약속하고 있습니다. 밤중에 시작해서 별을 보고 기뻐합니다. 이것이 바로 삶에 대한 올바른 접근입니다. 어떤 사람이 말하기를 "인간 본성의 변화를 기대하는 것은 믿음이다. 그러나 인간사회가 믿음 없이 변화할 수 있다고 기대하는 것은 미친 짓이다."라고 했습니다.

두 번째로 이 진리는 우리들의 사고에 깊은 차원을 더해 줍니다. 우리 모두는 내면에 잘못이 있고 이 잘못은 꼭 고침을 받아야 함을 느낄 때 비로소 인간은 자신이 누구인지 알게 됩니다.

오스카 와일드(Oscar Wilde)가 종교적인 은둔자에 대해서 말하기를 그 사람은 너무 거룩하기 때문에 악령이 유혹하러 왔다가 실망하곤 했던 것을 생각합니다. 그 사람을 넘어뜨릴 수가 없었습니다. 육체적으로 욕정으로 시험했으나 실패했고 마음에 의심을 품게 했으나 실패했습니다. 이때에 사단이 악령에게 와서 말하기를 "당신의 방법은 원시적이군요, 나에게 잠깐만 시간을 주시면 내가 인간을 유혹하겠소."라고 했습니다. 그래서 허가를

얻고 사단은 은둔 성자에게 가서 "좋은 소식을 듣지 못하셨나요? 당신의
동생이 알렉산드리아의 감독이 되었다던데요."라고 말하자 그것이 그만 운
둔 성자를 사로잡았습니다. '내 동생은 알렉산드리아의 감독인데 나는 가난
뱅이 운둔 성자라!' 질투가 홍수처럼 엄습해 왔습니다. 모든 것은 다 참아
도 동생의 성공은 눈뜨고 못 볼 것이었습니다. 우리가 말하려고 하는 것은
어느 누구도 자신에 대해서 바로 깨닫지 못하고서는 인간이 누구인지 알
지 못한다는 것입니다.

죄가 너무도 정교하게 엄습해 오기 때문에 우리는 스스로 자신을 속이
곤 합니다. 때때로 죄는 조잡하고 가공스럽기도 합니다. 죄는 거리를 활보
하고 다니며, 큰소리로 우리의 맹세를 모욕하고, 언급할 수도 없는 악을 입
에 담고 다닙니다. 죄는 날로 번창하기 마련입니다. 그것은 좋은 주거지 차
원을 말하고 있는 것입니다. 난파당한 인간이 희망을 추구하는 것은 내적
저주로부터 구원이 필요하기 때문입니다.

근대의 사람들은 왜 구원이란 말만 들어도 움츠리고 몸을 사리는지 모르
겠습니다. 대단히 과학적이라고 생각되는 의학은 어떻습니까? 의학은 구원
을 가져다줄 수도 있습니다. 사람이 병을 얻게 되면 의학을 찾지만 그래도
수세대를 걸쳐서 같은 병이 되풀이되어 재발되고 인간에게 불행을 초래케
합니다. 이렇게 되면 인간은 고통을 멈추게 하고 병을 치유케 하는 모든 의
학적인 치료를 가능케 해 주시는 하나님께 감사하게 됩니다. 인간의 모든 주
된 활동은 인간의 비극으로부터의 구원에 관심을 기울입니다. 기독교의 복
음도 의약품과 같이 실제적인 구원 효과를 갖고 있습니다. 인간생활에 저주
를 가져다주는 저주의 내적 잘못으로부터 인간을 구원해 줍니다.

나는 바로 오늘에도 이 세상은 복음을 필요로 하고 있다고 봅니다. 인간
드라마는 잘 연출되지 못했으며 외부적으로 장면이 몇 개 바뀌어 스치면서
드라마를 고정시켜 놓았습니다. 우리가 그 드라마를 고정시켜 놓았습니다.
우리가 그 드라마를 올바르게 보기 위해서는 연기자가 우리에게 어떤 심오
한 것을 전달해 주어야 합니다. 지난 주일에 아침예배를 드린 후 두 청년
이 교회에서 밖으로 나갔습니다. 내 친구가 들었는데 이 두 사람 중 한 사

람이 친구의 어깨 위에 손을 얹으면서 말하기를 "고도의 이상만을 추구하던 시대는 지났어. 우리는 이제 그리스도가 필요해." 하더랍니다. 우리가 이 말의 깊은 뜻을 이해한다면 그것은 진리입니다. 우리의 근원적인 병을 고치기 위해서 그리스도의 근본적인 치료가 필요합니다. 저 위에 높이 계신 한 분 하나님에게만 충성하는 것이 해로운 우상숭배로부터 우리를 구원해 줄 일이고 모든 종족과 국가 사이에서 우리가 한 가족에게 헌신함으로써 파괴적인 민족주의와 급진주의로부터 구원받을 수 있으며 우리 속에 용서와 능력의 복음이 넘칠 때에 문제로부터 해결을 얻게 될 것입니다.

사순절은 다시 올 것입니다. 형식적으로 지키는 데 그치지 맙시다. 구원 활동이야말로 그리스도의 진수입니다. 우리의 절실한 요구를 깊이 느끼고 진실하게 회개하고 용서와 권능을 추구하고 우리의 구원을 위해서 고난받으신 분을 진실되게 받아들이고 정의를 위해서 불의를 버리면 그때에 그리스도께서 우리를 하나님께 인도하실 것입니다. 이것이 바로 사순절을 지키는 의미입니다.

나) 롬6:23 "죄의 삯과 하나님의 은사"

본 설교는 광주운암교회 청년부 예배 때 필자에 의해 행해진 설교이다. 본문은 죄에 대한 대가로서 사망이 임하지만 그리스도를 믿는 믿음을 통해 하나님의 은혜인 생명을 얻게 된다는 교의학적인 의미를 담고 있다. 또한 인간은 죄에 대한 당연한 대가를 비윤리적인 방법으로 피해 보려는 경향을 보이고 있음을 지적함과 동시에, 그러한 태도가 기독교적인 의미에서 어떻게 이해되는지를 살펴보고 올바른 삶의 태도를 고려해 본다는 의미에서 윤리적인 의미를 갖고 있기도 하다. 당시는 이용호 게이트로 인해서 나라 전체가 술렁거렸던 때였다. 설교 본문이 기독교인들에게는 너무나도 잘 알려진 말씀이기 때문에 '죄'와 '심판'의 관계 그리고 '죄를 용서하시고 생명을 주시는 하나님'을 좀더 구체적으로 느껴보기 위해 신학적인 설명보다는 이용호 게이트 사건을 택해서 그 사건을 통해서 죄와 죄의 삯 그리고 용서의 의미를 구체화시키려고 했다. 다시 말해서 사건의 발단은 이용호 씨가 자신의 범법행위와 그에 대한 처벌 사이에서 행한 일련의 로비활동이 죄의 삯을 피하려는 노력을 기울였고 그것이 결국 좌절된 사실에 착안해서 인간의 죄는 하나님의 심판에서 결코 벗어나지 못하며 오직 예수 그리스도를 통한 용서의 은혜를 통해서만 자유로워질 수 있음을 보여주고 그것을 인정하고 신앙고백으로 삼아야 할 것을 선포했다.

죄의 문제를 안고 고민하는 청중들에게 용서하시는 하나님을 만나도록 하고, 반면에 죄를 짓고도 하나님의 심판에 대한 아무런 두려움도 없이 살아가는 청중들에게는 무엇으로도 대신할 수 없는 하나님의 심판에서 결코 벗어나지 못하게 됨을 선포하는 것이었다. 궁극적으로는 유일한 구원이요 생명의 길이신 예수 그리스도에 대한 믿음을 통해서 모든 죄로부터 해방을 받을 수 있다는 복음을 선포하는 것이었다.

롬6:23   죄의 삯과 하나님의 은사

"죄의 삯은 사망이요 하나님의 은사는 그리스도 예수 우리
주 안에 있는 영생이니라"

근간 우리 사회는 대부분의 국민들과는 전혀 무관한 소위 '이용호 게이트', 이용호 스캔들로 인해 몸살을 앓고 있습니다. 돈과 권력을 가진 일부 사람들의 탐욕으로부터 빚어진 사건일 뿐입니다. 사건 자체를 심문하는 검

사들마저 연루되고, 그 탐욕의 물결은 청와대 문턱을 넘어서 이제는 대통령 친인척에게까지 미치고 있습니다. 국민들의 의혹과 분노를 불러일으키며 몇 개월을 두고 계속해서 불거지는 사건의 경과를 지켜보면서 어찌해서 이런 지경에까지 이르게 되었는가 생각하지 않을 수 없었습니다. 그야말로 국제적인 망신감이 될 만한 일이라고 생각합니다. 혼란의 상태는 국내에서 더욱 분명하게 나타나는 것 같습니다. 왜냐하면 북한을 겨냥하는 미국 대통령의 망언에 가까운 극언('북한을 악의 축으로 규정한 부시 대통령의 발언')으로 인해 그동안 쌓아온 남북우호관계가 급속도로 냉각되어 가고 있는 상황에서도 정치인들은 게이트 사건을 중심으로 당쟁이다. 대권도전이다 하여 제 몫 챙기기에 분주한 모습들이기 때문입니다. 한심하다 못해 이제는 더 이상 뉴스를 듣고 싶지 않고 신문을 읽을 마음도 사라지게 되었습니다.

어째서 이런 일이 생기게 되었습니까? 이용호 게이트(스캔들)라는 말이 말하고 있듯이, 이 사건은 이용호라는 한 개인이 저지른 잘못부터 시작됩니다. 그가 잘못을 저질렀을 때 법에 따른 심판은 당연하게 기대되는 것이었습니다. 국민 모두가 그것을 기대했습니다. 그런데 갑작스럽게 수사가 중단되고 그가 검찰청의 문을 나서는 모습을 본 사람들은 놀라지 않을 수 없었습니다. 저지른 잘못에 비해 사건 자체가 너무나 간단하게 해결되었다는 인상을 받았기 때문입니다. 사실 그의 잘못에 대한 수사는 여러 가지 경로를 통한 로비활동을 통해서 축소되었고 마침내 중단되었음이 밝혀졌습니다. 그 줄을 이어나가다 보니 대통령 친인척과도 연결되어 있음이 밝혀진 것입니다.

잘못에 대한 대가를 수백억이라는 돈으로 대신해 보려는 이용호란 사람이나 돈을 받고 자신의 권력으로 이 일을 무마할 수 있다고 생각했던 정치인들이나 권력의 하수인들은 사실 모두 같은 사람들입니다. 한 사람은 죄의 삯을 돈으로 대체하려고 했고, 다른 사람들은 권력으로 그 삯을 무마시키려 했기 때문입니다. 가능하지 않은 일을 돈이나 권력으로 성취시키려고 애쓴 어리석은 사람들의 말로를 보는 것 같습니다.

죄의 삯은 반드시 지불되어야 한다는 것은 성경적 진리입니다. 누구도 여기에서 예외가 될 수 없습니다. 아담과 하와에 대한 하나님의 심판은 그래서 우리를 위한 영원한 거울이요 교훈으로 남습니다. 죄에 대한 대가가 지불되지 않는다 해도 결코 심판에서 벗어나지 못한다는 것을 성경은 '종말'이라는 개념과 사상을 통해서 보여 주고 있습니다. 설사 이 세상에서는 눈가림할 수 있다 해도 종말에 이루어지는 최후의 심판에서는 예외 없이 그 대가를 지불하게 되어 있습니다.

이런 생각을 하면서 의문이 생기게 되었습니다. 왜 이용호 씨가 그토록 많은 돈을 뿌려가며 자신의 죄에 대한 대가를 면해 보려고 했겠습니까? 그는 진정 무엇을 두려워한 것입니까?

자신이 그동안 쌓아온 명예와 위신이 한순간에 무너지는 것을 감당하기가 어려웠을 것입니다. 그래서 어떤 방법이든 강구해 보려고 했을 것입니다. 이러한 생각에서 돈이면 다 할 수 있을 것이라는 기대가 작동했고 또 이런 기대를 바탕으로 로비를 할 계획을 세웠던 것 같습니다. 돈에 눈먼 권력자들을 충분히 이용할 수 있다는 자신감을 가졌을 수도 있습니다. 이렇게 본다면, 이용호 게이트는 결국 죄는 돈과 권력으로 무마될 수 있다는 현대인들의 어리석은 생각을 단적으로 그리고 구체적으로 보여 준 사건이었습니다. 돈과 권력으로 죄를 없이할 수 있다는 말은 무엇입니까? 기독교적으로 생각해 본다면, 그것은 돈과 권력이 하나님의 심판을 대신한다는 의미를 갖는 것이 아닙니까?

죄는 돈이나 권력으로 결코 없이할 수 없습니다. 이스라엘의 역사에서 다윗이 우리야의 아내 밧세바를 취하고 나서 일어난 일련의 불행한 사건들은 권력을 가졌다고 해서 죄인이 결코 하나님의 심판에서 벗어날 수 없다는 것을 분명하게 보여 주고 있습니다. 부자와 나사로 이야기에서 볼 수 있듯이 돈의 경우도 마찬가지입니다. 아무리 많은 돈을 가지고 있다 해도 그것은 우리의 죄의 문제와 관련해서 아무런 해결책을 제시해 주지 못합니다.

그러나 사람들은 죄를 지으면서도 그 대가는 피하려고 합니다. 이것이 인간의 본질적 속성입니다. 아담과 하와의 경우를 보십시오. 그들은 따 먹지 말라는 선악과를 따 먹었습니다. 그들이 보인 태도는 일단 피하는 것이었습니다. 하나님을 피해 동산 나무 뒤에 숨었습니다. 하나님의 책망이 있게 되자, 그들은 그 책임을 겸손하게 인정하지 않았습니다. 아담은 하와에게, 하와는 뱀에게 책임을 전가하면서 가능한 한 자신들이 범한 잘못된 행위에 대한 책임에서 벗어나려고 했습니다. 그러나 하나님의 심판은 모두에게 내려졌습니다. 결코 피할 수 없는 심판을 면해 보려고 했지만 헛수고였습니다. 그들은 심판을 받고 동산에서 쫓겨나게 되었습니다.

모든 인간들은 바로 이러한 속성을 가지고 있습니다. 죄를 짓는 것은 식은 죽 먹듯이 쉽게 저지르면서도 그에 대한 대가로부터는 가능한 한 피해 보려고 합니다. 그래서 도망가기도 하고, 거짓으로 기회를 넘어 보려고 합니다. 핑계가 눈 덩이처럼 불어나고, 마침내 사회는 불신으로 가득하게 됩니다.

러시아 대문호인 도스토예프스키의 작품인 "죄와 벌"이 있습니다. 주인공 라스꼴리니꼬프는 전당포 주인인 노파를 살해합니다. 자신의 죄로 인한 자책감에서 벗어나기 위해 자신의 행동을 합리화하기 시작합니다. 사회의 악을 제거했다는 논리였습니다. 그러나 죄는 죄인 것입니다. 정상참작이라는 것이 있습니다만, 그것은 정당방위의 경우에 해당될 뿐 합리화된다고 해서 무마되는 것이 결코 아닙니다. 그는 쏘냐라는 여인을 만나고 기독교의 사랑을 체험하고 나서야 죄가 무엇인지를 바로 깨닫게 되었습니다. 죄에 대한 벌은 당연히 받아야 합니다.

가만히 따지고 보면, 우리 기독교인들이라고 해서 이용호 게이트와 결코 무관할 수 없습니다. 그들의 사건에 직접적으로 연루되지는 않았다 하더라도 잘못에 대한 대가를 피해 보려는 마음에서는 동일하기 때문입니다. 대가를 피하는 가장 중요한 이유는 두렵기 때문입니다. 진지하게 생각해 보십시오. 사람들에게 비난을 받는 일이 얼마나 두렵습니까? 사회적으로 고립됩니다. 잘못을 저지른 사람 혼자만이 아니라 가족 모두가 사회적인 비난의 대상이 됩니다. 심지어는 사회적으로 매장되어 사회에 발을 들여놓지 못하고 숨어 사는 사람들도 있습니다. 이런 이유 때문에 사람들은 죄를 짓되 그 대가만은 피해 보려고 하는 것입니다. 부끄럽긴 하지만, 이용호 위치에 내가 서 있다면 나는 그와는 전혀 달리 처신했을 것이라는 자신감을 솔직히 갖지 못합니다. 피할 수만 있다면 피하고 싶은 것이 모든 사람들에게 공통된 생각인 것 같습니다.

만일 어떤 한 기독교인이 이용호 씨의 입장에 있었다면, 사건의 경과는 어떻게 진행되었을까요? 아무런 방어도 없이 그대로 자신의 잘못을 시인하고 죄의 삯을 받았겠습니까? 몇 년 전 우리 사회, 아니 우리 기독교 사회를 혼돈으로 몰고 간 옷 로비 사건은 어떠했습니까? 당사자들 모두 교회의 중책을 맡고 있는 '신실한 신자'들 아니었습니까? 그들에게 나타난 거짓 증언은 또 어떻게 생각할 수 있습니까? 정치인들의 상당수가 기독교인이라고 합니다. 그렇지만 정치현실은 어떠합니까? 그들 중에 누가 기독교인인지 그렇지 않은지 분간하기가 쉽지 않습니다. 모두가 같습니다. 믿는 자들이나 믿지 않는 자들이나 죄에 대한 대가를 피해 보려는 마음에 있어서만은 종이 한 장의 차이입니다. 이용호 게이트를 계기로 해서 죄에 대한 대가를 피해 보려는 인간의 본질을 바라보면서 이런 질문이 제기됩니다. 잘못을 인정하는 것이 그렇게 힘들고 또 그것에 대한 대가를 받는 것이 그렇게 두려운 것이라면, 세상 사람들은 혹시 그럴 수 있다 해도 기독교인들이 결코 그렇게 해서는 안 된다는 생각이 듭니다. 그럼에도 불구하고 현실적으로 보면 기독교인들 역시 동일한 잘못을 범합니다. 기독교인들도 죄의 대가에서 벗어나려고 한다면, 그들은 무엇을 모르고 있고 혹은 무엇을 잘못 판단한 결과입니까?

세상 법과 관련해서 이러한데 하나님의 법은 또 얼마나 두렵습니까? 성경 말씀에 따르면 죄의 삯은 사망이라고 했습니다. 하나님에 대한 죄는 크고 작은 것에 상관없이 모두 사망에 해당됩니다. 그렇지만 성경을 진리로 믿는 기독교인들은 죄의 삯에 대한 두려움보다는 오히려 하나님의 은혜에 대해 더 간절한 소망을 갖고 사는 사람들입니다. 하나님의 은혜란 바로 죄를 용서해 주는 것입니다. 하나님 앞에 지은 모든 죄가 예수 그리스도의 십자가의 보혈로 인해서 깨끗하게 용서받은 것입니다. 과거 우리의 모습, 육신에 속한 생명은 이미 예수 그리스도께서 그 죄의 대가를 지불하셨습니다. 예수 그리스도의 대속과 부활을 믿어 이제는 새로운 생명을 얻게 되었습니다. 그래서 사도 바울은 하나님의 은혜를 믿는 사람들은 그리스도 예수 안에 있는 생명, 곧 영생을 얻는다고 증거한 것입니다. 죄의 삯은 분명 사망이지만 예수께서 대신 짊어지셨습니다. 우리는 그러므로 하나님의 용서, 하나님의 은혜를 받아 새로운 생명, 영원한 생명을 얻게 된 것입니다. 사실이 이러하다면, 이것을 진리로 인정한다면 우리가 죄를 인정하고 그에 대한 대가를 받는 것에 대해서 무엇을 두려워하겠습니까? 요한일서 1장 8-10에는 이렇게 증거하고 있습니다.

> "만일 우리가 죄 없다 하면 스스로 속이고 또 진리가 우리 속에 있지 아니할 것이요 만일 우리가 우리 죄를 자백하면 저는 미쁘시고 의로우사 우리 죄를 사하시며 모든 불의에서 우리를 깨끗케 하실 것이요 만일 우리가 범죄하지 아니하였다 하면 하나님을 거짓말하는 자로 만드는 것이니 또한 그의 말씀이 우리 속에 있지 아니하니라"

인간들은 비록 그들이 기독교인이라 하더라도 죄를 짓습니다. 스스로 말하기를 자기는 죄를 짓지 않는다고 말한다면, '의인은 없나니 하나도 없다'는 성경 말씀이 거짓이 되는 것이고 하나님을 거짓말하는 자로 만드는 것입니다. 중요한 것은 그 죄를 인정하고 누구에게 향하는가에 있습니다. 죄를 짓고 그 대가로부터 피하려는 모든 시도는 헛된 것입니다. 돈을 통해서 모면할 수도 없습니다. 아무리 강한 권력을 가진 자들이라 해도 하나님의 심판으로부터 벗어날 수는 없는 법입니다. 돈과 권력이 죄를 용서해 주지 못합니다.

다윗이 위대한 이유 가운데 하나는 나단 선지자로부터 간음한 자요 살인자요 탐심에 사로잡힌 자라는 지적을 받게 되었을 때, 그는 자신의 잘못을 인정하되 자신의 위신이나 명예, 혹은 권력에 호소하지 않았다는 것입니다. 생각해 보십시오. 한 나라의 최고 통치자가 일개 선지자의 지적을 충분히 무시할 수 있음에도 불구하고 그것을 그대로 인정하게 되었을 때, 그의 위신은 얼마나 추락했겠습니까? 주위에 있는 사람들은 또 얼마나 수군거렸겠습니까? 백성들은 또 얼마나 원망하며 한 군인 가족의 몰락에 대해 슬퍼했겠습니까? 그럼에도 불구하고 다윗은 잘못을 솔직하게 인정하고 자신의 모든 불의를 가지고 하나님에게 향했습니다. 회개한 것입니다. 용서를 빈 것입니다. 죄 용서는 오직 하나님에게로부터 오는 것임을 그는 분명히 알았기 때문입니다.

이용호 게이트는 죄의 삯은 사망이라는 하나님의 심판의 말씀을 알지 못한 사람들이 저지른 결과입니다. 기독교인이라도 이 사실을 진리로 인정하지 않는다면 동일한 잘못을 범할 것이 분명합니다.

이용호 게이트는 죄 용서가 돈이나 권력이 아니라 오직 하나님에게서 비롯되는 것임을 알지 못하거나 인정하지 않는 사람들 모두가 공통적으로 저지르는 결과입니다. 기독교인이라도 죄 용서를 하나님에게 구하지 않고 다른 것에 구한다면 그것은 우상을 숭배하는 죄에 빠지게 되는 것이고 또한 결과적으로 죄에서 결코 헤어 나오지 못하는 결과에 이르게 됩니다.

이용호 게이트는 자본과 권력을 최고의 목표로 삼고 살아가는 현대인들의 한 단면을 매우 구체적으로 보여 준 사건입니다. 우리 기독교인들은 세상 사람들의 잘못을 반복하지 않기 위해 죄의 삯은 사망이고 그 사망으로부터 구원받을 수 있는 길은 오직 주 예수 그리스도밖에는 없음을 인정하고 고백할 수 있어야만 합니다. 우리가 죄인임을 자신 있게 말할 수 있는 것은 하나님은 이미 예수 그리스도를 통해서 우리들의 모든 죄를 용서해 주셨기 때문입니다.

정리해 보겠습니다.

이용호 게이트는 나라 전체를 혼돈으로 몰고 갔습니다. 죄 용서를 돈과 권력으로 얻어 보려는 계산에서 비롯된 것입니다. 그의 두려움과 염려는 우리 모두 충분히 공감하는 바입니다. 우리 모두가 다 동일한 본질을 가진 인간이기 때문입니다. 그러나 만일 그와 우리가 차이가 있다면 그것은 무엇 때문에 그렇습니까? 똑같이 죄를 짓고 또 형벌을 두려워 가능한 한 피하고 싶은 마음을 가진 우리 그리스도인 역시 같은 인간일 뿐이지만, 우리들은 예수 그리스도를 주님으로 믿고 고백합니다. 그가 우리의 모든 죄를 사하시며 모든 불의에서 깨끗하게 해 주실 뿐만 아니라, 모든 형벌로부터 벗어나게 해 줄 것임을 믿습니다. 이것이 가장 큰 차이입니다. 그렇기 때문에 기독교인들은 잘못에 대해 은폐할 하등의 이유가 없습니다. 하나님이 은혜로운 분이요 또 세상의 모든 죄를 용서하시는 분이요 우리를 구원하실 분이라는 것이 우리의 죄 고백을 통해서 드러난다면 무엇을 두려워할 것입니까? 야고보서는 오히려 우리들은 죄를 서로 고백할 수 있어야 한다고 말하고 있습니다. 우리가 죄를 고백하는 것은 비록 인간적으로는 부끄러운 일이지만 우리의 고백을 통해서 하나님의 영광이 나타나게 될 것이기 때문입니다. 용서의 하나님이 우리 삶 속에서 사죄의 역사를 일으키실 것이기 때문입니다. 이성적으로는 도무지 이해할 수 없는 예수 그리스도의 십자가의 의미가 분명해질 것이기 때문입니다. 죄의 삯은 사망이지만, 우리 주 예수 그리스도를 믿는 믿음 안에 있는 자들에게는 생명, 곧 영원한 생명이 약속되어 있습니다. 아멘.

다) 요일4:7 - 11 "사랑하는 자의 속성"

곽선희 목사가 이 본문으로부터 발견한 의미, 곧 이 본문을 통해서 말하고자 하는 주제는 "인간은 사랑을 하게 될 때 하나님의 사랑을 알게 된다"는 것이다. 이 의미를 설교자는 세 가지로 나누어서 각각 관점을 달리하며 강조하고 있다: '인간은 사랑을 받으려는 데에 집중함으로써 잘못된 사랑을 하고 있다', '사랑은 하나님께로 온다, 곧 하나님은 사랑의 본질을 보여 주셨다', '그 사랑은 예수 그리스도를 통해서 계시되었다.' 본문을 강해한 것으로 보이고 또 3 대지 설교 형식으로 보인다. 그러나 형식적인 측면에서 자세히 들여다보면 그의 여정은 현실로부터 본문을 향해 나아가는 구조를 가지고 있다.

먼저 현대인들이 사랑받는 자가 되기 위한 여러 모습들을 보여 준다. 먼저는 인간과 사랑은 불가분의 관계임을 보여 준다. 그러나 이런 관계가 잘못될 수 있음을 보여 주는데, 설교자는 에리히 프롬의 『사랑의 기술』에서 나오는 글을 소개하면서, 현대인들의 잘못된 사랑의 모습이 사랑을 하려는 데에 마음을 두지 않고 사랑을 받으려고만 하는 태도를 지적한다. 구체적인 예를 통해서 이러한 이해는 거듭 청중들에게 가깝게 다가간다. 사랑을 받기 위한 현대인들의 노력들을 구체적으로 보여 주면서 그가 이른 결론은 "그런고로 사랑받으려는 생각, 이것은 잘못된 것입니다. 사랑이 아닙니다. 사랑하는 데 문제가 있습니다."이다. 인간과 사랑의 관계에 있어서 인간은 오직 사랑을 받으려는 데에 집중하다 보니 문제가 생기게 된다는 것이다. 이런 문제에 직면해서 설교자는 사랑을 받으려기보다는 인간이 지니고 있는 '사랑의 능력'에 관심을 집중시킨다. 그럼으로써 청중들로 하여금 자연스럽게 '사랑할 대상'을 지향하는 사랑을 비판하고 있다. 사랑할 대상에 관심을 기울이다 보면 그 행위는 끝없이 계속됨을 강조한다. 그러나 대상이 다양해지는 것에 대한 문제점을 지적하면서 사랑에 있어서 절제가 필요함을 강조한다. 사랑을 받으려고만 하고 또 사랑의 대상에 집중하지 못하는 현대인들의 문제를 지적하면서 하나님의 사랑을 소개하는 본문으로 들어가고 있다. 본문에 들어가기 전에 제시된 부분은 단순한 도입부로 분류될 수 없는 내용을 갖고 있다. 관심을 끌고 본문의 내용을 기대하는 수준을 넘어서 본문을 결론으로 삼을 수 있을 정도의 문제의식을 갖고 진행시켜 가고 있다.

"오늘 본문을 돌아가 봅시다. 여기에 해답이 있습니다. 사랑은 무엇이냐? 사랑은 하나님께 뿌리가 있습니다. '하나님은 사랑이심이라(8절).' 그런고로 하나님과 동질속성이 있을 때만 사랑할 수 있고, 사랑하는 자가 될 때에만 하나님을 알 수 있습니다. 그것을 잊지 말아야 됩니다."

그런데 설교자는 이 본문 안에서 안식을 취하지 않는다. 사랑하면서도 하나님의 사랑에게서 멀어져 갈 수 있음을 또한 예화를 통해서 보여 주고 있다. 설교자가 이 예화를 통해서 말하고자 하는 것은 사랑을 하면서 하나님의 사랑을 알아가고 또 그 사랑에 더 깊은 맛을 느낄 수 있어야지 사랑을 하면서 하나님과 멀어지게 된다면 그것은 잘못된 사랑이라는 것이다. 인간들이 행하는 사랑의 핵심은 하나님의 사랑을 알고 또 그 사랑을 드러내는 데 있음을 말하고자 한 것이다.

사랑하는 행위를 통해서 하나님의 사랑은 더욱 잘 이해된다는 점을 설교자는 또다시 한 가지 예를 들어서 강조한다. 부부와 자식 사랑을 통해서 하나님 사랑을 바로 알게 된다고 말했다는 가톨릭 신부들에게 행한 자신의 강연이다. 이 강연을 예로 들면서 그가 지향하는 본문은 '하나님께로 나서'(7절)이다. 이 본문에 이르게 되었을 때 설교자는 바로 하나님의 사랑은 예수 그리스도를 통해서 계시되었다는 본문을 환기시키고 있다. 그리고 그 사랑을 상술하여 말하기를 주도적인 사랑이요, 대속적인 사랑이요, 원수를 사랑하는 것이라고 말하고 있다. 결론적인 부분으로 두 가지 예를 들면서 다시금 결론을 향해 나아가고 있다: "오늘 성경은 이렇게 결론짓습니다. '하나님이 이같이 우리를 사랑 하셨은 즉 우리도 서로 사랑하는 것이 마땅하도다(11절)'.

강해설교가 본문을 먼저 설명하면서 적용의 단계로 나아가는 것에 반해, 곽 목사의 설교는 현실로부터 출발해서 청중들의 공감을 얻어가는 가운데 본문을 향해 나아가는 것을 확인할 수 있다. 본문의 의미인 하나님의 사랑, 예수 그리스도를 통해 나타난 사랑, 대속적이면서 또한 원수를 사랑하는 그런 사랑을 보여 주기 위해 설교자는 세 번에 걸친 여정을 계획했다. 세 번에 걸친 긴장과 이완 그리고 총 6-8회에 걸친 예화들은 듣는 설교의 과정에서는 지루하게 여겨졌을 수도 있다. 물론 설교에 대한 기대나 전체 분위기상으로 그렇지 않을 수도 있다. 여하튼 한 번의 여정은 청중들의 집중력을 높여 주고 본문 안에서 안식을 얻으며 본문에 대한 관심과 기대를 높여 주는 데 반해 곽 목사의 설교는 전체적으로 산만한 느낌을 받게 된다. 형태적으로 볼 때 곽 목사의 설교는 마치 한 가지 주제에 집중하고 있고 설교 안에서는 본문으로부터 출발하지 않고 본문으로부터 얻은 의미를 현실로부터 본문을 향해 나아가 주제설교와 같은 모양을 갖고 있지만, 전체적인 구조는 강해설교적인 느낌을 받게 된다. 다른 설교들도 읽으며 두루 살펴본 결과 발견한 곽선희 목사의 설교의 특징을 형태적인 측면에서 요약해 본다면, 기본적으로는 현실로부터 본문을 향해 나아가고 있지만, 다시금 현실로 돌아옴으로써 결국에는 본문의 의미가 현실에 적용되는 선포 – 해석 – 적용의 모습을 갖게 된다는 것이다.

요한일서
4:7 –11

사랑하는 자의 속성

"사랑하는 자들아 우리가 서로 사랑하자 사랑은 하나님께 속한 것이니 사랑하는 자마다 하나님께로 나서 하나님을 알고 사랑하지 아니하는 자는 하나님을 아지 못하나니 이는 하나님은 사랑이심이라 하나님의 사랑이 우리에게 이렇게 나타난바 되었으니 하나님이 자기의 독생자를 세상에 보내심은 저로 말미암아 우리를 살리려 하심이니라 사랑은 여기 있으니 우리가 하나님을 사랑한 것이 아니요 오직 하나님이 우리를 사랑하사 우리 죄를 위하여 화목제로 그 아들을 보내셨음이니라 사랑하는 자들아 하나님이 이같이 우리를 사랑하셨은즉 우리도 서로 사랑하는 것이 마땅하도다"

현대인의 특징을 이렇게 표현하기도 합니다. '가진 것은 많으나 행복이 없는 사람들이다.' 아무리 생각해도 옛날에 비해서 우리는 많이 가졌습니다. 그러나 행복감은 그에 따르지 못합니다. '지식은 있으나 자신은 없다' ─옳은 말입니다. 많은 것을 배웠고, 지금도 배우고 있으며, 또 안다고 자처하지만 확실한 것은 아무것도 없습니다. 자신감이 없습니다. 바쁘고 고되게 살고 있습니다마는 성취감은 없습니다. 새벽부터 밤까지 정신없이 뛰고 있지마는 무엇을 위해 일하는지도 모르겠고, 다 되었다고 할 만한 일이 없습니다. 하나도 완성해 놓은 것이 없고, 이것이다 할 만큼 성취감이 없는 그런 생을 살고 있습니다. 때때로 우리는 정신을 차리고 삶의 의미를 추구합니다. 그러나 계속 실패하고 있을 뿐입니다. 허무합니다. '도대체 아무 의미도 없는 것이 아닌가? 의미 없는 생을 살아가는 것이 아닌가? 도대체 생의 의미가 어디에 있는가?' 이렇듯 의미가 실종된 생을 살아가는 것 같습니다. 이것이 현대인의 모습입니다. 왜 그런 것 같습니까. 대체 무엇이 원인입니까. 그 깊은 곳에서 생의 근본원리를 떠났기 때문입니다.

사람이란 근본적으로 사랑으로 뭉쳐진 것입니다. 사랑 안에서 존재합니다. 사랑 안에서 태어납니다. 사랑받으며 자라갑니다. 또 사랑도 골고루 받아야 합니다. 아버지의 사랑, 어머니의 사랑, 할아버지의 사랑, 할머니의 사랑, 형제간의 사랑…… 이 모든 것을 골고루 균형 있게 받으며 살아야 건강하고, 또 건전한 성품의 인간이 됩니다. 그것은 사실입니다. 역시 외아들로 자라는 것은 좋지 않습니다. 형제가 있어야 합니다. 또 아버지만 있어도 안 되고 어머니만 있어도 안 됩니다. 가능하면 할아버지 할머니의 사랑도 꼭 필요합니다. 선생님의 사랑, 이웃의 사랑, 혹은 남자와 여자의, 부부간의 사랑 ……이런 것을 다 고루고루 받으면서 건전한 인격으로 존재합니다. 사랑 가운데서 살아갑니다. 또 사랑 안에 행복이 있습니다. 사랑하며 행복하고 사랑받으며 행복합니다. 또 사랑과 함께 능력을 가지게 됩니다. 용기도 가지게 됩니다. 이같이 사랑을 찾아서 한평생 순례의 길을 가는 것이 인간이 아닌가 싶습니다. 죽기 전에 단 한 번이라도 '아, 이것이 사랑이다. 여기에 사랑이 있다' ─ 이렇게 깨닫고 다음날 죽어도 그는 행복한 사람이

90

라고 생각합니다. 산다는 것은 곧 사랑을 의미합니다. 그러면 왜 문제가 되느냐? 사랑에 오해가 있기 때문이고, 사랑에 무엇인가 잘못 생각하는 바가 있기 때문입니다. 다시 말하면 사랑 아닌 것을 사랑으로 착각하고 허깨비를 추구하고 있는 데 오늘의 문제가 있는 것입니다.

이제 한 학자의 이야기를 소개하겠습니다. 독일의 사회심리학자인 유명한 에리히 프롬의 말입니다. 그는 『The art of loving(사랑의 기술)』이라는 유명한 책을 써서 우리 모두에게 알려져 있습니다. 아마도 이 책을 못 본 사람이 없을 정도로 많이들 읽었을 것입니다. 적어도 결혼하려는 사람이라면 이 책 한 권은 읽고 결혼했으면 합니다. 에리히 프롬은 이 책에서 현대인의 사랑의 모습을 잘 설명해 줍니다. 현대인은 사랑의 능력을 상실했다는 것입니다. 애써 사랑을 얻으려고 하지만 사랑을 얻지도 받지도 못하는 것은 바로 사랑의 본질을 떠났고, 사랑의 능력을 상실했고, 사랑의 기술이 부족하기 때문이라고 그는 말합니다. 그래서 사랑의 문제를 깊이 다루면서 무의식세계까지 추구해 가면서 잘못된 사랑을 지적하고 있습니다. 역시 사랑은 문제입니다. 이제는 사랑이 변질되었다. 병리적 사랑, 타락한 사랑이다. 사랑 아닌 것을 사랑으로 포장하고 있다. 또 스스로 속고 있기 때문에 문제가 있다. 그런고로 사람을 구원하는 것이 먼저가 아니라, 사랑의 개념을 구원해야 되고, 사랑의 의미를 구원해야 한다. 그래야 비로소 바른 세계가, 바른 인간이 있을 수 있다-이런 이야기입니다. 이제 그의 말 가운데 몇 가지 재미있는 부분을 발췌해 보겠습니다. 먼저 현대인은 사랑의 능력에는 관심이 없고, 사랑받는 문제에 관심이 기울어져 있기 때문에 문제라는 것입니다. '내가 얼마나 사랑할 수 있느냐?' 하는 스스로의 사랑의 능력, 여기에 관심을 두고 그 영역을 넓혀 가고 그 능력을 키우고 그 지혜를 키우는 그런 인간으로 존재해야 되는데, 여기에는 관심이 없고 '어떻게 하면 더 많은 사랑을 받을까?'에만 관심이 있다는 것입니다. 바로 이것이 병리적인 것입니다. 여기가 병든 것입니다. 사랑의 능력에 대한 문제에 관심을 두어야 하는데 너무도 받는 데만 신경을 쓰고 있습니다.

이제 예를 몇 가지 들어 봅니다. 남녀 모두 다 같은 문제이고, 요새는

더구나 여자 같은 남자가 많고 남자 같은 여자가 많아서 좀 구분하기가
어렵습니다마는, 그래도 한번 그대로 들어 보십시오. 남자들은 사랑받기를
원합니다. 모든 사람으로부터 사랑받고, 특별히 여성으로부터 사랑받기를
원합니다. 그래, 저들이 어디에 마음을 쓰느냐 하면 그 첫째가 돈을 벌어야
한다는 것입니다. 돈이 없으면 사랑받지 못하더라. 아무리 좋은 인격을 가
진 남자라도 거들떠보지 않는다. 빈털터리가 되면 아무 소용이 없더라. 인
심이라는 게 별 것 아니다. 돈이 있어야 사랑을 받는다 — 그래서 남자들은
돈 벌어서 사랑받으려고 합니다. 역시 부자가 되어야 한다는 것이지요. 특
별히 나이 많아지면 더 그런 것 같습니다. 나이 많은 노인은 그런대로 사
랑받을 길이 있지만 이것도 돈 없으면 형편없습니다. 그래서 사랑받는 길
은 돈에 있다. 돈을 많이 가져야 되겠다. 그래야 사랑받는다. 하는 생각을
합니다. 또 지식이 많아야겠다. 무식하면 학벌이 좋지 못하면 영 존재가치
가 없더라. 그러니까 공부해라. 그래야 사랑받는 사람이 된다는 것입니다.
셋째는 명예가 있고, 지위가 있어야 한다. 인기가 있어야 한다. 그래야 사
랑을 받는다. 지위가 낮으면 영 사랑받지 못하는 자가 된다는 것입니다. 사
실 때때로 그런 경우가 있습니다. 주유소에 가서 기름을 넣어도 고급차를
타고 가면 대접을 받습니다. 하지만 시시한 차, 고장 난 차를 털털거리며
끌고 가면 거기서도 업신여깁니다. 자본주의국가에서 이것은 어쩔 수 없습
니다. 그래서 한마디로 말하면 사랑받기 위해서 돈벌고, 공부하고, 지위를
높여야겠다. 한다는 이야기입니다. 다 사랑받기 위한 노력입니다. 이게 잘
못된 것입니다. 사랑하려는 것이 아니라 오로지 사랑 받겠다 에만 관심을
두고 있으니까요. 또한 여자들은 어떻습니까. 여자들은 사랑받기 위해서 매
력 포인트를 만듭니다. 그래서 뭘 찍어 바르고, 뭘 갖다 붙이고…… 브로치
같은 것도 가슴에 붙인다든가 하면 좋겠는데, 어떤 여자는 허리에다 붙였
습디다. 여기를 보라는 말이지요. 이상한 데로 사람의 마음을 끌려 합니다.
그래서 문지르고, 바르고, 깎고, 걸고, 꿰고 ……별짓 다 합니다. 이게 다
무엇입니까. 바로 사랑받자는 것입니다. 오늘도 여러분이 교회에 나올 때
그래도 거울은 몇 번 보고 찍어 발랐는데, 누구를 위해 종을 울린 것이지

요? 이것도 전부 사랑받자는 얘기입니다. 사랑하자는 얘기가 아닙니다. 여기에 마음을 두고 있는 이상, 이것은 병리적인 것입니다. 피곤합니다. 거울을 보니 내가 봐도 사랑 못 받겠거든요. 점점 쭈글쭈글해지는데 참 안됐습니다. 벌써 갔습니다. 그러니 피곤하지요. 점점 절망할 수밖에요. 그래서 문제가 되는 것입니다. 그런고로 사랑받으려는 생각, 이것은 잘못된 것입니다. 사랑이 아닙니다. 사랑하는 데 문제가 있습니다.

사랑하는 능력, 이것을 키우려고 들면 얼마든지 키울 수 있습니다. 얼마든지 키울 수 있습니다. 내가 사랑할 사람은 얼마든지 있거든요. 여기에 관심을 두어야 건전한 사랑이 되는 것입니다. 사랑의 능력에 문제를 두지 않고 사랑의 대상에 문제를 두는 것이 잘못입니다. 누구나 사랑할 수 있고 어떤 경우에나 사랑할 수 있는 사람이 되고자 노력을 하지 않고 내가 사랑할 만한 사람이 누군가, 대상에 관심을 두므로 문제인 것입니다. 대상은 끝도 없습니다. 백화점에 가서 물건 고를 때와도 같습니다. 그래서 결혼할 대상을 찾기 위해서 맞선을 서른 번 봤다, 백 번 봤다 하는 사람이 있습니다. 그래보았자 도로 아미타불이지요. 마지막에 결혼할 때 보면 시원치 않습니다. 아무리 골라 보십시오, 되나. 이런 학벌에 이런 남자, 이런 성격에 이런 건강, 다 갖다 주워 모아 봤자 그런 사람은 없습니다. 하늘 아래 없는 사람을 찾아다니느라고 노처녀 되고 말지 않습니까. 문제가 있습니다. 대상의 문제입니다. 백화점에서 물건 고르는 것도 그렇습니다. 들었다 놓았다 들었다 놓았다……그것은 끝도 없는 것입니다. 하나 딱 사 놓고 이게 제일 좋은 것이다, 하고 말아야지요. 그래 놓고 내가 위하고 사랑하면 되는 것입니다. 고르기로 들면 일단 사 놓고도 또 다른 것 보고 바꾸고, 끝도 없지 않습니까. 이러면 결혼 전에도 문제가 많았지만 결혼한 다음에까지 문제가 있습니다. 이런 말이 있지 않습니까. '이미 잡아 놓은 물고기에 미끼를 주는 사람은 없다.' 정말 그렇습니다. 바구니에 들어와 있는데 무엇 하러 거기에도 미끼를 던져요? 그래 놓고도 다른 것만 보느라고, 한눈파느라고 정신이 없습니다. 이리 비교하고, 이 사람하고 했으면 좋았을 것을, 저 사람하고 했으면 좋았을 것을 ……아직도 잠꼬대하고 있는 것입니다. 결국은 여기에서 파탄이 나고 이혼까지 하지 않습니까.

재미있는 사회학적 통계가 있습니다. '리매리지스'라고 해서, 한 번 이혼한 사람은 또 쉽게 이혼합니다. 그런데 두 번 이상 이혼한 사람 가운데 처음 결혼한 사람한테 다시 돌아가는 사람이 75%입니다. 결국 다 지내고 보니 별것 없고 origin point가 낫다. 그것입니다. 보십시오. 이것은 대상의 문제가 아니지 않습니까. 아무리 바꾸어 봐도 소용이 없습니다. 한평생 바꾸어 봐도 결국은 별것 아니더라―그 소리밖에 할 것이 없습니다. 결국은 내가 사랑하고, 사랑하는 자로 사랑하는 데 있는 것이지 사랑할 만한 대상이 따로 있는 게 아닌 것입니다. 그런고로 오늘부터 대상에 대해서는 잊어버리십시오. 누구하고 했으면 좋았을 텐데, 하는 생각은 이제 버리십시오. 그렇게 생각하고 사는 사람처럼 멍청하고 바보 같은 사람이 없습니다. 지금 누구든지 좋습니다. 사랑의 대상이 따로 있는 것이 아닙니다. 그저 근사치의 사람 하나 골라가지고 사랑하면 되는 것입니다. 그러면 누구나 사랑할 수 있습니다. 그런데 대상에 의해서 움직이는 줄 알고, 종속된다고 생각할 때 이것은 병든 것이요, 잘못된 것입니다. 아무나 상관없습니다. 얼마든지 사랑할 수 있습니다.

제가 목회 35년을 하는데, 참 이상한 것이 하나 있습니다. 미안하지만 남의 여자라고 해도 참 예쁘고 똑똑한 사람이 있습니다. 모든 사람한테 사랑을 받을 것 같은…… 그런데 영 사랑을 못 받습디다. 또 어떤 사람은, 이게 조물주의 일이니 타박할 수도 없고 어쨌든 아주 못생겼습니다. 제 생각에도 '저런 사람은 아마 거울 보기가 싫을 것이다' 싶습니다. 그도 그럴 것 아니겠습니까. 하지만 이것은 조상 탓이지, 자기 탓은 아닙니다. 뭐 어떻게 할 수가 없지 않습니까. 그렇게 태어난 것을 어떻게 하겠습니까. 그런데 그런 사람이 사랑을 흠뻑 받습디다. 남편의 사랑을 독차지하고 삽니다. 여기에 mystery가 있더라고요. 보십시오. 결국은 대상의 문제가 아닙니다. 사랑할 만한 사람이 어디 따로 있는 게 아닙니다. 이것을 잊지 마십시오. 아무리 여러분이 가꾸어 봐도 그 때문에 사랑받는 것은 아닙니다. 사랑은 본질의 문제입니다. 대상의 문제가 아닙니다. 백화점에서 물건 구매하듯 생각할 문제가 아니라는 것입니다.

또 사랑의 최초감정과 사랑의 지속성은 연관이 없습니다. 이것이 혼란되면 안 됩니다. 사랑은 얻었지요? 그다음에 지속하는 거기에 또 다른 문제가 있는 것입니다. 항상 최초의 경험이 그대로 있으리라고 생각하면 안 됩니다. 사랑은 발전하는 것입니다. 성숙하여야 하는 것입니다. 처음 경험만 소중히 여기고자 하는 것 자체가 또 잘못된 것입니다. 그런고로 기술의 문제가 있고, 예술의 문제가 있고 그리고 사랑에 대한 바른 이해의 문제가 뒤따른다, 하는 말씀입니다.

오늘 본문으로 돌아가 봅시다. 여기에 해답이 있습니다. 사랑은 무엇이냐? 사랑은 하나님께 뿌리가 있습니다. "하나님은 사랑이심이라(8절)." 그런고로 하나님과 동질속성이 있을 때만 사랑할 수 있고, 사랑하는 자가 될 때에만 하나님을 알 수 있습니다. 그것을 잊지 말아야 됩니다. 이제 뒤집어 말하겠습니다. 여러분이 사랑을 합니까? 그러면서 점점 더 하나님의 사랑을 알게 됩니까? 그러면 바로 된 사랑입니다. 그러나 내가 가지고 있는 사랑이라는 것이 도대체가 점점 나를 하나님으로부터 멀게 만들어요. 하나님으로부터 멀어지게 된다면 그것은 사랑이 아닙니다. 그것을 기억하여야 됩니다.

저는 이런 일을 경험했습니다. 시골에서 총각집사라고 하면 참 귀한 것입니다. 아직 장가도 가기 전에 교회봉사를 너무 잘해서 집사가 된 것이니까요. 아주 특별한 경우지요. 그런 총각집사가 있었는데, 결혼을 하더니 일 년 동안 교회에 안 나오는 것이었습니다. 사랑에 빠져서요. 너무도 재미있어서요. 이것은 문제입니다. 참사랑은 그렇지 않습니다. 결혼했습니다. 그러면 그 사랑 속에서 하나님의 사랑을 깨닫습니다. 어떻게 하나님께서는 나에게 이런 사람을 주셨나, 어떻게 이렇듯 오묘한가? 그 사랑의 행각, 그 모든 일이 너무도 아름답고 오묘한 것입니다. 순간순간 하나님께 감사하게 됩니다. 또 자식을 낳아서 키웁니다. 자식을 사랑하면서 하나님의 사랑을 배웁니다. 참으로 오묘한 것입니다.

우스운 이야기입니다마는 실제로 있었던 일입니다. 제가 언젠가 가톨릭 신부들을 대상으로 며칠 동안 설교학강해를 한 일이 있습니다. 아마도 가톨릭에서 설교를 안 하다가 설교를 시작하니까 어려워서 제게 강해를 맡겼던 것 같습니다. 그런데 한 번은 어떤 분이 이런 질문을 합니다. "가만히 보니 신교목사님들은 설교를 잘하고, 우리네 신부들은 설교를 비교적 잘 못하는데 그 원인이 무엇이라고 생각하십니까?" 제가 대답하기를 "장가를 가십시오."라고 했습니다. 왜 그런지 아십니까. 장가를 가서 아내를 사랑한다는 것이 얼마나 어려운데요. 이 사랑을 보면서 그 속에서 하나님을 배우게 됩니다. 또 자식을 키우면서 그 자식을 위해서 수고합니다. 아이가 열이 40도가 넘어갔을 때는 무릎을 꿇고 하나님 앞에 빕니다. '하나님, 제발 살려주십시오.'-이렇게 사랑합니다. 그리고 그 사랑을 통해서 기쁨을 얻고 하면서 '정말 하나님께서 우리를 어떻게 사랑하셨는가?' 독생자를 주셨다고 하는 그 사랑의 의미를 차츰차츰 배우게 됩니다. 이것은 아무리 책을 보아도 안 되는 일입니다. 장가가야 됩니다. 장가를 가야 배웁니다. 그것도 자식을 낳아서 키워 봐야 압니다. 그래서 인생이 되는 것입니다. "사랑하는 자마다 하나님께로 나서 하나님을 알고(7절)"―그제야 실감이 나지 않겠습니까. 사랑을 통해서, 참사랑을 통해서 우리는 하나님을 배우는 것입니다. 하나님을 알게 됩니다. 동질속성 안에서 하나님을 배우게 된다, 하는 말씀입니다. 오묘한 말씀입니다. 그리고 그 사랑이 또한 중생하여야 됩니다. 아주 중생된 사랑 즉 "하나님께로 나서(7절)"―사람에게서 난 것이 아닙니다. 육체의 본능에서 나오는 것이 아닙니다. 생식본능에서 나오는 것이 아닙니다. 하나님께 뿌리를 두고 하나님께로서 난 그런 사랑-이것이 발동하게 될 때 하나님을 알게 됩니다. 또 우리는 그리스도를 통해서 하나님의 사랑의 계시를 받고 그를 통하여 증거를 받습니다. 오늘 본문 말씀대로 하나님의 사랑이란 그리스도를 통하여 계시되었습니다. 그 첫째가 주도적 사랑입니다. 사랑에 initiative를 가졌습니다. 사랑은 기다리는 것이 아닙니다. 사랑을 받고 사랑하는 것이 아닙니다. 사랑하는 것이 먼저입니다. 주도권을 가져야 됩니다. 또 하나님께서는 죄인을 사랑하십니다. 대속적인 사랑입니다. 그의 죄를 내가 덮습니다. '사랑은 허다한 허물을 덮느니라'―허물을 다 덮고 다 용서하는 그런 사랑이어야 한다는 말씀입니다.

제가 지난 주간에 여행을 다녀왔는데, 오는 동안에 비행기 안에서 영화를 하나 보았습니다. 거기에 아주 재미있는 얘기가 있습니다. 행복하게 사는 한 가정이 있었는데 남편이 바람을 피웠습니다. 남편이 다른 여자하고 문간에서 서로 끌어안고 있는 것을 아내가 보았습니다. 아내는 너무도 기가 막혔습니다. 그래, 이혼하겠다고 선언합니다. 남편은, 내가 실수한 것이니 용서해 달라고 했지만 아내는 절대 용서 못 한다고 뿌리쳤습니다. 이 일이 어떻게 되는가, 보았더니, 그 작가의 생각은 우리네와는 좀 달랐습니다. 그야말로 기도하고 용서했으면 좋겠는데 그렇지 않더라고요. 아내도 옛날 애인을 찾아갑니다. 그런데 막상 만나 보니 별것 아니거든요. 그제야 돌아와서 남편을 용서합니다. 결국은 죄인이 죄인을 용서하더라고요. 인간은 그 정도밖에 안 됩니다. 그런데 오늘 본문 말씀은 그게 아닙니다. 주님께서 우리를 위하여 오셔서 죄인을 사랑하시고 죄인을 위하여 화복제물이 되십니다. 그렇게 사랑하십니다. 또한 원수를 사랑하셨습니다. 친구로 사랑하셨습니다. 이렇게 사랑함으로써 사랑의 본질을 우리에게 보여 주십니다. 여러분 원수사랑이 기본적인 것이라는 것을 잊지 마십시오. 그것이 주님께서 보여 주신 사랑이요, 우리에게 베푸신 사랑입니다.

북한에 갔을 때 보니 참 어려운 형편이었습니다. 그래, 좀 도와줍시다, 하고 여러 곳에서 얘기를 해 보았는데, 어떤 분이 이런 말을 합니다. "쌀을 보내 주었는데 고맙다는 말 한 마디 없고, 사진 하나 찍었다고 해서 잡아가두고…… 그런 나쁜 놈들한테 쌀 못 줍니다." 그래서 제가 이런 말을 했습니다. "잘 생각해 보십시오. 사랑을 받고 고맙다는 말을 제대로 할 수 있으면 왜 우리가 도와줘야 되겠습니까. 세상에 사랑받고 참으로 고맙다는 말을 제대로 할 수 있는 사람이 몇 사람이나 됩니까." 고맙다는 말 들어가며 사랑할 생각하지 마십시오. 자식도 형제도 마찬가지입니다. 한평생 사랑한다는 말 단 한 마디도 못 들으면서도 사랑하지 않습니까. 결혼 50주년을 기념하는 분들한테 제가 주례하면서 물어봤습니다. 사랑한다고 말해 보았느냐고요. 그랬더니 쑥스럽게 그런 말은 왜 하느냐고 합니다. 보십시오. 70년 동안 그 말 한 마디도 할 줄 모르는 이렇듯 멍청한 남자도 사랑하는 데, 사랑에 어떤 보답이 있기를 기대합니까. 주님께서 우리에게 보여 주신 엄청난 사랑을 다시 한번 생각해 보십시오.

유명한 로만 피얼 목사님의 재미있는 얘기가 있습니다. 미운 사람을 사랑하는 방법입니다. 잘 기억해 두십시오. '첫째로, 그에게 장점이 보이거든 그것을 노트에다 기록해 두어라. 장점을 자꾸 기록하라. 단점은 기록하지 말라. 둘째로, 그를 위하여 열심히 기도하라. 잘되게 해달라고 기도하라. 셋째로, 기회가 있는 대로 열심히 도와주어라. 미운 자식 떡 하나 더 준다고 하지 않느냐. 넷째로, 그가 없는 곳에서 그에 대한 칭찬을 하라. 마지막으로, 직접 만날 일이 있거든 웃는 얼굴로 최대한 친절을 베풀라. 이렇게 하면 사랑하게 될 것이고 사랑받게 될 것이다' — 정말 어려운 일이라고 하지마는 남을 미워하면서 지옥 같은 마음으로 한평생 사는 것보다는 이것이 훨씬 쉽습니다. 그것을 알아야 합니다.

참사랑을 테스트해 보고 싶습니까? 여러분의 사랑을 통하여 하나님의 사랑을 알게 되거든 그것이 참사랑인 줄로 아십시오. 또한 사랑을 통해서 능력을 얻게 되거든, 지혜를 얻게 되거든 그것이 참사랑인 줄로 알 것입니다. 사랑에 피곤이 있는 것은 참사랑에서 떠났기 때문입니다. 참사랑에는 기쁨이 있습니다. 충만한 기쁨. 신령한 기쁨이 동반합니다. 이것이 없거든 잘못된 사랑인 줄 알아야 할 것입니다. 오늘 성경은 이렇게 결론짓습니다. "하나님이 이같이 우리를 사랑하셨은 즉 우리도 서로 사랑하는 것이 마땅하도다(11절)." 그 하나님의 사랑을 깨닫는 자는 누구도 사랑할 수 있습니다. 어떤 경우에도 사랑할 수 있습니다. 그것은 마땅한 일입니다. 당연한 일입니다. 사랑을 아는 자는 사랑하게 되는 것입니다. 이 사랑의 세계에 살 때 생명력이 작용하는 것입니다.△

3) 현실로부터 본문을 향해 나아가는 설교

가) 의미이해

두 개의 설교가 소개되고 또 곽선희 목사의 설교가 비판적으로 분석됨으로써 '현실로부터 성경본문을 향해 나아가는 설교'가 어떠한 형태와 구조를 갖는 것인지 독자들에 의해 구체적으로 파악되었을 것이라고 생각한다. 앞의 두 개의 설교는 하나님의 용서를 보다 분명하게 보여 주기 위해서 현실로부터 문제의식을 부각시키고 문제해결의 과정을 거치면서 본문 안으로 진입해 들어가 본문 속에서 문제의 해결점을 발견하는 구조를 보이고 있다. 문제의 해결점이란 죄를 용서하시는 분은 오직 아들 되신 예수 그리스도를 이 땅에 보내신 아버지 하나님이심을 인정하고 고백할 수 있도록 성경의 본문을 지시함으로 이루어졌다. 이러한 구조를 갖는 '현실로부터 성경본문을 향해 나아가는 설교'에 대해 지금까지 서술된 것들을 바탕으로 살펴보면 다음과 같이 정리해 볼 수 있다: '현실로부터 성경본문을 향해 나아가는 설교'란 주석을 통해 얻은 성경본문의 의미를 기초로 해서, 궁극적으로는 그것을 분명하게 고백할 수 있는 합리적인 이유를 현실인식 및 현실분석으로부터 새롭게 발견해 나가면서 본문의 의미, 곧 하나님의 말씀과 그의 행위를 선포하는 설교형태다. 그러므로 그것은 주석작업이 끝난 후에 시작되는데, 현실분석－문제제기－본문이 제시하는 문제해결로서의 고백 혹은 선포(본문의 의미: 신학적으로 이해한다면, 하나님의 행위에 대한 단언적 진술이나 기대로 표현된다)의 형태를 갖는다. 선포－해석－적용과 비교해 보면 앞뒤가 서로 뒤바뀌어 있음을 알게 된다.

① 현   실

'**현실**'이라 함은 설교의 출발점이 되는 상황분석을 통해서 확인되는 것으로서, 일차적으로는 성령의 사역 속에 있는 청중의 현실을 가리키지만, 현실에 대한 청중들의 인식을 반영하기도 한다. 그들의 마음이기도 하다. 현실이라고 해서 정치적, 경제적, 사회적 사건과 같은 청중들의 현재적 정황에만 제한되지 않는다. 청중들이 익히 알고 있는 성경본문이나 청중들이 공유하고 있는 역사도 '현실' 개념에 포함된다. 또한 현실이란 기술된 내용으로 누구나 객관적으로 바라볼 수 있게 된다. 관찰자인 설교자는 현실, 곧 청중들의 현상을 기술하면서 청중들에게 있어서 주관적 현실을 객관화시켜 그것을 바라보게 한다. 이런 의미에서 현상학적인 기술방식을 사용한다. 현실을 이해함에 있어서 무엇보다 중요한 것은 현실 이해는 본문의 의미에 의해 기초되어 있다는 것이다. 본문의 의미를 떠나 있거나 본문을 지향하지 않는 현실은 설교를 산만하게 만들고 또 주제설교가 된다.

본문의 의미와 관련되어 있기 때문에 현실은 기본적으로 갈등상황에 있게 된다. 현실 안에 본문이 들어 있고, 본문을 통해서 현실의 갈등구조를 파악하게 된다는 말이다. 신학자 틸리히(Paul Tillich)는 철학적 개념을 사용해서 이것을 본질과 실존으로 규정했다. 다시 말해서 현실로부터 문제를 철학적으로 인식하되 그것의 해결은 결코 철학에서 이루어질 수 없고 신학적으로 대답되어야 한다고 주장했다. 그의 이러한 신학방법론을 상관의 방법이라고 부른다. 현실이 어떻게 이해되든 그것이 하나님의 현실로 이해되기 위해서 현실인식은 반드시 본문의 의미에 기초되어야 한다. 그러므로 설교자가 설교 준비를 할 때 청중들의 현실을 얼마나 구체적으로 또 바르게 이해하느냐 하는 것은 본문의 의미를 얼마나 정확하게 파악하고 있느냐에 좌우된다.

② 현실로부터

'현실로부터'라 함은 본문의 의미를 밝혀 줄 수 있는 것으로 청중들과 공유할 수 있는 내용으로부터 시작한다는 말이다. 갈등의 구조로부터 벗어나 그 해결점을 향한 출발을 준비한다는 말이다. 설교를 듣는 순간에 지금까지 이어져 온 자신의 삶으로부터 일어나 업그레이드를 위해 무엇을 해야 하는 것인지에 대한 물음을 갖도록 한다. 이를 위해서 설교자는 청중들이 현실을 분명하게 볼 수 있기에 충분한 이미지화 작업을 시도해야만 한다. 청중들은 자신들이 쉽게 인식할 수 있고 동의할 수 있는 이미지를 통해 설교를 따라가기 때문이다. 문자 이후 세대 혹은 영상세대로 이해되는 현대인들이 점점 감성화되는 경향에 대해 분석적 사고를 통해 지성적 측면을 제시하고, 또한 말씀에 대한 지성적인 이해를 보충하는 의미에서 그들의 감성을 울릴 수 있도록 세심하게 고려된 이야기식 설교를 지향한다. 그럼으로써 설교자는 청중들의 형편, 그들의 사정, 그들의 기대를 무시하지 않고 하나님의 말씀으로 무장된 자신과 청중들과의 내적 대화를 추구한다. 뿐만 아니라 이 설교를 통해서 설교자는 신학에 기반을 둔 유비적 사고를 통해 현실 속에서 하나님의 행위를 발견하기 위해 노력한다. 어떠한 형태든 청중들의 현실은 이미 성령 하나님이 함께한 현실이라는 이해가 설교자의 기본적인 신념이기 때문이다.

③ 본 문

'본문'이란 설교자나 청중이 함께 지향해 나갈 곳이요 또한 머물러 있을 곳이다. 하나님의 영광이 빛나는 곳이다. 이곳에서 모든 문제는 해결되거나 아니면 하나님의 약속을 듣고 설교자와 청중 모두가 안식을 얻게 된다. 단순히 머물러 있는 것이 아니라 삶을 향한 힘찬 발걸음을 내딛기 위해 무릎에 큰 힘을 얻게 되는 지점이다. 하나님의 영광을 보고 그를 찬양하며 그의 백성으로서 기쁨을 누리는 곳이다. 때로는 그의 약속을 들으며 간절한 소망을 갖게 되는 곳이기도 하다. '현실'과 '본문'을 구분한다고 해서 지향하는 삶이 현실과 단절되어 있음을 의미하지 않는다. 다시 말해서 현실에서는 하나님을 만날 수 없고 오직 본문 안에서만, 교회 안에서만, 설교 안에서만 하나님을 발견할 수 있다는 말이 아니다. 삶의 현장으로서 현실은 하나님을 만나는 장소이고 또 현실 속에서 변화가 이루어진다. 본문은 현실 속에서 청중들과 함께 계시며 당신의 역사를 일으키시는 하나님을 바로 인식하고 볼 수 있도록 돕는다. 본문을 매개로 해서 현실을 바라보게 될 때, 다시 말해서 현실 속에서 하나님을 만나게 될 때, 현실과 본문은 더 이상 분리되지 않는다. 모든 것 가운데 모든 것이 되신 하나님을 경험하게 된다. 시편기자들과 같이 자연 속에서 하나님을 만나고, 자연이 찬양하는 소리를 듣게 되며, 모든 해와 달과 모든 별들이 하나님의 성호를 찬양하는 그 현장에 자신이 머물러 있게 된다. 세상 모든 만물은 그곳에 하나님이 계신 한에 있어서 하나님의 이미지, 말씀, 행위 그리고 하나님에 대한 증거를 담고 있기 때문이다. 본문을 이렇게 이해하는 설교자는 결코 문자에 얽매이지 않는다. 영과 문자의 관계가 더욱 명료하게 밝혀진다.

④ 본문을 향해 나아간다

그러므로 '본문을 향해 나아간다' 함은 설교의 목표가 분명하게 제시됨을 가리킨다. 본문을 통해서 현실이 하나님과 함께하는 현실로 경험되고 인정되는 그 지점을 가리킨다. 일차적으로는 본문 속에서 소개되고 있거나 혹은 은폐되어 있는 하나님을 알아 가는 과정을 일컫는다. 다시 말해서 현실에 대한 청중들의 잘못된 인식과 현실을 발견하거나, 혹은 진리인 하나님의 현실을 발견해 나간다는 말이다. 발견된 하나님의 현실과 청중들의 실제 현실이나 그들의 인식과의 차이와 일치점을 확인해 나간다는 말이다. 일치할 경우에는 힘찬 아멘으로 화답하게 되고 감사와 찬양이 자연스럽게 울려 나오겠지만, 그렇지 않을 경우 청중들의 현실은 하나님의 현실 앞으로 이끌려진다. 청중이 인식하는 현실의 모습과 하나님의 현실을 보여 주는 본문과의 차이가 나타나게 된 원인을 발견하면서 청중들의 현실을 비판적으로 조명해 준다. 하나님의 뜻을 선포하고 하나님의 현실을 환기시켜 주면서 회개의 기회를 주기도 하고 또한 하나님의 은혜에 대한 기대와 소망의 이유를 발견하려고 노력한다. 설교자가 하나님의 현실을 조명해 줌으로써, 곧 하나님의 구원의 행위를 환기시켜 줌으로써 자동적으로 이루어진 비판은 단순히 비판으로만 끝나지 않는다. 청중들의 현실은 말씀으로 치유되거나, 그렇지 않으면 올바른 방향과 목표를 제시해 줌으로써 회복의 기회를 제공해 준다. 본문을 향해 나아간다는 말에는 또한 설교자와 청중이 함께 머물러 있는 현실에서 비성경적이고 비기독교신학적인 해결 방식을 채택하지 않는다는 말을 의미하기도 한다. 예수 그리스도의 은혜로 시작해서 정치적인 타협으로 끝나거나 경제적인 원리에 안착하는 설교자들이 너무 많다. 종교다원주의적인 경향이 짙어감에 따라서 최근에는 종교적인 해결점을 향해 매진하는 설교도 많아지고 있다. 그러나 그것은 어떤 종류의 설교나 강연은 될 수 있을지 몰라도 결코 기독교 설교는 아니다. 기독교 설교는 성경본문을 **향해** 나아가야 한다. 성경본문이 말하고 있는 의미에까지 이르러야 한다.

⑤ 나아간다

'나아간다'는 이미지는 설교자가 진리를 먼저 알고 그것을 단순히 선포하는 데 그치지 않고, 청중들과 함께 진리에 이르기 위해 노력하며, 그들을 단순히 듣는 자가 아니라 동역자로서 진리를 발견하려고 노력하고 또 진리 안에 자신의 위치를 확인하며 진리인 복음의 확장을 위해 노력한다는 의미이다. 설교자는 먼저 알고 보고 경험한 자로서 청중의 자리로 내려와 그들과 더불어서 하나님 앞에 설 수 있도록 돕는다. 설교자는 결코 머물러 있지 않으며 끊임없이 하나님의 현실이 드러난 본문을 향해 움직인다. 본문이 결코 고정불변하지 않고 그것은 시간과 공간에 따라서 그 의미가 변하기 때문이다. 그러므로 설교자는 본문과 청중과 더불어서 계속해서 새로운 모습으로 변화하는 본문을 향해 끊임없는 탐구의 노력을 기울이게 된다.

나) 특 징

① 문제해결을 지향한다

'현실로부터 본문을 향해 나아가는 설교형태'의 가장 두드러진 특징은 문제해결을 지향한다는 데에 있다.[9] 현실, 곧 역사와 삶의 현장에 눈을 돌리도록 한다. 귀납적이다. 연역적인 구조는 당위적인 진술을 통해서 청중들의 당위적 행동을 기대하고 또 요구한다. 수직적인 구조를 갖는다. 그러나 귀납적 구조는 궁극적으로 하나님의 행위와 말씀이 청중에게 전달되어 그들이 그것을 인정하고 수용해 결과적으로 삶 속에서 하나님의 영광이 드러나는 것을 겨냥한다. 청중들의 삶은 이미

---

9) 제기되는 문제가 모두 해결될 수 있다는 말은 아니다. 그러나 해결되지 못하는 질문에 대해서는 인내하며 소망할 수 있는 이유가 제시될 필요가 있다.

현실분석에서 공동으로 이해되었기 때문에 구체적인 삶 속에서의 변화는 성령의 사역을 기대하며 이루어진다.

② 예언적이다

'현실로부터 본문을 향해 나아가는 설교'는 예언적 설교다. 예언자의 기능은 세 가지가 있다. 하나는 죄를 선포하며 정죄하면서 듣는 자들의 멸망을 선포한다. 이사야나 예레미야 그리고 아모스와 같은 예언자들에게서 이런 기능을 발견한다. 다른 하나는 죄를 선포하되 용서하시고 은혜로우신 하나님에게로 돌아서도록 한다. 이사야서 40장부터 이어지는 선포가 그것이다. 마지막 하나는 하나님의 약속을 보여 주며 하나님의 현실을 묵시론적으로 제시하면서 고통의 현실로부터 약속의 세계를 지시해 주면서 새로운 힘과 용기를 갖도록 한다. 이런 모습들은 에스겔서와 다니엘서 그리고 계시록에서 발견된다.

이 세 가지 기능을 상황에 따라 각기 나타나는 예언자적 설교란 청중들의 삶을 단순히 판단하고 정죄하는 의미에서가 아니라, 하나님의 말씀을 받고 전하도록 부름을 받은 자들이 말씀을 듣는 사람들의 삶을 부둥켜안고 함께 하나님에게로 돌아서서, 청중들의 삶을 지배했던 세상의 원리로부터 과감하게 벗어나 하나님에 대한 고백 속에 담긴 진리로 다가가 그것을 인정하고 고백하게 함으로써 결국 삶의 개혁을 추구하도록 하는 것을 목표로 삼는다. 말씀을 어떻게 적용할 것인가를 고민하기보다는 말씀하신 하나님을 바로 알고 그에게로 돌아가서 그분만이 참 하나님이심을 인정하고 고백하는 것을 목표로 삼았던 것이다. 듣는 자들이 하나님에게 돌아서도록 하는 것이 말씀 선포의 목표였던 것이다. 바로 이런 의미에서 볼 때 청중들의 삶 속에서 역사하시는 하나님을 발견할 수 있도록 도울 뿐만 아니라 하나님을 바로 인정하고 하나님에게로 나아가도록 돕는 '현실로부터 본문을 향해 나아가는 설교'는 예언적인 설교이다.

③ 하나님을 소망할 수 있는 이유를 제공한다

벧전3:15절의 말씀에 따르면, 기독교인들은 마땅히 소망의 이유를 묻는 자들을 위해 대답할 것을 항상 준비하는 사람이다. 하나님에 대한 소망은 세상 사람들이 갖는 소망과 다르고, 그래서 삶의 모습에 있어서 구별되기 때문에 사람들로부터 질문을 받을 수밖에 없다. 소망의 차이는 현실인식과 삶의 방식에서 차이를 가져오기 때문이다. 만일 세상 사람들과 동일한 현실인식과 삶의 방식을 갖는다면 누가 질문해 오겠는가! 질문은 차이로부터 제기되는 법이다. '현실로부터 본문을 향해 나아가는 설교'는 청중들의 기쁨과 고난의 현실 한가운데에서 하나님의 임재와 역사를 인식하려 한다. 하나님이 함께하시는 기독교인의 참현실을 보게 하고 또 세상 사람들의 현실인식과의 차이를 바로 인식시켜 주는 것을 출발점으로 삼기 때문에 질문에 대한 대답을 준비시켜 준다. 자신들의 현실 이해를 바탕으로 하나님의 약속을 소망할 수 있는 이유를 발견하게 한다.

④ 대화적이며 수평적 구조를 갖는다

본문의 의미를 확인하고 또 설교의 목표를 설정하는 것은 설교자의 신학적 준비과정을 통해서 이루어지지만 설교의 소재나 설교구성은 청중들을 배려하는 가운데 이루어진다. 청중들이 인식하는 하나님, 그들이 고백하는 하나님, 그들이 만난 하나님을 고려할 뿐만 아니라, 청중들의 현실 및 그들의 현실인식은 설교자가 설교 준비과정에서 행하는 묵상의 또 다른 대상이 된다. 그들의 상황과 반응 및 기대가 중시되면서 설교의 소재나 형태가 결코 설교자 독단으로 결정되지 않는다. 바로 이런 의미에서 '현실로부터 본문을 향해 나아가는 설교'는 설교자와 청중 사이의 대화를 전제하는 대화적 설교이며, 수평적 구조를 갖는다.

⑤ 목회상담적이다

청중들의 삶의 문제는 간과되거나 단순히 비판되어서는 안 된다. 설교에서 진지하게 수렴되어야 하며, 설교자는 그들이 처한 상황을 이해함과 동시에 청중들이 그것을 분명하게 인식할 수 있도록 도와주어야 한다. '현실로부터 본문을 향해 나아가는 설교'는 고민의 배경이 되는 부분을 청중들에게 제시하여 줌으로써 그들의 왜곡된 현실에서 벗어날 수 있도록 돕는다. 청중들을 위로하고 그들이 직면하고 있는 문제의 해결을 지향한다는 점에서 목회상담적이다.

⑥ 에큐메니칼하다

'현실로부터 본문을 향해 나아가는 설교'는 교파 상호 간의 의견 차이, 혹은 다양한 문화의 차이를 진지하게 생각하고 그것을 출발점으로 삼지만 모두가 동의할 수 있는 삼위일체 하나님의 통일적인 행위를 지향한다는 점에서 에큐메니칼하다. 출발은 다를 수 있지만 하나님에 대한 소망과 기대에 있어서만은 결코 다를 수 없다.

4) 주제설교와의 차이

주제설교는 대부분의 설교학자들에 의해서 비판의 대상이 되고 있다(설교형태들). 주제설교가 미치는 내포적인 효과가 부정적이기 때문이다. 그렇다고 해서 모든 주제설교가 청중들에게 악영향을 끼치는 것

은 아니다. 주제설교가 청중에게 주는 큰 영향력을 결코 간과해서는
안 된다. 주제설교의 매력은 말씀이 청중들의 현실적 관심에 부합되는
방향으로 선포된다는 데에 있다. 그동안 많은 부흥사들에 의해서 선포
되었던 감동적 설교가 대부분 주제 혹은 제목설교였다는 점을 생각한
다면 주제설교를 마냥 비판하며 배척하기보다는 긍정적으로 수용할
수 있는 방법이 연구되는 것이 바람직하다.

　'현실로부터 성경본문을 향해 나아가는 설교'에서는 설교 본문 이외
의 성경본문이나 삶의 현실이 설명되거나 혹은 이야기로 서술되기 때
문에 흔히 주제설교와 혼동될 가능성이 있다. 그러므로 명확한 개념적
구분을 위해 '현실로부터 성경본문을 향해 나아가는 설교'와 '주제설교'
를 비교해 보도록 하자.

　'주제설교'란 일정한 주제와 관련해서 이야기를 풀어 나가고 결론 부
분에서 성서 본문과의 관련성을 드러내 보여 주며 끝을 맺는다. '현실
로부터 성경본문을 향해 나아가는 설교'는 비록 형식에 있어서는 유사
성을 가진다 하더라도 주제설교와는 분명 다르며 구별될 수 있다.

　첫째, 주제설교에서 본문은 설교자에 의해 상술되는 주제가 성경적
인 의미를 갖는다는 것을 지시해 주는 역할을 한다. 그러나 '현실로부
터 성경본문을 향해 나아가는 설교'에서 성경본문은 단순히 성경적인
의미와 주제의 관련성만을 지시하는 데에 제한되지 않는다. 궁극적으
로는 하나님 혹은 하나님의 말씀이나 행위가 주제로 부각되기 때문에
공동체에 의해 고백되고 또 동의되어야 할 신학적 의미를 담지하고 있
는 것으로 인식된다.

　둘째, 주제설교는 본문이 아니라 설교자의 의도가 설교를 지배한다.
주제설교에서 말하는 의미란 주석적 의미에서의 신학적 통제가 가능한
방법을 거쳐서 획득된 것이 아니라, 대부분은 설교자 자신의 합리적인

108

이해와 선택에 근거한다. 그러나 '현실로부터 성경본문을 향해 나아가는 설교'는 본문의 의도를 더 중요시하고 그것이 현실 속에서 다양하게 드러날 수 있음을 보여 주는 것을 목적으로 삼는다. 설교자의 자의에 따라 이해되는 것도 아니다. 그것은 엄밀한 주석의 과정을 거친다. 다만 설교를 준비하는 주석의 과정에서 발견되는 의미를 역사적 관점에서 이해하는 것에 머무르지 않고 오늘날에도 그 의미를 향해 나아갈 수 있는 길을 모색할 뿐이다. 가능성을 고려해 본다는 것이다. 다시 말해서 '현실로부터 성경본문을 향해 나아가는 설교'는 주석의 과정을 설교에서 보여 주지 않을 뿐이다. 주석을 전제하고 성경기자의 하나님 경험을 오늘 우리의 현실적 상황 속에서 재구성해 보는 것이다. 본문을 역사적 사실에 바탕을 두고 설명하고 반복한다고 해서 본문의 의미가 재구성되는 것은 아니다. 현실과의 관련성 속에서 본문의 의미에로 나아가게 될 때 본문은 새롭게 이해되면서 재구성이 이루어진다. 이러한 재구성은 본문이 보여 주는 고백이나 동의의 구조에 따라 현실을 이해하려고 노력하는 것일 뿐이다.

셋째, 주제설교도 그 구조적인 측면에서 볼 때 연역적 구조를 가질 수도 있다. 그러나 "현실로부터 성경본문을 향해 나아가는 설교"는 언제나 귀납적이다.

3. 설교는 '돕는 사역'

지금까지 살펴본 '현실로부터 본문을 향해 나아가는 설교'의 의미와 특징으로부터 이런 형태에 기초를 이루고 있는 설교에 대한 정의적인 이해와 더불어서 세부적인 요소를 분석해서 그 각각에 대해서 살펴보도록 하자.

1) 설교의 정의

설교란 하나님의 부름을 받고 또 공동체에 의해 설교자로 위임받은 자가 성령의 내적조명과 그의 인도하심에 따라 성서의 증거, 곧 역사와 삶 속에서 나타난 하나님의 삼위일체적 행위, 곧 창조하시고, 살리시고, 심판하시고 또 용서하시며, 인도하시고 또한 새롭게 창조하시는 행위를 공동체와의 대화를 통해, 공동체와 더불어서 실존적 상황 속으로 설득력 있게 선포함으로써 공동체의 변화를 위해, 즉 공동체의 구성원이 하나님의 함께하심과 그의 사랑을 알게 되며 그의 말씀을 듣고 또 하나님의 요구에 주체적으로 응답할 뿐만 아니라, 또한 하나님의 역사에 동참할 수 있고 하나님 안에서 스스로를 발견할 수 있도록 돕기 위해, 혹은 그렇게 되기를 기대하며 이루어지는— 하나님의 행위를 이해하고 받아들이며 인정하는 것은 물론 그에 따른 적합한 반응, 즉 예수 그리스도에 대한 믿음과 약속에 대한 믿음으로서 믿음, 소망, 회개와 감사 그리고 찬양 등의 반응을 기대하며 이루어지는— 언어 행위적 봉사이다.

설교는 하나님의 사랑과 말씀 그리고 그의 행위를 세상에 전해 주는 매개행위이기 때문에 그림, 음악, 영상 등과 같은 언어적 상징을 포함하되, 오직 메시지가 분명하게 이해되고 또 수용되는 데에 도움이 되도록 사용되어야 한다.

110

설교에 대한 반응은 인격적 변화와 더불어서 점진적으로 일어나기도 하지만, 예배에서의 찬양이나 기도 그리고 결단과 같이 즉각적으로 나타나기도 한다.

간단하게 말해서 설교란 교회 안팎에서 하나님과 인간, 인간과 인간 그리고 인간과 자연의 올바른 관계를 구축하고 유지하는 것을 겨냥하며 언어 및 상징을 매개로 일어나는 사건이다.[10]

하나님과 인간이 만나는 사건이 반드시 설교를 통해서만 이루어지는 것은 아니다. 삶의 현실 속에서도 다양하게 나타나지만 예배 안에 포함된 모든 의식들을 통해서 일어난다. 그러나 말씀을 중요시하는 개신교 전통에서 만남의 사건은 의식 자체가 아니라 말씀을 통해서 일어나는 것으로 믿고 있다. 성찬 역시 '보이는 말씀'으로 이해되고 있다. 말하고 듣는 것을 의사소통 행위의 중요 수단으로 생각하는 시대를 반영한다. 그러나 현대는 영상매체의 시대이다. 오감을 통한 인식행위와 침묵을 중시하는 영성이 예배행위에 있어서 중요하게 여겨지고 있다. 미각과 시각 그리고 청각이 함께 어우러지는 성찬의 중요성이 새롭게 강조되고 있는 것은 이러한 배경에서 볼 때 매우 고무적인 일이다. 최근에 일어나고 있는 예배에서의 개혁운동은 이러한 시대의 흐름을 반영하고 있는데 과거의 말하고 듣는 문화의 단점을 보완해 주고 있다. 그러나 어떠한 매체가 사용되든 설교는 기본적으로 언어적 행위를 기본으로 한다.

---

10) 최근에는 언어뿐만이 아니라 영상매체, 혹은 연극이나 음악이 설교에 동원되고 있어서 '언어'사건으로 제한하는 데 이의를 제기할 수 있을 것이다. 그러나 설교 안에서 어떠한 매체가 사용되든 그것은 '언어'라는 상징을 매개로 해서 전달된다는 것은 결코 부정될 수 없는 사실이다. '무엇인가를 이해했다'는 말은 결국 그림언어적인 구성이나 언어게임을 통해서 나타나는 것이기 때문이다.

2) 설교의 요소들

가) 누가 설교하는가?: 하나님의 부름을 받고 공동체에 의해 설교의 직무를 수행하도록 위임받은 자

부르심과 위임

'장로도 설교할 수 있는가?'라는 질문을 두고 오랜 시간에 걸쳐 논쟁이 전개된 적이 있다.[11] 장로가 노회장도 될 수 있는 상황에서 장로의 목사 안수권이나 설교권을 원천적으로 박탈하는 것은 적합하지 않다는 생각에서 비롯되었다. 뿐만 아니라 장로교에서는 목사 역시 가르치는 장로로 인식되고 있어서 같은 장로요 또 같이 안수를 받은 사람으로서 형식적인 측면에서 차이가 있다면 신학교육을 받았느냐 그렇지 않았느냐에 있을 뿐이다. 만인 제사장론에 근거하는 개신교전통에서 볼 때 설교권을 제한할 신학적, 성서적인 이유는 사실 없다.[12] 목사에게만 설교권을 인정하는 것은 제도적인 이유에서 비롯된다. 다시 말해서 목사만이 설교권을 갖는다는 생각은 교회전통을 중시하는 생각에 근거하고 있는데, 무엇보다 하나님의 말씀과 질서를 중시하고 지위와 신분에 근거해서 설교권을 인지하려는 데에서 생겨난다. 그러나 지위나 신분이 아니라, 공동체에 의해서 설교의 직무에 위임받았느냐 그렇지 않았느냐가 더욱 결정적이다. 사실 교회의 사정에 따라서 집사나 장로들이 설교하는 경우가 많이 있다. 교회가 허락하기만 하면 목사가 아니라도 평신도도 설교할 수 있는 것이다. 목회자가 공석일 경우나

---

11) 일부 교회에서는 설교장로 제도가 정착되어 있기도 하지만 그것은 지극히 예외적인 경우에 해당된다.

12) R. Bohren, *Predigtlehre*[박근원 역, 『설교학 실천론』(대한기독교출판사, 1980)], 128f.

혹은 교역자가 부족한 경우에 교회의 직분자들이 설교를 하는 것은 흔히 볼 수 있는 일이다. 교회가 그것을 허락했거나 설교권을 가진 목회자가 그것을 위임했기 때문이다. 한 교회 내의 모든 목회자가 설교권을 가지고 있다고 해서 아무나 설교할 수 있는 것이 아닌 것처럼 지위와 신분이 설교권을 보장해 주는 것은 아니다. 설교권은 공동체에 의해 설교하도록 위임받은 사람만이 할 수 있다. 원칙적인 의미에서는 공동체의 결정에 따른 위임이 있기만 한다면 설령 목회자가 아니라 하더라도 설교할 수 있는 자격을 갖는다. 그러나 공동체의 위임이 전부는 아니다. 하나님의 부르심, 즉 소명을 전제한다. 하나님의 부르심이 내적인 이유라고 한다면, 공동체에 의한 위임은 외적인 이유가 된다.

"설교자는 하나님의 백성들 가운데서 나온다"[13]는 말은 한편으로 설교자는 공동체의 위임을 통해서 세워지는 것을 의미하기도 하지만, 다른 한편으로는 청중과의 강한 연대감을 표현하기도 한다. 설교자란 청중과 무관한 고고한 종교인이 아니라, 청중의 관심을 대표하고, 그들의 문제를 분명히 파악하며, 그들의 필요가 무엇인지를 바로 알아 채워 줄 수 있는 자라는 것이다. 다시 말해서 설교자란 한편으로는 하나님과 사람에 의해 부름을 받은 존재로서 하나님의 뜻을 온전히 전할 수 있을 뿐만 아니라, 또한 청중들과 함께 하나님 앞에 서 있는 존재이지만, 다른 한편으로는 하나님으로부터 처음으로 말씀을 듣는 첫 번째 청중으로서 청중들을 대표하는 자이며 그들을 바로 이해할 수 있고 그들이 하나님의 말씀을 듣고 하나님 앞에 설 수 있도록 돕는 자이다.

이러한 생각은 하나님이 사람을 불러 선지자로 세우신 원칙에 따른 것이다. 원래는 선지자들의 그룹에 속하지 않았던 사람들이 하나님에

---

13) Thomas. G. Long, *The Witness of Preaching*[정장복, 김운용 역, 『증언으로서의 설교학』(쿰란출판사, 1998)], 서론에서 인용한 것으로 롱은 몰트만의 말을 인용하고 있다.

의해서 특별한 부르심을 받고 하나님의 말씀을 선포한 선지자들이 있다. 사무엘도 제사장 계열에 속하지 않았지만 하나님의 제사장이요 선지자로서 또한 사사로서 일을 수행했고, 아모스는 목자였지만 하나님의 부르심에 따라 말씀을 선포했던 선지자였다. 미가나 이사야, 예레미야 다니엘 등의 선지자들도 마찬가지 경우이다(렘14:14, 겔13:19). 심지어 그들 가운데 예레미야나 미가 선지자는 공동체로부터 인정받지 못하고 배척당하기도 했다.

이러한 까닭에 우후죽순으로 선지자를 자처하고 나선 사람들이 구약에서도 발견된다. 그들은 하나님이 부르시지도 않았음에도 불구하고, 혹은 공동체에 의해 부름을 받았다는 이유로 선지자 노릇을 한 것이다(렘14:14-16). 그렇기 때문에 말씀이 응답되느냐 그렇지 않느냐에 따라서 참선지자를 구분하라는 말씀이 있게 되었다(신18:22, 렘28:9). 후대에는 이스라엘과 유대 국가 안에 소위 거짓 선지자들이 나타났다(렘28). 거짓 선지자 현상은 종교사적으로 볼 때 이스라엘 역사에 고유한 것이었는데, 전문적인 율법 교육을 받은 선지자들이라 하더라도 그들의 입에서 나온 말은 하나님의 말씀이 아니라 자신들의 생각에서 나온 말이어서 아무런 의미도 없는 것이었다. 때로는 하나님께서 그들에게 속이는 영을 보내서 그들이 거짓을 말하도록 했다는 기록도 있다(참고: 역상19장).

이런 일이 일어나지 않기 위해서 교회는 소위 하나님으로부터 말씀을 전하도록 명령을 받았다는 사람들이 아무런 검증도 없이 교회 안에서 말하도록 허락하지 않았다. 따라서 교회는 전문 설교자를 양성하기 위한 제도를 마련하게 되었다. 앞서 말한 바와 같이 설교란 단순한 깨달음이나 교훈을 전하는 장이 아니다. 하나님의 말씀과 행위가 올바르게 전달되어야 하기 때문에 설교를 위해서 신학적인 훈련은 필수적

114

이다. 소명을 받고 준비된 자들이 설교자로 위임받게 될 때 비로소 좋은 설교를 기대할 수 있게 된다. 그러나 평신도들 가운데 나타날 수 있는 말씀의 은사를 부정하거나 배척하는 일은 결코 없어야 한다. 중요한 것은 바른 것을 바르게 전하느냐에 있는 것이지 신분과 지위가 중요하지 않기 때문이다.

최근에는 현직 장로들이 신학교육을 받는 경우가 늘고 있다. 목회자가 부족한 농촌지역에서 목회사역의 일부를 감당하기 위해 준비하는 분도 없지 않지만, 많은 경우가 목회자에 대한 불만으로 공부를 시작하신 분들이다. 설교권을 두고 일어나는 갈등은 기존의 설교자의 태만 내지는 오만에 대한 경종으로 들어도 좋을 것이다.

많은 경우에 있어서 설교자는 공동체에 의해, 곧 사람에 의해 부름을 받았다는 사실을 망각한다. 하나님에 의해서 부름을 받았기 때문에 설교자는 마땅히 영성과 경건한 능력을 갖추어야 하지만, 한편으로는 공동체에 의해 부름을 받았기 때문에 전문인으로서의 자질이나 정신도 필요하다. 단순히 교회로부터 사례비를 받는다는 의미에서가 아니다. 다른 일을 하지 않도록 교회가 책임을 져 주는 사실 또한 중요하게 인식해야 할 부분이긴 하지만, 무엇보다 중요한 것은 설교자는 설교에 있어서 전문가가 될 필요가 있기 때문이다. 이는 바르고 효과적인 설교를 위해서다. 설교를 위한 기초훈련은 신학교에서 쌓는다 해도 효과적인 설교를 위해 현장에서 꾸준히 이루어지는 연구는 매우 중요하다. 청중들의 현실과 그들의 문제를 이해하기 위해서 세상지식도 습득해야 하고, 또한 시대에 적합한 메시지를 위해 현대신학에서 거론되는 부분을 결코 간과해서는 안 된다. 만일 이런 일들을 등한시하게 된다면 그것은 바로 설교의 위기로 이어지게 된다. 이런 일들이 일어나지 않기 위해서 설교자는 자신의 삶과 계획에 있어서 과감한 구조조정을 시도할 필요가 있다. 설교자에게는 설교 준비를 위한 충분한 시간과 여유가 필요하다. 이를 위해서 큰 교회들은 홀로 목회하는 목회자들이 다른 직업에 종사하지 않도록 재정적으로 도울 수 있어야 한다. 국내에서 복음의 능력이 나타나는 일에는 등한시하고 해외선교에만 열을 올리는 것은 바람직하지 못하다. 세계선교를 통해서 한국교회가 세계교회에 끼친 공로는 두말할 나위가 없지만 국내 선교도 중요하기 때문이다. 교회는 바울의 사역도 행해야 하지만 베드로와 야고보가 행한 사역도 행해야 한다. 해외선교를 위한 풍부한 인적 자원은 국내 선교의 활성화를 통해서 자연적으로 얻어질 수도 있다. 교회 안에 만연되어 있는 잘못된 관행과 구조를 개선하기 위해서, 곧 주님의 몸의 건강을 위해서 단독 목회자로 이루어진 소형교회들에 대한 대형교회들의 협조가 절실히 필요하다.

나) 누구에게 설교하는가?: 공동체 혹은 청중

설교와 청중과의 관계

설교에 있어서 청중은 어떤 의미를 갖는가? 단순히 듣는 자의 위치에 있는가, 아니면 설교에 있어서 구성적인 의미를 갖는가? 다시 말해서 청중은 설교 준비와 실제적인 설교에 어떠한 영향을 미치는가?

이 질문은 설교학에 있어서 청중이 주제로 등장하게 될 때마다 제기되는 것들인데, 청중의 설교신학적 의미를 묻는 것이다. 간단하게 진술해 본다면, 청중은 설교구성에 큰 의미를 갖는 설교의 대상이자 또한 현실로서 설교구성에서 당연히 고려돼야 할 대상이다. 청중이 설교의 현실이라 함은 성령의 사역을 염두에 둔 말이다. 청중들 가운데서 일어나고, 청중들에게 나타나며, 청중들을 위해 역사하시는 성령으로

116

인해 청중들은 성경과 더불어서 설교의 내용을 구성한다는 것을 가리 킨다. 그렇다고 해서 청중의 상황 자체가 성경을 대체할 수 있다거나 혹은 설교의 중심내용이 된다는 말은 아니다.

사실 기독교인으로서 청중은 죄인으로서 이미 하나님과의 관계 속에서 이해된다. 기독교인으로서 청중은 예수 그리스도의 십자가 사역을 환기시키며 또한 예수 그리스도의 십자가가 나타나는 곳에 성령의 사역이 기대되는 법이다. 그러므로 하나님의 임재는 성령을 통해 이뤄지고 그 현장은 바로 청중들의 삶이기 때문에 설교자는 청중들에게서 하나님의 행위를 읽을 수 있도록 훈련받는다. 청중들의 경험은 그들이 하나님 앞에 서 있는 인간, 곧 기독교인으로서의 정체성을 포기하지 않는 한 하나님 경험으로 이해될 수 있다. 성경은 하나님의 말씀과 행위 그리고 그의 약속을 직접적으로 증거해 준다. 이에 반해 청중들은 자신들의 삶 속에서 하나님을 경험하는 가운데 하나님의 현실을 간접적으로 증거 한다. 문제는 잘못된 현실 이해가 있고 또 그 결과로 인해 삶에 문제가 생기는 것이다. 설교자의 과제는 청중들의 현실 속에서 하나님의 현실을 바로 인식하는 것이며, 설교의 목표는 청중들이 거하고 있는 잘못된 현실의 세계로부터 청중들이 벗어날 수 있도록 하나님의 현실을 제시해 주는 것이고, 잘못된 현실 이해를 인정하고 현실을 바르게 이해함과 동시에 그 현실 안에서 살아갈 수 있는 의욕과 용기를 북돋아 주는 것이다. 이런 의미에서 볼 때, 본회퍼가 설교를 본문을 '현실화'(Vergegenwärtigung)한다는 의미에서 이해하는 것에 대해 비판한 것은 매우 정당하다. 이러한 비판과 더불어서 본회퍼는 기존의 현실 개념을 뒤바꾸어 기독교인들에게는 그리스도가 요구되는 곳이 바로 현실이라고 보았다. 그러므로 본회퍼에게 있어서 설교 준비는 현실로부터 본문을 향해 나아갈 수 있게 되었다.[14]

청중이나 그들의 현실을 배려하지 않는 설교는 더 이상 설득력을 갖지 못한다. 이것은 일단 평신도들에 대한 교회의 높은 관심에서 충분히 읽어 볼 수 있다. 특별히 단순히 수동적인 위치에서만 이해되었던 평신도들이 동역자로서의 적극적인 사역이 기대될 정도이다. 평신도들이 없으면 목회가 불가능한 그런 시대이기도 하다. 이미 오래전부터 소위 평신도 신학을 통해 복음 사역에 있어서 평신도의 역할과 의미가 새롭게 발견되었고 또 제자 훈련 및 평신도 사역자 훈련 등을 통해서 평신도로서 전문 사역자가 배출되었으며, 모든 교회의 사역에서 평신도들의 참여가 높아지고 있는 상황이다. 매일 성경 읽기와 묵상을 통해서 성경 이해에 대한 깊이는 날로 더해 가고 있다. 하나님에 대한 이해와 지식이 목회자들에게 독점되던 시대는 지나갔다. 이렇듯 평신도의 바뀐 현실을 생각해 볼 때 설교 안에서 청중의 의미가 달라지는 것은 당연하다.

설교에 있어서 커뮤니케이션 개념이 도입되면서 청중들이 설교에 능동적으로 참여할 수 있다는 생각은 더욱 발전되었다. 뿐만 아니라 현대의 청중들은 교회 안에서만 듣고 있지 않고 교회 밖에서도 성경과 관련된 내용들을 듣는다. 교회에 대해, 목회자에 대해, 설교자에 대해서도 듣는다. 더구나 삶의 현장 속에서 그들은 기독교비판에 직접적으로 노출되어 있다. 오늘 우리들이 듣는 기독교비판은 여느 때와 같지 않다. 과학으로부터 받는 비판은 말할 것도 없고 종교 일반에 대한 비판, 그리고 윤리적인 비판 등 그 깊이와 내용을 달리하며 많은 비판이 쏟아지고 있다. 최근에는 기독교 내부에서도 기독교비판이 일어나고 있는 현실이다.[15] 교회 안에 모인 청중들은 이러한 비판을 이미

---

14) D. Bonhoeffer, *Ges. schriften Ⅲ*, 303–324. 본훼퍼의 설교집을 참고: Otto Dudzus(Hg.), *Predigten –Auslegungen –Neditationen 1925–1935*, München 1985.

118

듣거나 혹은 읽은 상태이다. 그러나 한국의 성도들은 목회자에 대한 강한 신뢰와 더불어서 그들은 자신들과 다를 것이라는 기대를 갖고 있으며, 또한 여러 가지 방법으로 그들에 대한 사랑을 표현하고 있다. 대표적인 것을 든다면 설교에 대한 인내와 관용의 태도이다. 그러나 오늘날 교역자나 설교자를 향한 그들의 마음은 예전과 같지 않다. 그들은 사회에서 비난의 대상이 되는 목회자들과는 전혀 다른 설교자와 설교를 기대한다. 그럼에도 불구하고 이런 청중들의 상황과 그들의 관심 그리고 그들의 기대에 대해 설교학이 갖는 관심은 그렇게 높지 않은 것 같다.[16]

조직신학자로서 설교학을 쓴 바르트는 이론적 부분에서 신학적으로 흠잡을 곳이 없을 정도이지만, 청중들과의 관계에 있어서 소홀히 다룬 점에 대해 많은 비판을 받았다. 특히 60년대부터 많은 비판자들이 생기게 되었는데 랑에(Ernst Lange)라는 한 목회자의 비판[17]과 상황적인 설교(kontextgemäßige Predigt)에 대한 그의 주장은 바르트와 투르나이젠의 설교론에 집중하고 있었던 당시의 독일 신학계에 많은 반응을 불러일으켰다. 물론 랑에의 비판과 주장에 대한 이견이 없지는 않았지만[18], 랑에의 지적은 독일 설교학에 있어서 청중의 의미를 다시

15) 참고: 오강남, 『예수는 없다』; 오덕호, 『교회의 주인은 사람이 아니다』, 『참 목사를 갈망한다』; 『교회가 죽어야 예수가 산다』 등.

16) 참고: 다음의 책은 교회 안에서 청중들이 새로운 활력소가 될 수 있도록 자료를 제공해 주기 위한 목적으로 기획되어 편집된 연구논문집이다. 이 책에서는 청중들에 대한 여러 가지 측면이 분석되어 제시되어 있다. 비록 북미 중심의 청중들에 관한 것이지만 청중들에 대해 보인 관심의 결정체라는 의미에서 매우 의미 있는 작품이라 생각한다: C. Ellis Nelson, 『회중들』. 또한 보렌(Rudolf Bohren), 『설교학 실천론』, 제5부. 그 이외에는 참고문헌을 참고.

17) E. Lange, Zur Aufgabe christlicher Rede, in: ders., Predigen als Beruf, hg. von R. Scholz, Stuttgart/Berlin 1976, 52-67.

한번 부각시키는 데 큰 기여를 했다. 1907년 평양 대부흥 운동의 핵심적 역할을 한 길선주 목사는 자신의 설교론에서 설교에서 청중의 이해를 매우 중요시해 "강도 듣는 사람을 살펴 그 형편에 상당하게 할 것"이라고 말하기도 했다.[19]

그런데 오늘날 설교학에서는 설교와 청중들과의 관계에 대한 관심은 중요성에 비해서 그렇게 심도 있게 다루어지지 않고 있다. 심지어 청중들의 관심에 집중하고자 하는 귀납적 설교를 다루는 글에서조차 청중에 대한 부분은 지나치다 싶을 정도로 간략하게 소개되고 있을 뿐이다.[20] 설교가 오직 청중의 관심만을 지향할 수는 없고 또 청중들의 모든 요구를 만족시키는 설교가 되어서는 안 되겠지만, 청중을 아는 일에 최소한의 관심을 갖지 않는다면 아무리 많은 미사여구가 사용된다 해도 공감과 공명을 얻기가 어려운 법이다. 설교는 하나님의 행위를 청중들이 인정하고 받아들이며 또한 그것을 기대하며 소망할 수 있도록 돕는 과정임을 명심한다면, 청중들을 고려하지 않는 설교로부터 청중들이 듣거나 그들의 삶이 변화될 것을 기대한다는 것은 가능하지 않다. 귀가 있으니 들을 수는 있지만, 말씀 속에 담겨진 하나님의 선하시고 온전하며, 또한 생각과 행동 그리고 인격의 변화를 가져올 수 있는 그런 들음은 쉽지 않게 된다.

성경에서 전해 주고 있는 예수님의 설교를 분석해 보면 당시 사람들의 필요와 질문에 대한 대답으로서 주어진 것이었다. 여러 가지 비유들

---

18) 예컨대, R. Bohren, Die Differenz zwischen Meinen und Sagen, PTh 70, 1981, 416ff: P. Krusche, Die Schwierigkeit, Ernst Lange zu verstehen, PTh 70, 1981, 430ff.

19) 정성구, 『한국교회설교사』, 144에서 재인용. 고어체를 현대어로 바꾼 것은 필자에 의한 것임.

20) 김운용, 기독교사상, 2002.3, 101-113, 108ff.

120

은 유대공동체에 속한 사람들이라면 어렵지 않게 이해될 수 있는 것들을 통해서 이루어졌다. 설교를 준비하는 과정에서 설교자들이 청중들에 대해 마땅히 가져야 하는 관심은 아무리 강조해도 지나치지 않을 것이다. 설교자는 "자기 회중들을 아는 것을 일차적이고 주도적인 본분으로 삼아야 합니다"[21]라고 말한 브룩스(Phillips Brooks)의 조언은 오늘날에도 여전히 유효한 것으로 생각된다. 성령론적 설교론에 있어서 독보적인 위치를 차지하고 있는 독일의 실천신학자 보렌(Rudolf Bohren) 역시 설교에 있어서 청중들의 이해를 강조했는데 그는 청중을 설교의 "둘째 본문"으로 생각했을 정도이다. 보렌의 다음의 말은 설교에 있어서 청중을 그가 얼마나 중요하게 생각하고 있는지를 잘 보여 준다.

"나의 논의의 출발점으로 삼은 명제는, 설교는 그 최초의 청취자를 표준으로 삼는다는 것이며, 또한 그 청취자의 미래로 인하여 그 이외의 청중이 설교의 둘째 본문이 된다는 것이었다. …… 설교자는 자기 청중이 무엇을 필요로 하는가를 알기 이전에 설교자로서의 자기가 청중을 어떻게 필요로 하는가, 청중은 자기에게 무엇을 의미하는가를 잘 생각하지 않으면 안 될 것이다"[22]

비록 청중들에 대한 당위규정으로 제시된 것이긴 하지만 설교에서 청중에 대한 높은 관심을 보인 대표적인 사람은 칼빈이다.[23] 그는 듣는 자들이 바른 자세를 갖고 있을 때 비로소 선포되는 말씀이 올바르게 심어질 수 있다고 생각해서 청중들은 말씀에 복종할 마음의 각오

21) Phillips Brooks, *On Preaching*(1877) [서문강 역, 『설교론특강』(크리스챤 다이제스트1995)], 179.
22) Bohren, 『설교학 실천론』, 166f.
23) 참고: 정성구, "칼빈의 설교연구(1), 「신학지남」, 1973. 3: -, "칼빈의 설교연구(2), 「신학지남」, 1979. 5.

가 되어 있어야 한다고 말했다. 말씀과의 관계가 먼저 올바르게 서 있
어야 설교자와의 관계 그리고 설교와의 관계에서 결실을 맺을 수 있
을 것이라는 말이다. 뿐만 아니라 "듣는 자들에게 감화를 끼치고 회개
를 위해서는 먼저 설교를 듣는 자들의 형편과 성질을 잘 살펴서 거기
에 합당한 어법과 비유를 선택해야 된다"고 보았다.24) 사실 청중들은
녹음기처럼 수동적인 위치에만 머물러 있지 않다. 설교 현장에서 비록
듣는 위치에 있기는 하지만, 단순히 듣고 있지만은 않다. 말은 하지
않고 듣고는 있지만 설교자와 암묵적인 대화를 나눈다. 직접적으로는
입술을 통한 화답을 통해서 나타나지만, 심적인 감동과 번쩍이는 눈빛
으로 그리고 설교자의 두 눈을 빨아들일 듯한 강한 집중력으로 그들
은 설교에 반응을 한다. 그래서 설교는 커뮤니케이션 과정으로 이해된
다. 일방통행이 아니라 상호 의사소통 행위라는 것이다. 최근에는 심
지어 설교의 준비과정이나 혹은 설교가 이루어지는 과정 안에 청중들
이 참여할 수 있도록 하는 설교가 증가하고 있다. 대화식 설교나 인터
뷰식 설교가 그것이다. 그러므로 오늘날 설교에서 청중에 대한 연구는
필수적인 것이 되었다.25) 청중의 관심에 단순히 부응하려는 것이 아
니라 청중들이 그리스도를 바로 알 수 있도록 하기 위함이요 청중들
의 올바른 신앙을 돕기 위함이다. 청중의 현실, 관심사, 문제 등.

　　청중들을 무시하는 설교로부터는 어떠한 공명과 공감도 기대할 수
없다. 하물며 삶의 변화가 어떻게 가능하겠는가. 청중을 무시하는 것
은 심지어 "교회의 사명을 포기하는 것이다"26)라고 경고하는 클레아

---

24) 김희보, "목회자로서의 칼빈", 「신학지남」, 제29권, 제1호, 1962, 69.

25) 참고: 크래독은 설교자의 연구는 두 개의 초점을 갖는다고 보았다. 하나
　　는 청중이고, 다른 하나는 성서 본문이다. 『설교, 열린체계로서의 귀납적
　　설교방식』, 102.

26) C. Ellis Nelson(Ed.), 『회중들』, 167.

몬트 신학교 교수인 무어(Mary Elizabeth Moore)의 말을 설교자들은 귀담아들을 필요가 있다. 또한 그의 다음의 말은 설교와 청중의 관계를 생각함에 있어서 많은 시사를 준다.

> "설교자와 회중들의 관계가 항상 존재함으로써 기독교가 모든 세대에 걸쳐서 다채로움을 나타낼 수 있는 것입니다. 그 관계는 가정의 친밀성을 다분하게 가지고 있으면서도 국가에 속한 폭과 존엄을 가진 것이라고 할 수 있습니다. 그것은 하나의 계약관계라고 생각하지 못하게 할 정도의 거룩한 관계입니다. 그것은 당신의 권고하심에 합당한 목적을 위하여 하나님께서 붙잡고 계시는 연합관계입니다. 그 관계를 합당하게 인식하였을 경우에, 그 관계가 죽음 이전까지만 유효하다고 누가 말하겠으며, 여기 지상에서 설교자와 회중의 관계에 있던 자들이 저 영원한 하나님의 도성에서 서로 간에 거룩하고 특이한 관계를 가질 수 없다는 말을 할 자가 누구이겠습니까?"

무어는 이 글에서 기독교의 다양성이 바로 회중과의 관계로 인해서 생긴 것이며, 양자의 관계는 하나님이 붙잡고 계시는 연합관계로 파악되고 있다. 뿐만 아니라 그 관계는 지속성을 갖되 영원하다고 보았다. 설교자와 회중과의 관계를 매우 깊이 있게 살펴본 것이다.

설교는 기본적으로 말하고 듣는 관계로 이루어지지만, 그렇다고 해서 설교자 개인의 말을 듣고자 하지 않는다. 청중들은 하나님의 말씀을 듣기를 원한다. 말씀을 매개로 맺어지는 설교자와 청중의 관계를 신학에서는 성령의 사역으로 이해한다. 청중들의 소원은 구체적으로 설교자 및 설교에 대한 기대이지만, 궁극적으로 그것은 성령의 사역에 대한 기대이다. 어떠한 형태로 표출되든 이 기대는 청중들의 삶의 정황과 밀접한 관계를 갖는다. 청중들과 함께 계시고 그들과 동행하시며 그들을

통해서 일으켜진 당신의 역사를 설교자는 바로 인식해야 한다. 설교자
는 마땅히 이러한 하나님의 현실을 전제해야만 할 뿐만 아니라, 그것을
청중들로부터 그리고 그들과의 대화를 통해 발견하기를 기대한다. 설
교자와 청중 사이에서 이루어지는 커뮤니케이션의 성공은 이런 쌍방
간의 기대가 설교자에 의해 바로 파악되는 데 달려 있다. 잘못된 기대
는 수정되어야 마땅하지만, 대체로 청중들은 단순히 듣고만 있지 않고
자신들의 삶의 현장이 반영되고 또 참현실을 비추어 주는 설교를 기대
한다. 청중을 이해하려는 노력은 바로 그들이 먼저는 듣는 자요, 다음
으로는 기대하는 자로서 이해하는 것으로부터 시작된다.

　설교는 명시적인 혹은 암묵적인 대화로 이루어지기 때문에 설교자
는 청중들이 설교 언어를 이해할 수 있는 기회를 마련해 주는 것이 좋
다. 담임목회자의 설교에 대해 비록 건전한 의미에서라 하더라도 공개
적으로 운운하는 것이 금기시되어 있는 한국교회의 현실에서는 예컨대
새 신자 교육이나 평신도 교육을 통해서 메시지가 갖는 가장 핵심적인
내용들(케류그마)이나 성경의 기본적인 개념들을 소개할 수 있다. 또
한 비록 설교자는 성경의 언어나 자신의 언어관습에 따라 하나님의 말
씀을 전하지만 설교의 더 나은 효과를 위해서는 청중들의 언어를 간파
하고 그 언어를 충분히 활용하는 것이 바람직하다. 하나님이 한국인에
게 말씀하실 때는 한국말을 사용하시지, 헬라어나 히브리어, 혹은 영어
나 중국어를 사용하시지 않기 때문이다. 청중들은 각각 다른 삶의 장
을 갖고 있다. 전업주부들일 경우는 그곳이 가정이고, 직장인들에게는
직장이다. 실업자들에게는 가정으로부터 느끼는 책임감과 사회로부터
받게 되는 절망감으로 갈등적인 상황 속에서 살아간다. PC방으로 다
방으로 전전하며 자신의 정체성을 끊임없이 물으며 살아간다. 학생들
은 학교가 삶의 장이 된다. 청중들은 참으로 다양한 삶의 언어를 가지

124

고 교회에 오는 것이다. 설교자가 이들의 언어와 관행들에 무지하다면 어떻게 그들의 삶 속에서 메아리치는 메시지를 제시할 수 있겠는가. 청중들이 몸담고 있는 현실과 그들이 들을 수 있는 언어에 대한 연구가 요구된다. 이것은 소위 성육신의 원리로 불리는 것인데[27], 설교자의 가장 중요한 과제이면서 또한 가장 힘든 과제이기도 하다. 이러한 과제를 이행하기 위해 설교자에게 요구되는 것은 성령의 소리뿐만 아니라 청중의 소리도 들을 수 있는 마음이다. 유아의 언어습득 과정에서 말하는 것은 먼저 '듣는 것'으로부터 시작된다. 그러므로 좋은 설교자는 말하기 전에 먼저 들을 수 있는 마음을 갖는다. 성급하게 말하기를 즐겨하는 사람들은 듣는 자들로부터 외면당하기 십상이다.

솔로몬이 왕위에 오른 후에 일천 번 제를 드렸다. 여호와께서 나타나 그로부터 소원을 물었을 때, 솔로몬은 들을 수 있는 마음을 달라고 했다. 이에 대해 하나님은 솔로몬에게 지혜를 주었고 그것은 전무후무한 것이었다. 어린 나이에 왕위에 올랐다면 왕권의 안정을 위해 강한 권력이나 명예를 구하는 것이 당연했겠지만 솔로몬은 듣는 마음, 즉 위로부터는 하나님의 말씀을 듣고 또 아래로부터는 백성들의 음성을 들을 수 있는 마음을 구한 것이다. 왕이란 백성의 말을 들음으로써 비로소 백성들의 형편을 도울 수 있는 법이다. 듣는다는 말은 응답한다는 말이다. 하늘의 음성을 듣고 예배를 통해 응답하고 백성의 음성을 듣고 그들의 필요를 채워 주는 응답이다. 이사야 선지자는 이스라엘을

---

27) 참고: Robert E. Weber, 『그리스도교 커뮤니케이션』, 92-103, 특히 98f: "성육신을 통해서 하나님은 커뮤니케이션의 표준을 수립했다. 즉 하나님께서 우리에게 이르신 것처럼, 우리가 다른 사람에게 다가가려 한다면 우리는, 우리가 소통하려는 사람들의 삶 자체와 사회적 맥락 그리고 그들의 필요에 기꺼이 동화해야만 하는 것이다."

회복하시는 하나님의 말씀을 다음과 같이 전하고 있다. "여호와께서 또 가라사대 은혜의 때에 내가 네게 응답하였고 구원의 날에 내가 너를 도왔도다"(사49:8상반절). 설교자 역시 성급하게 말하기보다 먼저는 성경을 통해 먼저 하나님의 말씀을 듣고 그에 응답하며, 또한 청중들의 목소리를 올바로 듣고 응답하는 자가 되어야 청중들을 도울 수 있게 된다. 기독교 역사 가운데 뿌리를 두고 있지만 오랫동안 잊혀져 온 침묵이 현대 기독교인의 새로운 영성으로 강조되고 있는 것은 매우 바람직한 현상이다. 타자의 음성에 귀를 기울이는 침묵을 통해 성령의 음성을 듣고 또 느낄 수가 있기 때문이다.

솔로몬이 백성들로부터 들을 수 있는 마음을 구한 이유를 오늘의 관점에서 깊이 생각해 볼 필요가 있다. 당시에는 하나님의 함께하심이 백성들에게서 이루어진다고는 생각하지 못했다. 있다면 특수한 경우로 여겨졌다. 하나님은 오직 왕과 선지자 그리고 제사장을 통해서 당신의 역사를 이루신다고 믿어진 것이다. 이미 요엘의 예언을 통해서 예고되었고 또 예수 그리스도의 성육신 사건을 통해서 분명하게 암시되었지만 제자들 역시 그 의미를 이해하지 못했다. 기껏해야 베드로는 그리스도의 말씀을 통해서 하나님의 함께하심을 고백했을 뿐이다. 그리스도와 하나님의 역사를 바라본 것이다. 하나님의 함께하심을 보다 구체적으로 보여 준 사건은 오순절에 성령께서 예루살렘에 모여 주의 약속을 기다리며 기도에 전념했던 제자들에게 임하신 것이었다. 그것은 요엘 선지자의 예언이 성취된 것이었으며 예수 그리스도의 약속이 성취된 사건으로 이해되었다. 이후로 하나님이 함께하심은 성령 사건으로 이해되었고 이러한 인식의 변화는 사도들의 역사 속(특히 사도행전)에서 거듭 확인되었다. 하나님은 성령을 통해서 청중들과 함께하시고 역사하신다는 것을 청중들 스스로가 경험하고 또 증거한 것이다.

이미 기독론적으로 확인된 것이지만 이러한 신학적 발견이 오늘날 선교학적으로는 하나님의 선교(Missio Dei)라는 개념으로 정리되고 있다. 말씀을 전파하기 이전에 이미 하나님께서 청중 가운데 역사를 일으키시고 있다는 사실을 인정하는 것이다. 민심이 곧 천심이라는 말은 백성의 음성에 귀를 기울이는 것이 곧 하늘의 뜻을 듣는 것임을 말한 것이다. 기독교에서 이 말은 청중들 가운데 역사하시는 성령의 음성을 바로 듣는 것이 곧 하나님의 뜻을 듣는 것으로 이해될 수 있다.

바로 이러한 '하나님의 선교' 개념을 진지하게 받아들인다면 청중들에 대한 인식이 바뀐다. 즉 청중은 말씀을 듣기 이전에 이미 하나님이 그들과 함께하신 자로서의 모습을 갖는다.[28] 이런 청중들의 모습을 바로 인식하는 설교자들은 설교를 행함에 있어서 청중들을 결코 무시하거나 간과하거나 자신들의 주장만을 나열할 수 없게 된다. 두려움과 떨림 가운데서 하나님의 역사가 청중들 가운데 결실로 나타날 수 있기를 기대하며 설교에 임하게 되는 것이다. 청중에 대한 실천신학적 이해는 바로 이러한 신학적인 의미에서의 인간 이해, 특히 청중이 지각하는 방식대로 세상을 지각하고 또 그와 더불어 세계를 나누는 감정이입적인 이해를 전제할 때 바르게 이루어질 수 있다. 우리는 사도 바울에게서 감정이입적인 이해에 있어서 모범적인 태도를 발견할 수 있다(고전9:19-22).

"내가 모든 사람에게 자유 하였으나 스스로 모든 사람에게 종이 된 것은 더 많은 사람을 얻고자 함이라 유대인들에게는 내가 유대인과 같

---

28) 참고: Bohren, 『설교학 실천론』, 172: "청중을 창조적으로 발견한다는 것은, 이미 거기에 있는 것으로서 발견되어 있는 자를 하나님 앞에 있은 자로서 다시금 발견하는 것. 즉 하나님의 은혜로 말미암은 선택 가운데서 이것을 본다는 것을 의미한다."

이 된 것은 유대인들을 얻고자 함이요 율법 아래 있는 자들에게는 내가
율법 아래 있지 아니하나 율법 아래 있는 자 같이 된 것은 율법 아래 있
는 자들을 얻고자 함이요 율법 없는 자에게는 내가 하나님께는 율법 없
는 자가 아니요 도리어 그리스도의 율법 아래 있는 자나 율법 없는 자
와 같이 된 것은 율법 없는 자들을 얻고자 함이라 약한 자들에게는 내
가 약한 자와 같이 된 것은 약한 자들을 얻고자 함이요 여러 사람에게
내가 여러 모양이 된 것은 아무쪼록 몇몇 사람들을 구원코자 함이니.”

　설교의 문제로서 청중은 곧 설교자의 현실 이해의 문제이며 설교자
의 현실감각을 반영한다. 설교는 현실을 얼마나 정확하게 이해하고 있
느냐에 좌우된다. 현실 이해가 잘못되거나 배제되어 있는 설교는 청중
들의 공명과 공감을 얻을 수가 없다. 삶의 결실로 이어지지 못하고 공
허한 메아리로 사라져버릴 뿐이다. 설교자의 현실 인식은 성령사역에
대한 그의 인식 정도에 좌우된다. 그러므로 ‘청중’의 문제는 성령론적
인 문제와 깊이 연결되어 있음을 알게 된다.

　듣고 응답하는 것 이외에도 청중의 관심과 기대를 배려하는 설교에
는 창의적인 노력, 곧 유비적인 상상력이 요구된다.[29] 즉 본문의 의미
로부터 시작되지 않고 청중들의 삶과 관심으로부터 시작하는 것이기
때문에, 본문의 의미와 유비적 관계에 있는 이야기가 삶의 현장이나,
혹은 이야기로 구성될 필요가 있다. 이를 위해서는 시사적인 문제에
지속적인 관심을 가져야 하고, 또한 문학적인 상상력을 배양하기 위해
많은 독서와 그리고 이야기 구성을 위한 사고 훈련이 요구된다. 이야
기식 설교 등은 유비적 상상력을 사용한 설교이론에 근거한 것으로
최근에 많은 각광을 받고 있다.[30]

---

29) 참고: Robert E. Weber, 『그리스도교 커뮤니케이션』, 85ff.

30) 참고: Richard A. Jesen, *Telling the Story*(Minneapolis: Augsburg Publi-
　　shing Co., 1980); –, *Thinking in Story*(Lima: CSS Publishing Co., 1993).

다) 무엇을 설교할 것인가: 성서적 증거, 곧 하나님의
삼위일체적 행위와 말씀

청중들의 반응은 성령의 인격적인 사역에 따른 것이다. 설교의 형태에 지나치게 의존하다 보면 설교의 문제가 기술적인 문제로 환원될 수 있는 위험이 있다. 공명과 공감을 위해 강제적인 혹은 인위적인 수단을 동원한다면, 일시적인 최면효과가 얻어질 수 있을지는 모르지만 삶의 변화는 기대될 수 없다. 청중들의 진정한 반응은 설교의 형식뿐만 아니라 내용에 대한 공명과 공감을 전제한다.[31]

설교의 내용과 관련해서 가장 기초적이면서 핵심이 되는 점이 있다. 첫째, 설교는 복음적이어야 하며, 내용은 성경본문으로부터 나온다는 것이다. 이것은 설교의 제일 되는 원칙이다. 주제설교의 내용조차도 그것이 교회에서 행해지는 설교인 한에서 복음을 전해야 하며 또 성경본문의 의미에서 벗어나서는 안 된다. 설교가 복음적이라 함은 하나님의 살리시는 행위가 선포되기 때문이다. 복음은 하나님의 살리시는 행위에 대한 총 개념이다. 살리시는 행위이기 때문에 그것에 대한 소식은 기쁠 수밖에 없다. 하나님의 세상 창조를 비롯해서 인간의 타락, 예수 그리스도의 오심, 고난, 죽음, 부활, 승천 등 인간의 구원과 구원

Charles Rice, "Preachers as Storyteller", *Union Seminary Quarterly Review*, Vol.31, No.3(Spring 1976), 193–196. Edmund A. Steimle, etc., *Preaching the Story*(Philadelphia: Fortress Press, 1980).

31) 흔히 성도들이 내는 '아멘' 소리를 통해서 공명과 공감을 확인해 보려는 설교자들이 많은 것을 본다. 설교 가운데 '할렐루야'를 반복함으로써 의도적으로 '아멘'을 유도한다든가, 혹은 '축원합니다' 등과 같은 축복적 서술어를 사용해서 '아멘'을 유발하도록 하기도 한다. 피상적인 공명과 공감을 느낄 수는 있을지 모르지만 삶의 변화로 이어지는 감동으로는 결코 이어질 수 없다. 진정한 화답은 하나님의 행위와 약속 그리고 말씀에 대한 성도들의 깊은 깨달음을 통해서 이루어진다.

의 계획을 담고 있는 모든 내용들이 선포된다.

둘째, 설교가 성경본문에 매여 있는 한, 그것은 인간의 언어를 사용하는 하나님의 말씀이라는 믿음이다(Praedicatio verbi Dei est verbum Dei). 인간의 언어를 매개로 영이신 하나님께서 말씀하신다는 말이다. 일찍이 바울은 이 관계의 중요성을 파악했고, 또 '영과 문자'라는 개념을 사용해서 서로의 상관관계를 이해했다(고후3:6). 하나님의 말씀은 결코 공허하지 않다(사55:11). 그것을 듣고 읽는 자들에게 반드시 어떤 결과를 불러일으킨다. 말씀이 이루어지는 것을 주의 깊게 주목하신다(렘 1:12). 권능의 말씀이기 때문이다. 그래서 말씀전파는 편견이나 사심 없이 이루어져야 한다. 하나님이 말씀하시는 그 말씀, 계시를 통해 교회에 위임된 말씀이 선포되어야 한다. 본문의 의미에 충실하지 않고 설교자의 의도하에 선포되는 말씀은 하나님의 말씀이 아니라 설교자 개인의 주장에 불과하다. 문자로 남을 뿐 영의 사역은 일어나지 않는다.

말씀이 갖는 능력과 역동성, 그리고 현재에도 계속적으로 나타나고 있는 하나님의 사역을 말하기 위해 예수님은 '하나님은 일하신다'는 표현을 사용하셨다. 역사 속에서 일하시는 하나님의 사역을 인간의 인식행위와 관련해서 이해하면서 신학은 '하나님의 행위'라는 개념을 사용했다. 설교의 내용을 바르게 파악하기 위해 '하나님의 행위'라는 개념에 주목할 필요가 있다. 이렇게 하면 설교가 사건으로 이해되는 이유가 분명해진다. 사건은 먼저 설교자 안에서 일어나며, 또한 듣는 자들에게도 적절하게 일어나거나 혹은 전혀 새로운 경험이 나타나기를 기대하며 이루어진다. 이렇게 이해될 수 있는 것은 설교가 예배 안에서 이루어지기 때문이다. '하나님의 행위'는, 만일 인간의 경험이나 인식과 관련해서 내용적으로 살펴본다면 무수히 많은 주제로 표현되겠지만, 가장 중심되는 것은 '신실하시다'는 사실이다. 한번 약속하신 것

은 결코 식언치 않으신다는 것이 성경의 핵심적 내용에 속한다. 하나
님의 신실함을 이해하는 여러 가지 방식이 있지만 대표적인 것으로는
시제적인 측면과[32], 내용적인 측면[33]을 고려해서 분류될 수 있겠다.

① 시제적 측면

하나님의 행위를 먼저 시제적으로 살펴본다면 과거적, 미래적 그리
고 현재적 행위 등 세 가지로 이해된다.

과거적인 행위

과거적인 행위라 함은 성경에 명시적으로 기록된 행위를 가리키지만
역사라는 말로 총괄할 수 있겠다. 왜냐하면 이스라엘의 역사와 예수 그
리스도 사건 그리고 사도들 및 사도 이후 시대에 전개되는 하나님 백
성들의 역사, 곧 교회사는 이미 나타난 하나님의 행위와 그에 따른 인
간의 반응을 보여 주기 때문이다. 과거적인 행위라고 해서 이미 지나간
것으로만 이해되어 현재적 혹은 미래적인 의미가 전혀 없다는 말은 아
니다. 예컨대 선지자들이 아직 이루어지지 않은 하나님의 과거의 말씀
을 앞날을 위해 기록하고 그것을 후대에 전해 준 것처럼 아직 성취되
지 않은 하나님의 말씀은 오늘날 혹은 미래에도 여전히 중요한 의미와
가치를 갖는다. 뿐만 아니라 이미 성취된 역사조차도 오늘 우리에게 예
언적인 혹은 현재적인 의미를 갖기도 한다. 지나간 시대의 기록을 교훈

---

32) 시제적인 이해는 하나님의 행위 자체를 규정하는 것이라기보다는 인간의
　　이해행위에 있어서 시간적인 제한성을 염두에 둔 것이다. 참고: R. Bohren,
　　Predigtlehre[박근원 역, 『설교학 원론』(대한기독교출판사, 1979)].

33) 게르하르트 자우터(Gerhard Sauter), Schrifttreue is kein Schriftprinzip,
　　in: *Die Zukunft des Schriftprinzips*, Hg. von Richard Ziegert(Die Bibel
　　im Gespräch Band 2), Deutsche Bibelgesellschaft, Stuttgart 1994, 259–
　　278, 269ff.

과 경고의 말씀으로 읽게 되는 것은 바로 이러한 이유이다. 하나님의 과거적인 행위와 관련해서 신앙인의 인식행위는 기억으로 나타난다. 성경 여러 곳에서 언급되고 있지만 하나님은 당신이 행하신 일들이 잊혀지기를 원하지 않으셨다. 기념비를 세우고, 절기를 정하는 것 모두가 하나님의 하신 일들을 기억케 하기 위함이었다. 청중들로 하여금 기억하게 하는 것은 설교에서 매우 중요한 과제 중의 하나이다.

　미래적인 행위

　미래적 행위는 하나님이 장차 행하실 일들을 지시한다. 하나님의 미래적 행위는 흔히 예언이라는 이름으로 선포된다. 미래적 행위는 구체적으로 나타날 때도 있지만 암묵적으로 제시되어 마침내 일이 성사되고 나서야 비로소 그것의 의미가 분명하게 밝혀지기도 한다. 하나님의 미래적 행위에 대한 인식에 있어서 신약의 기자들은 그것을 '약속'이나 '언약' 혹은 '묵시'라는 개념으로 이해했다. 미래적 행위가 오늘 선포됨으로써 듣는 자로 하여금 때로는 경각심을 갖게 하기도 하고 때로는 소망을 갖고 살아가도록 해 준다. 미래적 행위를 이해함에 있어서 과거적 행위를 아는 것은 매우 중요하다. 반드시 그런 것은 아니지만 하나님의 새로운 행위는 이미 지나간 사건이 새롭게 조명됨으로써 인식되는 경우가 많다. 교회사 가운데 나타나는 많은 이단세력들은 전통을 무시하고 오직 미래만을 지향하는 경향을 보였다. 미래에 대한 사람들의 관심을 자극함으로써 그리고 때로는 그것을 통해 불안감을 갖도록 함으로써 자신들의 사상을 그들에게 효과적으로 전달하려는 것이었다. 현대에 출현하는 많은 이단 사설들이 대부분 미래의 문제 (계시록 강해 등)나 혹은 영적인 존재(사탄이나 천사 등)에 집착하는 것도 비슷한 배경에서 이해될 수 있다. 기독교 신앙에서 소망이 얼마

132

나 중요한지는 믿음을 소망으로 이해했던 히브리서 11장 1절이나, 또는 로마서 8장 24절에 사도 바울이 구원이 소망을 통해서 얻었다고 말한 부분에서 잘 알 수 있다. 청중들로 하여금 결코 현재의 안락에 젖어 살지 않도록 하기 위해서나, 혹은 현재의 고통과 고난에 좌절하지 않도록 돕는 데에 있어서 소망은 매우 중요한 신앙덕목이다.[34] 하나님의 약속, 아직 나타나지 않아 보이지 않는 하나님의 현실을 소망할 이유가 충분히 있음을 전해 주는 설교가 복음적 설교이다.

현재적인 행위

미래나 과거에 대한 지나친 집착은 이 세상에서 성도로서 정상적인 삶을 살아가는 것을 방해한다. 미래나 과거에 집착하고 있다 해도 문제는 대체적으로 현재에서 비롯된다. 현재의 문제를 회피하기 위해 과거나 미래에 집착하기 때문이다. 심리치료나 정신치료 사례들이 말해 주듯이 사람들은 과거에 일어난 일들로 인해서 현재에 정신적인 문제를 안고 살아가기도 한다. 자신도 모르는 이상 행동들, 그것으로 인해서 야기되는 조화되지 못한 인격 그리고 비정상적인 관계로 인해서 삶 자체가 정상적으로 엮어지지 않을 때 많은 경우 과거의 사건들이 한몫을 차지하고 있음이 확인되고 있다. 이때는 과거의 충격이나 상처가 빨리 치유되어야 한다. 과거의 구속으로부터 벗어나 새로운 현재와 미래를 계획할 필요가 있다. 과거로 인해 현재와 미래가 망가지거나 포기되어서는 안 되기 때문이다. 한편, 그리스도의 재림과 하나님의 나라를 소망하는 기독교인들이 현재에 안주해서는 결코 안 되겠지만, '현재'라는 문제에 걸려 넘어지게 되면 삶 자체가 포기될 수도 있다.

---

34) Andrew Lester, *Hope in Pastoral Care and Counseling*(1995) [신윤복 역, 『희망의 목회상담』(한국심리치료연구소, 1997).

그리스도인들에게 있어서 과거와 미래는 하나님의 현재를 어떻게 이해하느냐에 달려 있다. 그러므로 하나님의 현재적 행위는 설교에서 가장 중요하고도 또한 어려운 내용이 된다. 이것은 다른 두 가지와 비교해 볼 때 특별히 그 인식에 있어서 어려움을 겪는다. 역사의 현재 속에서 무엇이 하나님의 행위이고 또 무엇이 인간의 행위인지를 분별한다는 것은 결코 쉬운 일이 아니기 때문이다. 신약의 기자들은 하나의 개념을 통해서 하나님의 현재적 행위를 총체적으로 인식하려고 했다. '하나님이 우리와 함께 계신다'는 것이다. '하나님이 함께 계신다'는 것을 약속으로 이해하고 그것을 현실 속에서 인정하고 받아들임으로써 성도들의 경험과 그것의 의미를 하나님과 관련해서 생각하였다.[35] 바로 이러한 이유에서 설교는 성령과의 관계 속에서 고찰되어야 한다. 하나님의 과거적 행위는 설교를 통해서 현재적으로 혹은 미래적으로 이해된다. 설교가 없다면 하나님은 과거의 하나님만으로 인식되어 신앙에 있어서 교조적이 되거나, 혹은 미래의 하나님만으로 인식되어 환상적이고 공상적인 신앙이 될 위험에 노출된다. 어떤 형태의 설교든 사건은 언제나 현재에 일어남을 겨냥한다. 왜냐하면 설교를 통해 이루어지는 사건은 계시사건이기 때문이다. 설교를 통해서 계시의 현재화가 일어난다. 계시의 현재화와 그리스도인들의 신앙이 현재적, 실존적 그리고 역동적 성격을 갖게 되는 것은 말씀을 접하게 될 때 이루어진

---

35) 하나님의 부재(不在)에 대한 경험 역시 하나님의 현재적 행위 안에서 이해될 수 있다. 다시 말해서 부재의 경험이 하나님이 아무것도 하지 않으신다는 것을 가리키지 않는다는 말이다. 그것은 심판의 행위일 수도 있고, 욥의 경우에서와 같이 특별한 계획 속에서 이루어지는 행위일 수도 있다. 예수님의 고난사건은 하나님의 부재에 대한 경험이 아니었다. 하나님이 예수 그리스도와 함께하신 사건이었다. 하나님의 부재는 전통적으로 소위 '숨어 계신 하나님' 개념으로 이해되어 왔는데, 이 개념은 하나님의 현재적 사역의 또 다른 측면을 설명해 준다.

134

다. 이 일에 있어서 말씀을 읽고 또 성경적 주제를 영상화시킨 필름 등을 볼 수 있지만, 설교는 가장 기본적이고도 핵심적인 역할을 수행한다. 사실 이 모든 것들은 어느 한쪽으로 편중되지 않고 통합적으로 사용될 필요가 있다. 성도들의 바른 삶을 위한 통전적 기획을 마련해 주는 것도 목회의 과정에 포함된다.

② 내용적 측면

복음과 율법

하나님의 행위에 대한 또 다른 관점은 '복음과 율법'이다. 하나님은 심판하시지만 또한 죄를 용서하시기도 한다. 하나님의 복음적 행위와 율법적 행위는 인간들에게 자주 편파적으로 인식된다. 복음적으로 여겨지기도 하고 율법적으로 여겨지기도 한다. 그러나 이 양자는 결코 어느 한쪽으로 기울어져서 이해될 수 없다. 그렇게 되면 하나님의 행위에 통일성이 깨어져 버린다. 복음과 율법은 사실 인간의 관점에서 이해된 것일 뿐이다. 하나님 편에서 볼 수만 있다면 이는 단지 하나님의 한 가지 뜻이 양면으로 보이는 것일 뿐이다. 궁극적인 것이 아닌 하나님의 심판 및 심판에 대한 경고는 듣는 자들로 하여금 깨닫고 돌아서게 하는 데에 목적이 있다.

하나님이 출애굽 과정에서 이스라엘 백성들의 잘못에 대해 진노하시며 그들을 진멸하시겠다고 말씀하셨을 때 모세는 하나님의 자비와 긍휼에 호소하기도 하고 때로는 하나님의 약속에 의지해서 용서를 구해 응답받았다. 다윗은 하나님에 의해 판단을 받는 것이 곧 생명의 길임을 깨달았다.[36] 이것은 하나님의 말씀을 대하는 자들이 하나님의

36) 참고: 고전11:32, "우리가 판단을 받는 것은 주께 징계를 받는 것이니 이는 우리로 세상과 함께 죄 정함을 받지 않게 하려 하심이라"

심판의 말씀을 들을 각오가 되어 있을 때, 비로소 하나님의 구원하시는 사역에 스스로를 노출시킬 수 있고 또 하나님께 전적으로 신뢰할 수 있게 됨을 말해 준다.[37]

그러므로 '복음과 율법'이라는 문제에 직면해서 설교자들에게 요구되는 것은 먼저 스스로가 하나님의 말씀을 들을 준비를 하고, 어느 한 쪽에 치우쳐서 성경을 이해하지 않는 것이다. 때로는 교육을 통해서 이루어지지만, 많은 경우 그 일은 설교에서 일어난다. 현실을 이해하되 복음과 율법을 바르게 구별할 수 있다면 청중들은 하나님의 행위를 오해나 편견이 없이 바로 이해할 수 있게 된다. 하나님의 복음적 행위가 율법으로 이해되거나, 하나님의 율법적 행위의 진위를 파악하지 못하고 오로지 복음적으로만 이해된 설교를 듣게 될 경우 청중들은 신앙적 삶 가운데서 심한 혼돈을 경험하게 될 수밖에 없다.

약속과 성취

하나님의 행위를 내용적인 측면에서 생각해 볼 수 있는 것으로 두 번째는 '약속과 성취'이다. 구약을 메시아에 대한 약속으로, 신약을 성취로 보는 소위 구속사적 관점은 하나님의 행위를 역사적으로 이해하는 데 큰 도움을 주었다. 그러나 신약과 구약을 그렇게 단순하게 환원시킬 수만은 없다. 구약 안에서도 성취하시는 모습이 증거되고 있고 신약 안에서도 약속을 주시는 하나님이 나타나있기 때문이다. 성경 안에서 증거되고 있는 '약속과 성취'는 오히려 하나님은 당신이 하실 일을 앞서 보여 주시고, 또 그것을 반드시 이루신다는 하나님의 신실하심을 지시한다(시33:4). 하나님의 행위가 통일성을 갖는다는 것을 보여 준다. 이것은 예수 그리스도에게서 분명하게 보였다(고후1:20, "하

37) 게르하르트 자우터(Gerhard Sauter), Schrifttreue is kein Schriftprinzip, 274.

나님의 약속은 얼마든지 그리스도 안에서 예가 되니 그런즉 그로 말미암아 우리가 아멘 하여 하나님께 영광을 돌리게 되느니라"). '약속과 성취'는 하나님의 행위를 기술하는 것으로써 이것이 예수 그리스도에 집중되는 것은 그가 하나님 행위의 통일성을 보증해 주기 때문이다. 그러므로 오직 예수 그리스도와의 공동체 속에서만 무엇이 약속이고 무엇이 성취된 것인지를 분별할 수 있게 된다. 아직 성취되지 않은 하나님의 약속을 들으면서도 전적으로 신뢰할 수 있게 된다. 또한 성취되었다고 믿어지는 그 순간에 하나님의 새로운 행위를 기대할 수 있게 된다. 그러므로 성경의 내용을 이루고 있는 '약속과 성취'와 관련해서 설교자의 과제는 무엇보다 청중들이 기대를 갖고 말씀을 들을 수 있도록 해야 한다는 데에 있다. 이렇게 되면 비록 지나간 역사가 설교된다 해도 청중들은 그 안에서 하나님의 약속의 말씀을 들을 수 있게 된다. 미래를 들으면서도 하나님에 대해 신뢰함으로써 확신 있는 삶을 살아갈 수 있게 된다.

라) 왜 설교하는가?

바르트는 하나님의 행위를 진술하는 것으로서(Reden von Gott) 설교는 설교자의 의무라고 했다.[38] 전해야만 하기 때문에 전해야 하는 것으로 보고 있는데, 그는 그 이유를 하나님의 명령 안에서 발견했다. 사실 선교의 사명은 복음을 전하는 데에 있는데 이것이 후에 설교로 이어졌다. 그렇다면 설교는 당연히 하나님의 명령에 순종하는 행위이다. 그러나 죄인인 인간의 입으로 어떻게 하나님의 말씀을 감히 선포할 수 있는가? 이사야의 고민 속에서 설교자의 곤고함을 보았던 바르

---

38) K. Barth, Verheißung der christlichen Verkündigung, ZZ 1, H 1, 1923, 3-25.

트는 그리스도의 보혈을 통한 죄 용서와 또 하나님의 구원의 약속을 기대할 때 비로소 설교할 수 있다고 보았다. 청중들을 하나님의 말씀 앞에 세워 놓고 그들로 하여금 하나님의 말씀을 직접 듣게 하고 그 결과로 성령께서 청중들을 변화시켜 주실 것을 기대할 수 있다고 본 것이다.

그러나 설교는 청중이 단순히 하나님을 알게 되는 것만을 목적으로 하지 않는다. 하나님을 아는 것은 비록 그 대상과 관련해서는 구별되지만 안다는 것과 관련해서는 여타의 다른 지식과 동일하지 않기 때문이다. 그래서 신앙을 고백하지 않고도 신학자로 활동하는 사람들도 생겨나게 된 것이다. 그들은 하나님의 지식을 종교적 지식으로 변형시키고 하나님의 지식을 삶을 영위하는 데 사용한다. 생명의 지식을 과거의 지식으로 전락시킨다. 그러나 믿는 자들은 하나님을 아는 지식을 '참여적 지식'이라 말한다. 하나님을 안다는 것은 하나님을 나타낸다는 것과 분리되지 않는데, 특히 현재적 삶 속에서 하나님이 나타나도록 하는 것이다. 바로 이러한 측면을 통해서 설교는 다양하게 이해될 수 있다.

다시 말해서 설교는 청중들이 예배와 일상적 삶 안에서 하나님의 행위에 참여할 수 있게 되기를 기대하는 가운데 이루어지는 것이다. 신앙생활에서 하나님을 영화롭게 하고 영원토록 그를 즐거워할 수 있게 하기 위해 행해진다. 먼저는 하나님의 행위에 대한 기억을 성경을 통해서 회상하고 또 그것을 현재적으로 이해할 뿐만 아니라 그것을 자신의 삶 속에서 받아들이며 인정하는 것은 물론, 그에 따른 적합한 반응, 즉 예수 그리스도에 대한 믿음과 약속에 대한 믿음으로서 소망, 회개와 감사 그리고 찬양 등의 반응을 기대하며 이루어진다.[39] 성경

---

39) 청중들의 전통에 대한 기억이 갖는 의미와 중요성에 대해서는 다음을 참고: C. Ellis Nelson, 김득룡 역, 『회중들』, 29-51.

적 신앙 전통에 뿌리를 두고 있으면서도 청중들의 새로운 삶의 모습을 기대하며 이루어지는 것이 바로 설교인 것이다.

청중들이 교회 안과 교회 밖에서 새로운 삶의 모습으로 하나님과 인간 및 인간과 인간, 그리고 인간과 자연의 올바른 관계를 구축하고 유지할 수 있게 되는 기회를 갖고 또 결단할 수 있는 계기는 대부분 설교를 통해서 얻게 된다. 말씀을 가리켜서 생명의 양식이라 부르는 것이 바로 이러한 이유 때문이다. 즉 설교는 청중들의 삶에 영양을 공급해 주고 또 확신 가운데서 결실로 맺어질 수 있도록 돕는다.

또한 설교는 우리가 과거와 결코 단절되어 있지 않음을 보여 준다. 비록 우리 조상들이 비기독교적 전통 속에서 살았다 해도 그들과 우리가 하나님의 생명사역을 매개로 해서 연결되어 있음을 보여 줄 필요가 있다. 조상들의 문화와 삶의 흔적들 모두가 하나님과의 관계 속에서 이해될 수 있을 때 비로소 왜곡되지 않은 기독교적 정체성이 확립될 수 있다. 바른 정체성 형성은 청중들이 자신의 현재를 이해하는 데 큰 도움을 주며 하나님의 부르심에 구체적으로 응답할 계기를 마련해 준다. 설령 전통과의 관계를 통해 청중들은 설교를 통해 하나님이 과거 우리 조상 들에게서뿐만 아니라 우리의 삶 속에서도 여전히 역사를 일으키시고 있음을 알게 된다 해도, 설교가 과거 지향적이거나 혹은 삶의 규범을 제시해 주는 윤리적 성격을 띠어야 한다는 말은 아니다. 설교가 성경적 전통에 기초하고 있는 한 과거를 도외시할 수 없고, 또 구체적인 삶을 염두에 두고 있는 한 윤리적인 측면이 마땅히 고려되어야 하지만, 설교는 역사적 지식만으로 만족할 수 없다.

뿐만 아니라 복음적 설교는 설교에서 당위적인 규범만을 부각시키거나 혹은 죄를 지적하는 것으로 일관되기보다는, 그리스도의 보혈을 통해 죄가 용서되었고 또 성령의 도우심으로 인해 과거보다 더 강한 생명력을 가지며, 모든 일에 하나님이 함께하신다는 믿음을 통해서 청중들의 삶 속에서 긍정적인 사고와 태도가 우러나올 수 있도록 돕는 설교이다.[40]

간단하게 요약한다면, 설교가 행해지는 이유는 청중들 가운데 역사하시는 하나님, 곧 성령을 인식하게 하고 청중들을 하나님의 사역에 노출시키며, 그들을 하나님 앞에 세우고 그들이 하나님 앞에서 온전하게 살아갈 수 있도록 돕기 위함이다.

마) 인간의 언어 행위적 봉사[41]

설교의 또 다른 측면에서 이해해 볼 때, 설교란 언어(회화, 음악, 영상매체 등을 포함하는)라는 상징매체를 통해서 이루어지는 의사소통행위이다. 상징은 설교자와 청중들의 공동이해를 전제로 한다. 설교에서 어떠한 언어를 사용하느냐에 따라서 설교에 대한 반응이 달라질 수 있다. 설교 언어는 설교자의 인격을 반영할 뿐만 아니라 설교의 수준을 가늠해 준다. 성경언어는 당시의 학자들이나 상류층에서 사용하는 언어가 아닌 코이네로 쓰였다. 대중들에게 친숙한 언어로 기록된 것이다. 그럼으로써 성경 이해와 보급에 지대한 영향을 미칠 수 있었다. 이 점을 진지하게 받아들일 때 설교 언어 역시 공동체의 평균 수준에 부합될 것이 요구된다.

수도원 중심의 문화가 지배적이던 중세 시대에 미사언어로 청중들이 이해하지 못하는 라틴어가 사용된 것은 청중들을 배려하지 않은 대표적인 경우이다. 마르틴 루터가 청중들의 중요성을 인식하고 성경을 독

---

40) 참고: H. E. Hoefer, 『복음적 설교』(컨콜디아사, 1990), 59ff.
41) 참고: 김재영(역), 『하나님 그리고 언어와 성경과의 관계』(나침반, 1994): 유동준, 『설교자를 위한 언어학』(쿰란출판사, 1996): 정장복, 『한국교회의 설교학개론』, 49-75.

일어로 번역한 것은 청중들의 이해를 겨냥한 것이었다. 그의 이런 태도는 칭의론, 만인 제사장론 이라는 신학적 기초에 근거한 것이었다.

또한 성경이 히브리 문화와 헬라 문화를 반영하고 있듯이, 설교 언어 역시 공동체의 관심 및 문화를 반영한다. 청중들이 공동체의 문화를 반영하는 언어를 매개로 해서 설교를 듣게 된다는 점에서 설교에서 공동체 구성원들의 삶의 장을 이루고 또한 배경을 형성하는 문화는 결정적인 역할을 한다.

과거의 한국 문화란 하나님이 우리 조상들에게 행하신 행위가 그들 나름대로의 인식의 틀을 통해 경험되어 전승된 것이다. 한국인의 언어 생활 안에는 비기독교적인 전통문화가 깊이 배어 있다. 그러므로 우리의 전통문화가 비기독교적이라고 해서 배척만 할 것이 아니라, 그것들이 기독교 신앙 안에서 여과되어 충분히 호흡될 수 있도록 새로운 창조의 노력을 기울이는 것은 기독교인들의 세상을 향한 바람직한 태도라 생각한다.

공동체의 공명과 공감을 겨냥한다는 진술 가운데 이미 내포된 생각이지만 설교의 설득력은 청중들에게 이해되었을 때 비로소 그 효력을 발휘하는 법이다. 뿐만 아니라 설교가 이해될 때 오늘의 상황 속에서 복음의 메시지가 수용되고, 성서 본문이 담고 있는 고백이 오늘의 고백으로 반복될 수 있으며, 하나님에 대한 새로운 인식이 이루어지기도 한다. 그렇기 때문에 공동체의 문화가 설교 안에서 충분히 활용되는 것은 매우 의미 있는 일이다. '언어 행위적 봉사'라 함은 바로 이러한 측면을 일컫는다.

사실 과거의 비기독교적 종교 속에서 형성된 문화는 오늘날의 삶의 경험을 이해하는 데 결정적일 수 있다. 한국인들은 누구나 할 것 없이 과거 문화의 영향을 받고 있으며 전통적인 문화와의 관계 속에서 살아간다. 그렇다고 해서 비기독교적인 종교적 요소가 아무런 여과장치를 거치지 않고 설교 안에서 거론되어서는 안 될 것이다. 전통문화는 현대인들의 경험을 구성하는 데 중요한 역할을 하기 때문에, 청중들의 관심과 문제의식을 공유할 수 있기 위해서 과거전통문화는 설교 안에서 십분 활용될 수 있다. 한국 문화와 역사 그리고 한국의 종교에 대한 지식은 설교가 문화공동체, 역사공동체와의 관계를 형성하기 위한 매우 귀중한 자료이다. 현대인은 결국 과거의 영향 속에서 살아가기 때문이다. 바로 이러한 이유 때문에 설교자는 현대문화에만 관심을 가지지 않고 과거의 종교문화에도 관심을 가지는 것이다.

한편, 언어 행위적 봉사로서 설교 언어는 가능한 한 단순하고 청중들에게 친숙한 것이 좋다. 되도록 표준어를 사용하되 전통언어와 개념을 숙지시키면서 그것을 현대 표준어와 청중들의 전통문화와 접목시키려고 노력하는 것은 매우 바람직한 설교 준비라고 생각한다. 몇몇 부흥설교자들에게서 자주 발견되는 잘못된 관습이지만, 사실 비어나 은어 혹은 지나친 사투리 사용은 청중들에게 거부감을 불러일으킬 수 있다. 요즘은 컴퓨터 문화에 익숙한 젊은 세대들이 빠른 정보전달에 맞게 축약된 언어나 또래집단만이 이해할 수 있는 은어를 즐겨 사용하고 있는데, 청중들의 공감을 위해서 예화 안에서 사용되는 것이야 무관하겠지만 설교 강단에서만큼은 표준어 사용이 권장된다. 설교는 하나님 말씀을 선포하는 일이기 때문에 말씀의 권위가 손상되지 않는 범위 내에서 설교자는 자신의 언어적 능력에 따라 언어 선택의 자유를 갖는다. 또한 청중에게 친숙한 언어가 되기 위해서는 설교가 종교적인 언어로만 가득 채워져서는 안 된다. 교회 밖의 삶과 문화 그리고 언어에 더 익숙한 청중들은 기독교적인 전문용어를 이해하는 데 어려움을 느낀다. 그렇게 되면 가슴으로 느끼지 못하게 된다. 더군다나 최근에는 세례를 위한 교육마저 지극히 형식적인 것이 되어 가고 있는 실정에서 용어 사용에 주의해야만 한다. 그렇지 않으면 아무리 좋은 설교라 하더라도 그것이 교회 밖에서 결실로 나타나지 않게 된다. 설교 언어는 교회생활에 열심인 사람들만 이해할 수 있는 폐쇄적인 것이 아니라, 좀더 많은 사람들이 이해할 수 있도록 개방적인 언어가 되어야 한다.

설교에서 주제 혹은 핵심이 되는 단어나 개념의 반복은 청중들에게 설교의 주제와 목표를 확실하게 부각시켜 줄 수 있다는 점에서 매우 중요하다. 그러나 지나친 반복은 설교에 대한 기대와 관심을 떨어뜨린다. 특히 설교를 기록하지 않고 자유롭게 설교를 하게 될 때 이러한 문제는 그렇지 않을 때보다 더 자주 발생한다. 그러므로 설교는 가능한 한 기록되는 것이 좋지만, 설교를 할 때 반드시 그것이 매일 필요는 없다. 청중들과의 반응을 살피면서 행하는 자유로운 설교는 설교에 역동성을 부여해 준다. 자유로운 설교를 하게 될 경우라도 청중들의 심리적 부담감을 덜어 준다는 의미에서 설교자는 특정한 단어나 개념이 지나치게 반복되지 않도록 하는 데 유념해야만 한다.

설교에 있어서 어조나 톤의 변화는 설교에 리듬감을 주어 듣는 자에게서 음악적인 효과를 불러일으킬 수 있다.[42] 청중들의 주목을 끄는 힘은 설교자의 어조나 음색이 다양하게 변화할 때 나타난다. 물론 지나치게 다양한 변화를 시도하거나 설교자의 감정을 아무런 여과 없이 드러내는 일은 설교 분위기를 산만하게 만들기도 하지만, 지나치지 않은 범위 안에서 어조나 음색의 변화를 동반한 감정의 표현은 청중들의 집중도를 높여 준다. 음악적인 효과뿐만 아니라 경우에 따라서는 한편의 소리극을 듣는 경험도 가질 수 있다. 어조나 톤의 변화는 설교

---

42) 참고: Evans E. Crawford, *The Hum*(1995) [차종순 역, 『설교의 음악성』 (한국장로교출판사, 1997)]; 그리고 워어스비, 워렌(외 6인 공저), 『심령을 꿰뚫는 설교를 합시다』(배응준 역, 나침반, 1996), 40ff.

의 내용과 목표, 혹은 서론 본론 결론과 같은 구성과정에 따라서 조절되도록 한다. 청중들의 반응은 매우 중요하다. 능력 있는 설교자는 설교하면서 청중들의 반응을 시시각각으로 읽어 내고 그에 따라 설교 안에서 다양한 변화를 시도한다.

바) 설교의 지평: 기대

예배는 하나님의 임재를 기대하며 이루어진다. 일상세계의 반복에서 벗어나 종교적 의례 행위를 통해 초월에 대한 경험을 기대한다. 이런 기대지평을 공유하면서 설교자와 청중은 만나게 된다. 강단에 올라서면서 설교자는 기대한다. 하나님이 말씀하시기를 기대하고, 그 말씀이 성도들의 마음에 심어지고 공감과 공명을 불러일으키기를 기대한다. 예배의 시작과 더불어서 하나님의 임재가 기대되고 기도되었다면, 설교에서는 하나님이 말씀하실 것에 대한 기대가 당연히 이루어진다. 설교자는 자신의 입과 말을 통해서 하나님이 말씀하실 것에 대한 기대를 가지고 강단에 임하게 된다는 말이다. 말씀의 도구로 사용되기 때문에 설교자에게는 철저하게 자신을 돌아보는 태도가 요구된다. 설교를 준비하는 과정에서 설교자 자신이 먼저 하나님의 말씀을 듣는 경우에는 설교 자체가 힘이 있었을 뿐만 아니라 성도들도 감동되었다는 경험담을 어렵지 않게 들을 수 있다. 설교자가 자신의 말을 할 기회로서 준비된 설교는 아무리 힘이 있고 달변으로 이루어진다 해도, 또 혹시 청중들을 잠시 흥분시킬 수 있을 수도 있다. 그러나 그것은 신학적으로 용인될 수 있는 일인가? 설교자가 말하기 전에 자신이 먼저 하나님의 말씀을 듣는 것은 설교에서 가장 중요한 출발점이 된다.

뿐만 아니라 성령께서 성도들 안에서 일정한 반응을 일으키시기를 기대한다. 성령의 사역을 기대하지 않거나, 혹은 성급한 설교자들은 성도들의 반응을 인위적으로 유발시키는 데 열심을 낸다. 할렐루야, 아멘 등을 강제적으로 유발하게 하는 행위가 그것이다. '믿습니다', '축원합니다'와 같은 술어들을 남발하는 것도 같은 것이다.

사실 설교할 때 아무런 반응이 일어나지 않으면 강연할 때와 같은 건조한 느낌을 갖게 될 수 있다. 준비한 원고를 읽거나 설명하고 끝나게 되어 단조롭게 느껴지거나 또는 청중들의 냉담한 반응으로 인해 설교자가 힘을 잃게 된다. 설교에서의 역동성을 위해서 많은 설교자들은 청중들의 반응을 확인하고 싶어 한다. 소위 대화식 설교는 바로 이러한 점을 보완하기 위해서 고안되었다. '아멘'은 설교자가 하나님의 행위를 올바로 선포했을 때 성도들이 그것을 옳다고 인정하게 될 때 저절로 나오는 것이 자연스럽다. 설교는 설교자의 의도를 관철시키는 수단이 아니라 하나님의 행위와 그의 말씀을 선포하는 것이며 하나님이 직접 말씀하시는 것이기 때문이다. 그러므로 설교자는 하나님을 기대하는 마음으로 설교해야 한다. 설교가 지나치게 설교자만의 계획에 따라 구성되고 또 그것이 듣는 성도들에게서 나타나기를 기대하게 될 때, 설교는 하나님의 말씀이 아니라 설교자의 주장이나 화려한 말잔치로 끝나게 된다.

하나님의 말씀과 그 행위를 선포하고 또 하나님에 대한 지식을 전달할 목적으로 설교하려는 사람들이 잊지 말아야 할 점이 있다. 시몬 베드로가 예수에 대한 고백에서 "주는 그리스도시요 살아 계신 하나님의 아들이니이다"라고 했을 때, 예수님은 "이를 네게 알게 한 이는 혈육이 아니요 하늘에 계신 내 아버지시니라"(마16:17)라고 말씀하신 내용이다. 다시 말해서 우리가 아무리 좋은 설교를 한다 해도 청중들로 하여금 하나님을 참으로 알게 하신 이는 하나님이시다. 성령이시

다. 자연인이 기독교인이 되는 것은 성령의 사역으로서 신비요 기적이
다. 설교자는 하나님의 이러한 역사를 기대하며 설교한다. 그러므로
사도 바울은 이러한 일을 가리켜서 성령이 아니시면 예수를 주님이라
고 고백할 수 없다고 말한 것이다(고전12:3).

설교 안에서 설교자만 기대하는 것은 아니다. 청중들 역시 기대한
다.43) 물질적인 복과 같은 유형적인 복에 대한 잘못된 기대가 없지 않
으나, 청중들의 가장 우선되는 기대는 구원이다. 말씀을 통해서 자신이
구원받은 존재임을 끊임없이 확인받고 싶어 한다. 곤고한 삶의 굴레로
부터 벗어나 구원받은 존재로서 인식하기를 기대하는 것이다. 새로운
현실을 보기를 원하지만 그것이 자신의 경험과 전혀 다른 피안적인 것
보다는 현실을 새롭게 볼 수 있도록 하는 의미를 발견하고자 한다. 그
럼으로써 하나님과 성경에 대한 지식이 늘어갈 뿐만 아니라, 확장된
지식을 통해 자신의 현실을 보다 분명하게 이해하기를 원한다. 설교를
통해서 설교자가 자신을 이해하고 있다는 느낌을 기대한다.

현대인들은 각각의 삶의 현장에서 많은 스트레스와 상처들을 받는
다. 신앙이 없다면 그런대로 이런 문제들을 해결할 수 있는 방법들을

---

43) Hoefer는 『복음적 설교』의 서론 부분에서(9-10) "평신도의 호소"를 싣고
  있는데, 이 글로부터 평신도들이 설교로부터 기대하는 것이 무엇인지를
  조금이나마 짐작할 수 있다. 이 글에서 나타난 평신도는, 무엇보다 먼저는
  설교 안에서 능력 있고 인간의 어떤 것도 가미되지 않는 순수한 하나님의
  말씀이 선포되기를 기대한다. 둘째, 일상적인 삶과는 다른 관점, 다른 내
  용이 선포되길 기대한다. 셋째, 신앙의 갱신을 유발시키는, 내일을 준비할
  수 있는 그런 말씀을 듣기를 원한다. 넷째, 설교자가 설교 속에서 청중과
  분리되어 단지 청중에게 요구하기보다는 설교자나 청중이 공동으로 직면
  하고 있는 현실을 향한 선포이기를 기대한다. 그리고 다섯째, 청중들의 영
  성을 울리고 깨울 수 있는 설교이기를 기대한다. 이 내용을 통해서 우리
  는 청중들이 기대하고 있는 것은 설교의 내용과 설교자, 공명과 공감 있
  는 설교, 설교자와 청중과 관계된 것으로 궁극적인 목표는 자신들의 새로
  운 삶에로의 결단과 해방에 있음을 알 수 있다.

찾겠지만 기독교 문화는 아직 이런 상황에서 적절하게 해소할 만한 문화나 문화적인 공간이 마련되어 있지 못하다. 유일한 해결책으로 성도들은 대개 자신들의 문제를 교회로 가지고 온다. 요즘에는 목회상담에 대한 인식이 널리 퍼져 목회자나 전문 상담가를 찾아가서 자신의 문제를 해결할 방법을 강구하지만, 아직까지 대부분의 성도들은 기도를 통해서나 설교를 듣는 가운데 해결되거나 치유되기를 원한다. 문제가 해결되어 기쁨과 해방감을 안고 삶의 새로운 차원을 경험하기를 원한다. 이를 위해 설교자가 하나님을 바르게 선포할 것을 기대하며, 또한 자기 자신을 향해서는 말씀을 통한 새로운 깨달음과 자신의 삶의 변화를 기대한다.

이러한 일련의 기대들이 충족되지 못할 때 청중들은, 그 영성의 민감함에 따라서 때로는 죄책감에 사로잡히게 되고, 때로는 설교자에 대한 불만을 토로하게 된다. 과거에는 설교에 대한 불만 자체를 '불신앙'과 동일하게 여겼기 때문에 누구도 쉽게 설교에 대한 불만을 토로할 수 없었다. 주일을 지켜야만 하기 때문에 어쩔 수 없이 들어야만 했다. 그러나 이제는 '성수주일'이라는 명목으로 이루어지는 교회출석 의무 하나만으로 청중들을 붙잡아 둘 수 있는 시대는 지나갔다. 청중들의 교육수준이 높아지면서 새로운 인식이 요구되고 있을 뿐만 아니라 또한 주일 개념도 바뀌어 가고 있다. 특히 일부 사업체에서 시작되고 점차로 확산되어 갈 것으로 예상되는 주 5일 근무제를 감안해 본다면 기대감을 충족시켜 주지 못하는 단순한 설교로는 세상을 향해 나아가는 교인들을 붙잡아 둘 수 없게 될 것이다. 설교와 교회출석과의 밀접한 상관관계가 구체적으로 나타나게 될 것으로 생각된다.

그 밖에 깊이 있는 성경공부와 제자교육 그리고 각종 세미나 등은 성도들을 유형적 '교회'로부터 자유롭게 만드는 데 큰 기여를 했다. 이

사 후에 여러 교회를 탐방하며 적절한 교회를 선택하는 성도들이 늘고 있고, 철새처럼 좋은 설교를 따라 이 교회 저 교회로 오가는 성도들도 늘어나고 있다. 설교자들도 청중들이 설교에 대한 큰 기대를 갖고 예배에 참석하고 있음을 직시해야 한다. 청중들의 기대에 부응하기 위해 한편으로는 설교자가 성실하게 준비하고 또 바르게 선포해야겠지만, 다른 한편으로는 청중들의 기대를 구체화시킬 수 있는 방법이 강구될 필요가 있다. 청중들과는 전혀 무관한 설교자만의 관심을 반영하는 추상적인 설교는 어떠한 경우든 피해야 한다. 그렇다고 해서 설교가 청중들의 관심과 기대에 종속될 필요는 없다. 설교자들은 현실을 바로 인식하고 그 시대를 향한 하나님의 말씀을 선포할 과제를 갖기 때문이다. 사실 청중들의 관심과 기대를 설교자들이 앞서서 단정을 짓지 않는 것이 중요하다. 설교를 통해서 청중들의 관심과 기대를 지도할 수도 있고, 때로는 섣불리 판단해서 그에 맞추어 설교를 준비하다 보면, 하나님을 선포하는 것이 아니라 사람의 마음에 드는 설교로 끝날 수도 있게 된다. 때로는 잘못된 기대로 인해서 설교의 흐름이 흩어질 수도 있고 또 설교의 균형이 깨질 수도 있다. 청중들의 기대를 의식하는 것은 당연하지만 설교자에게는 무엇보다 먼저 하나님을 향한 기대가 우선이다.[44]

간단하게 말하자면, 설교자의 기대와 청중들의 기대는 한편으로는 인간인 설교자들을 향한 기대이지만, 신학적으로 볼 때 그것은 성령의 사역에 대한 기대이다. 인간을 향한 기대는 교회와 목회윤리를 통해서

---

44) 참고: H. E. Hoefer, 『복음적 설교』, 26: "하나님과 자신 및 다른 사람들과의 새로운 생활에 대한 갈망을 일으키는 것은 바로 성령의 임재이다. 이러한 투쟁 가운데서 우리에게[설교자에게] 희망을 주는 것은 바로 성령의 임재이다. 우리로 하여금 서로 허심탄회하게 또한 기대감을 갖고 얘기하도록 신뢰심을 주는 것은 바로 각 사람 안에 있는 성령의 임재이다."

148

마련될 수 있지만, 성령의 사역에 대한 기대는 말 그대로 기대할 수밖에 없다. 특히 루돌프 보렌(Rdudolf Bohren)의 설교학에 의해서 매우 분명하게 강조되었지만, 설교에서 성령의 사역은 아무리 강조해도 지나치지 않는다.

특별히 바울이 말하는 '영과 문자'와의 관계는 설교가 결코 언어만을 매개로 이루어지는 사건이 아님을 단적으로 말해 준다. 기본적인 언어의 수준을 넘어서 성령의 사역에 대한 확신과 기대는 설교자와 청중 모두를 문자의 억압으로부터 해방시켜 준다. 기도는 이러한 기대에 대한 가장 적절한 태도이다. 설교자가 설교와 청중들을 위해 기도하고 청중들은 설교자를 위한 기도에 열심을 낼 때, 설교자나 청중 모두가 하나님의 말씀을 들을 수 있게 된다.

3) 교회 안에서 설교의 자리매김: 예배, 교육, 상담과의 관계

가) 설교와 예배[45]

설교는 하나님의 말씀과 행위를 선포하는 것이기도 하고 하나님의 말씀 자체이기도 하다. 선포는 예배 안에서 이루어진다. 그러므로 양자의 상호 관계가 고찰되어야 마땅하다. 설교가 예배 안에서 중요한 위치를 차지하게 된 것은 종교개혁 이후의 일이지만 설교가 예배와 갖는 관계를 신학적 문제로서 깊이 인식한 것은 그렇게 오래되지 않았다. 독일의 실천신학자 요수티스는 "설교와 예배의식, 케리그마와 의례 사이에는 어떤 관계가 있는가"라는 물음을 제기하면서[46], 여러

---

45) 참고: 총회목회신학원, 예배와 설교, 유니온학술자료원, 1990; 정일웅, 『기독교 예배학 개론』(도서출판 이레서원, 2000), 271ff.
46) 독일 실천신학자 요수티스는 독일 신학자로서는 예외적으로 설교와 예배를

가지 대답을 통해 자신의 주장을 전개해 나갔다.

예컨대 "의례는 케리그마가 현재 작용하기 위한 방법적인 전제이다"[47]라고 주장했다. 설교를 하나님의 말씀으로 듣게 해 주는 것은 설교의 '삶의 장'이 예배이기 때문이다.[48] 예배 밖에서 이루어지는 설교가 있다면 그것은 강론이나 강연이다. 그러므로 "설교는 예배를 통해 정의된다."[49] 예배는 상징을 통해서 하나님의 행위를 재연하고 또 그것의 반복을 기대하는 가운데 사건으로 경험되는 장이다. 하나님의 임재와 행위를 단순히 상징만 하는 것이 아니다. 의식을 통해서 진행되기 때문에 상징적인 의미를 갖는 것으로 비쳐질 뿐이다. 예배는 하나님의 임재를 기대하며 혹은 그의 영적 임재와 더불어서 일어나는 사건이다.[50] 예배에서는 "거룩함의 실제가 나타난다."[51] 하나님이 임재하시는 곳에 예배가 있는 것이지 예배라는 형식이 하나님의 임재를 보장해 주지 못한다. 그러므로 최근에 유행하는 형식에 구애받지 않고 자유롭게 드리는 모임을 '집회'라고 하고 일정한 형식을 갖춘 모임만을 '예배'라고 말하는 것은 하나님과의 관계에서 이루어지는 예배를 지나치게 격식화시킨 결과이다. 어떤 모임이든 주의 이름으로 모이고

강조하고 있는데, 다음의 글을 참조: 만프레드 요수티스(Manfred Josuttis), "설교와 예전: 예배 의식에 있어서의 하나님의 말씀", 『창조적인 목회를 위한 실천신학』(하우실트, 이영미, 슈뢰터 엮음, 한들출판사 2000), 193–211, 198.

47) M. Josuttis, "설교와 예전: 예배 의식에 있어서의 하나님의 말씀", 200.

48) 참고: M. Josuttis, "설교와 예전: 예배 의식에 있어서의 하나님의 말씀", 204: "예배 의식은 설교와 관련하여 어떤 중요한 역할을 하는가? 예배 의식은 하나님의 말씀이 선포될 수 있는 시간과 공간을 형성한다. …… 시간적인 구조와 공간적인 구조를 조정함으로써 하나의 특별한 현실이 열려지도록 계기를 마련해 주는 것이다."

49) M. Josuttis, "설교와 예전: 예배 의식에 있어서의 하나님의 말씀", 200.

50) 참고: 졸고, 『신학과 목회, 그 뗄 수 없는 관계』(씨엠, 2001), 89–135.

51) M. Josuttis, "설교와 예전: 예배 의식에 있어서의 하나님의 말씀", 206.

또 그곳에서 기도와 찬양이 이루어지고 또 복음의 말씀이 선포된다면, 즉 하나님이 하나님으로 인정되고 하나님에 대한 찬양이 있고 하나님의 은혜가 선포된다면, 그것은 예배라 부를 수 있다. 아무리 그럴듯한 형식을 갖추고 있어도 하나님의 임재가 없다면 예배라 부를 수 없다. 사건이 예배를 규정하는 것이지 예배가 사건을 불러일으키지 못한다. 그러므로 '예배'란 모임의 형식적 개념이 아니라 내용적 의미를 담는 신학적 개념이다. 하나님의 임재와 하나님 경험 그리고 그에 따른 인간의 반응을 바탕으로 규정되는 개념이다. 하나님 경험을 갈망하기는 하되 그것이 나타나지 않는 시대에서는 제도와 형식을 통해 그것을 메워 보려는 시도가 이루어진다. 기독교인들은 이러한 현상에 대한 경계의 자세를 결코 늦추어서는 안 될 것이다.

최근에 전체적으로 나타나는 바람직한 경향이지만, 예배가 교회력에 따라서 이루어지고 있다.[52] 교회의 절기와 행사가 예배의 성격을 결정하는 것이다. 예배의 성격에 맞는 설교가 되어야 한다는 점에는 누구도 이의를 제기하지 않는다. 그러나 사실적으로 보면 예배의 성격과 설교가 너무 동떨어져 있는 경우가 많다. 사실 설교자들에게 매우 큰 부담을 안겨 주는 것은 절기예배를 위한 설교이다. 성탄절, 수난절, 종려주일, 부활절, 오순절, 맥추감사 및 추수감사절 등과 같은 해마다 반복되는 절기의 메시지는 한정되어 있지만 그렇다고 해서 매년 똑같은 메시지를 전할 수는 없기 때문이다. 절기 설교 모음집이 나오고 있어 설교자들의 부담을 덜어 주고 있지만[53] 현실적으로 보면 설교자

---

52) 예배와 교회력에 대해서는 다음을 참고: 정일웅, 『기독교 예배학 개론』(도서출판 이레서원, 2000), 235ff: 이정훈, 『한국의 그리스도인을 위한 절기예배 이야기』(대한기독교서회, 2000).

53) 한남대학교 기독교문화연구원에서는 절기 설교 집을 기획·편집하여 출판하고 있다. 지금까지 출판된 설교집은 다음과 같다. 『설교로 이해하는 종

들은 진지하고 의미 있고, 때로는 즐겁고 기쁘기만 해야 할 절기예배에 대한 큰 부담감을 안고 설교를 준비하고 있다. 절기 설교를 위해서 절기 설교모음집 등이 참고되기도 하지만 근본적인 해결책은 되지 못한다. 절기 설교를 준비하기 위해서는 먼저 절기와 연결된 신학에 대한 깊은 성찰이 요구된다. 그리고 시대상황과 현실에 대한 적절한 이해를 준비하는 것은 설교 준비에 큰 도움이 된다. 절기에는 분명한 메시지가 이미 결정되어 있기 때문에 청중들은 그 메시지를 이미 알고 있다. 그럼에도 불구하고 무언가 새로운 것들을 기대하며 예배에 참석한다. 청중들이 기대하는 것은 동일한 말씀이라 하더라도 이 시대의 상황 속에서 살아 숨 쉬는 말씀으로 다시 듣기를 원하는 것이다. 당시 사회의 화두와 연결시키는 것은 반복되는 절기를 새롭게 볼 수 있는 안목을 갖게 한다. 사실 이러한 점은 절기 설교에만 제한되는 것은 아니다. 설교는 현실과 대화적인 관계 속에 있을 때 비로소 생명력 있고 또 감동을 줄 수 있다. 그러나 여느 주일과는 달리 절기 때에는 특별한 준비가 요구된다. 예배와 설교의 상관관계를 생각해 본다면, 절기예배의 형식을 다양하게 구성해 보는 것도 바람직하다.

나) 설교와 교육

기독교 교육은 성도들로 하여금 하나님을 알게 하고 그의 과거적 행위를 숙지시키면서 하나님의 말씀과 임재에 반응하게 한다. 기독교적 가치에 대한 확신을 갖게 하고 삶 속에서 구현할 수 있는 능력을 개발시키며 결실 있는 삶을 준비시키는 일련의 양육과정이다. 교육 자체를 통해서 신앙을 불러일으키지는 못하지만 신앙에 도전을 주고 그

교개혁』, 『오소서 성령이여』, 『위로하라 내 백성을』

것이 자라나도록 돕기 때문에 설교가 기독교 교육적으로 고려되는 것은 매우 중요하다. 교육은 삶의 변화와 변화된 삶을 유지하는 데 크게 기여하기 때문이다. 뿐만 아니라 말씀을 받아들이는 청중들이 결국에는 설교에서 전달되는 내용과 관련해서 볼 때 피교육자적인 상황과 심리적인 부분을 보여 주기 때문에 설교전달에 있어서 '어떻게'라는 질문과 관련해서 교육학적 고찰은 필수적이 아닐 수 없다. 그러나 과거에만 집착하는 교육은 생명력을 갖지 못한다. 오늘날에는 현재와 미래의 문제를 충분히 헤아릴 뿐만 아니라 그 문제를 해결할 수 있는 능력을 가진 자들이 절실하게 요청되고 있는 점을 생각해 본다면 기독교 교육에서도 창의적이고 진취적인 사고를 형성하기 위한 교육이 요구된다. 바로 이러한 측면에서 내용과 관련해서 교수법이 중요하게 여겨지게 되는 것이다. 설교의 내용에 아무런 문제가 없다는 것을 전제할 때, 교육의 핵심 문제는 결국 교수법이 된다는 말이다. 따라서 교육학은 그 목표가 올바르게 달성될 수 있도록 여러 가지 다양한 교수법을 계발해 왔다. 그러나 현실은 그 교수법이 그대로 실행될 수 있도록 되어 있지 않다. 대학에서 배우는 교수법은 단순히 참고자료며 이상적인 것이 될 때가 대부분이다. 그러므로 교수법은 가르치는 사람만큼이나 다양하다고 보면 정확하다. 중요한 것은 교육의 목표가 분명하게 달성될 수 있고 또 그것을 어떻게 확인할 수 있는가 하는 것이 좋은 교수법과 그렇지 않은 교수법을 분별하는 기준이 될 것이다.

흔히 설교를 통해서 성도들을 교육하려는 목회자들도 발견된다. 물론 교리를 설교를 통해 전달하는 교육설교(didatic preaching)가 있고 또 설교에 교육의 기능이 없지는 않다. 그러나 특별한 경우가 아니라면 교육을 위한 설교 준비는 가능한 한 삼가야 한다. 설교를 통한 교육은 대개가 일방적이고 또한 주입식이 되기 쉽기 때문이다. 설교를 교육의

기회로 삼기를 원하는 설교자는 무엇보다도 한 인간을 훌륭한 신앙인
으로 만드는 것을 목적으로 하고 있고 교육 역시 신앙교육을 지향하기
때문에 상관없다고 말한다. 그들은 교육을 인간의 잠재력을 발견하고
최고의 조건으로 향상시켜 그것을 교회 안에서 유용하게 사용할 수 있
도록 훈련시키는 것으로 이해한다. 그들은 교육을 통해서 인간을 기독
교인으로 변화시키려고 한다. 기독교적인 교양을 갖춘 인격체로 키워
내려는 것이다. 그러나 예배는 우리 자신을 위한 모임이 아니다. 하나
님께 찬양 드리기 위한 것이고 또 그의 나타나심을 인정하며 기대하며
하나님을 만나기 위한 것이다. 이러한 예배에 걸맞은 행위는 교육이 아
니라 설교이다. 교육은 하나님의 영광을 지시하는 것이고 그의 나타남
에 대한 바른 태도를 준비시키는 것이다. 교육은 신앙을 불러일으키지
못한다. 그것은 설교를 통해서 이루어진다. 설교가 교육의 한 방편으로
전락될 경우, 설교는 교육현장을 무시하는 교수법이 거부되고 마침내
는 폐기되는 것과 마찬가지의 운명을 겪게 될 수도 있다.

　　한편, 예배에서 교육적인 기능을 회복해야 한다고 주장하는 사람들
이 있다.[53] 이들의 견해에 따르면 설교 역시 교육적인 기능을 갖게
된다. 사실 설교를 교육적인 측면으로 가득 채울 수는 있다. 그렇다고
해서 청중들로부터 직접적인 거부반응이 나타나는 것은 아니다. 기독
교 교육 자체가 기독교의 기본적 원리를 가르치고 또 바른 삶 모두를
강조하기 때문이다. 교육에 소위 '양육' 개념이 중요하게 부각되면서
나타난 현상이다. 실제로 가르침이 중심이 되는 설교가 현실이나 혹은
청중들의 풍성한 삶과 무관하게 되면 교조적이고 또 건조하게 들리게

---

53) John H. Westerhoff and William H. Willimon, *Liturgy and Learning
　　Through the Life*(New York: Seabury, 1980); Robert L. Browning and
　　Roy A. Reed, *The Sacraments in Religious Education and Liturgy*
　　(Birmingham, Albama: Religious Education Press, 1985).

154

된다. 이런 점이 배제될 수만 있고 또 항상 그런 설교가 이루어지는 것이 아니라고 한다면, 설교는 교육의 한 방편으로 이루어질 수 있다.

그러나 엄밀히 말해서 설교는 교육이 아니다. 교육은 현재와 미래에 대한 단언적 진술을 할 수 없다. 기껏해야 과거에 대한 인식을 통해서 현재를 분석하고 미래에 대한 가설을 세울 수가 있다. 그러나 설교는 단언적 진술로 이루어진다. 가설이 아니라 하나님의 과거적, 현재적 그리고 미래적 행위를 확신을 갖고 선포한다. 또한 교육은 현재의 제도 안에서 이루어진다. 개혁과 변혁을 위한 교육은 현실적으로 가능하지 않다. 역사적으로 살펴볼 때 개혁은 언제나 제도권 밖의 사람들로부터 시작되었다. 혹은 현행 제도를 넘어서는 새로운 모습을 보고 인식했던 사람들을 통해서 이루어졌다. 개혁과 변혁은 교육에 덧붙여서 새로운 세계에 대한 믿음과 기대를 통해 가능한 것이었다.

개신교 신학사를 보면 교육이 목회사역의 대부분을 차지했던 시대가 있었다. 계몽주의적인 합리주의를 거쳐 자유주의 신학이 절정에 이르렀던 19세기였다. 이 시기의 신학생들은 목회자가 되기보다는 교육자가 되는 것을 선호했다. 설교보다는 교육을 통한 인간형성을 구상했다. 교육을 통해서 이 세상을 도덕적, 윤리적 세계로 바꿀 수 있다고 믿었다. 이러한 태도는 그들이 하나님의 나라를 윤리적으로 완전한 세계로 이해했기 때문이었다. 그들로부터는 종말에 대한 어떠한 기대를 찾아볼 수 없었다. 예수의 사역이 천국, 즉 종말에 집중되어 있다는 연구가 발표되면서 이러한 경향은 수그러지게 되었다. 이러한 시도는 얼마 가지 못해서 무너지게 되었다. 사실 이런 식의 교육관은 세속적인 교육과 전혀 다를 것이 없다. 일반 교육은 건전한 교양을 갖춘 사회인을 양성하는 것을 목적으로 한다. 한 국가와 사회 안에서 정상적인 기능을 할 수 있으면서 인격적인 교양을 갖춘 그런 인간형을 겨냥하고 있다. 세계화의 경향으로 인해 요즘에는 그 무대가 더욱 넓어져서 세계인을 양성하는 것을 목적으로 삼는 것 같다. 간단하게 말해서 세속적인 교육은 덕성교육의 요소가 있지만 대부분 인지교육이며 기능교육이다. 지식을 습득할 수 있고 또 바른 기능을 수행할 수 있는 인간을 만들어 내는 것을 목적으로 하기 때문이다. 그러나 기독교적 의미에서의 교육은 신앙인격을 위한 교육이다. 인지나 기능교육에 제한되지 않는다. 하나님을 바로 알고 그에 따른 올바른 반응, 즉 창조적이면서도 하나님을 소망하며 살아가는 삶을 가능하게 하는 데 그 목적을 두고 있다.

다) 설교와 상담

상담이란 심리학 이론을 매개로 해서 그리고 대화를 통해서 건강한 삶을 방해하는 문제들을 해결하여 정상적인 삶을 살아가도록 돕는 행위이다. 목회적 차원에서 이런 돕는 행위는 하나님의 생명회복의 노력에서 비롯된다. 설교자들이 설교를 통해서 기울이는 목회상담적 노력은 하나님의 생명회복을 위한 사역이 분명하게 드러나도록 하는 것일 뿐이다. 이런 노력이 스며들어 있는 설교가 청중들의 집중을 끌게 되는 것은 당연한 결과이다. 자신의 문제가 다루어질 뿐만 아니라 하나님으로부터의 치유와 회복을 경험하게 되기 때문이다. 오늘날 심리학이나 정신분석학과 관련된 책들이 쏟아져 나오는 이유는 현대인들의 관심이 자신의 손상된 관계와 자신의 숨겨진 문제들 그리고 그런 문제들로 인해서 무력하게 된 자신에게 집중되어 있음을 말해 준다. 현대인들의 관계 손상이나 단절의 심각함을 반영해 주기도 한다. 실제적으로 현대인들은 온갖 스트레스로 인해 정신적 질환을 조금씩은 앓고 있다. 이것은 직접적으로는 관계 손상에 기인하고 또 다른 관계가 침해되는 결과로 나타나지만, 간접적으로는 삶의 문제라는 형태로 표면적으로 나타난다. 그러므로 청중들의 집중을 끄는 설교를 분석해 보면 그 대부분이 청중들이 안고 있는 문제들을 언급했을 때임을 알게 된다. 인간이해가 깊은 설교자로부터 좋은 설교가 기대된다. 게다가 자신들의 문제가 설교자에 의해서 간과되거나 판단되지 않고 이해되고 받아들여진다면, 특히 성경 이해에 근거해서 해결된다면 청중들은 더욱 큰 감동과 확신을 안고 돌아간다.

"오늘 말씀을 통해서 하나님의 큰 은혜를 깨달았어", "감동적이었어!", "오늘 설교는 나를 위해 준비된 하나님의 말씀이었어." 설교가 은혜롭다거나, 감동적이었다거나, 나를 위한 말씀으로 들렸다는 말은 그들이 말씀을 듣고 흥분되고, 위로를 받고, 혹은 새로운 삶의 목표와 방향을 깨달았을 때에 나타나는 표현이다. 마음에서부터 비롯된 것들이다. 마음의 감동과 울림이 없으면 가능하지 않은 표현이다. 이러한 표현들은 목회상담이 설교에서 얼마나 중요한 역할을 하는지를 보여 준다. 다시 말해서 설교자는 청중들 개개인의 필요와 곤고함에 직면했을 때 위로하시는 하나님이 그들과 함께 계신다는 위로의 말씀을 통해서 청중들을 다시금 바로 세우기 위해 노력한다. 상담은 대개 개인 상담으로만 인식되고 있고 또 그러한 방향에서 연구가 집중되어 있다.54) 그러나 아직은 개인 상담 문화가 사회와 교회 안에서 정착되어 있지 않은 현실에서 설교를 통한 간접적인 상담은 설교에 대한 집중력을 높여 주고 설교에 대한 기대감을 높여 준다. 또한 목회자가 성도들과 충분한 대화의 시간을 가질 수 없는 현대적인 상황에서 그리고

---

54) 대표적으로 E. Thurneysen은 *Seelsorge im Vollzug*(Zürich 1968) [박근원 역, 『현대목회실천의 원리와 방법』(한국신학 연구소, 1993)]에서 목회상담을 개인과 개인의 만남 속에서 이루어지는 사역으로 이해했다.

프라이버시 문제로 인해 목회자에게 쉽게 드러내 놓을 수 없는 문제여서 쉽게 상담의 문을 두드릴 수 없을 때 설교자가 청중들의 영적인 문제들에 깊은 관심을 갖고 위로와 치유의 말씀을 선포한다면 직접적으로는 개인 상담에 대한 의욕을 불러일으킬 수도 있다. 때로는 신앙생활에 새로운 활력소를 공급할 수 있게 된다.[55]

여기서 우리는 설교가 어떻게 상담효과를 갖게 되는지에 대해서 고찰해 볼 필요가 있다. 이 문제와 관련해서 주목할 만한 연구는 특히 프로이드에게서 나타난 반기독교적인 경향이 수정된 이후 정신분석학과 신학의 관계가 개선됨으로써 활성화되었다. 내담자 중심이론이 신학과 어떠한 관계를 갖는지에 대해서는 토마스 C. 오든이 『목회상담과 기독교신학』에서 다루었는데, 그는 "효과적인 정신 치료 속에 암시적 가설로서 숨어 있는 것이 기독교의 말씀 선포에서는 명료하게 드러난다"고 주장했다.[56] 다시 말해서 효과적인 정신치료는 환자의 자기 노출을 바탕으로 이루어지는데, 왜냐하면 환자는 거리낌 없는 자기 노출을 통해서 자기 자신을 이해하고 인격적 통일성을 방해하는 요소들을 제거할 수 있게 되기 때문이다.

그런데 이것은 기독교 신학에서 하나님의 자기 계시로서의 행위를 통해 인간들이 자기를 이해할 수 있게 되는 것과 유비적인 이해관계

---

55) 참고: Christian Möller, *Seelsorglich Predigen*. Göttingen 1983 ²1990. 토마스 C. 오든, *Kerygma and Counseling*(1966) [이기춘 역, 『목회상담과 기독교신학』, 다산글방, 1999], 특히 29ff.

56) 토마스 C. 오든, 『목회상담과 기독교신학』, 12. 오든은 자신의 주장을 다음과 같이 정리했다(28): "첫째, 정신 치료가 효과적으로 이루어지기 위해서 치료는 존재 그 자체에 근거를 두고 있는 수용적 실재(accepting reality)를 내담자에게 중재해 주어야 한다. 둘째, 존재 그 자체 안에 있는 수용적 실재는 기독교의 말씀 선포가 명시적으로 증언하는 사건 속에 그 자신을 계시했다. 그러므로 셋째, 효과적인 모든 정신 치료가 암시하는 존재론적인 가정은 기독교의 선포 속에 명시적으로 드러나고 있다."

158

에 있으며 이것은 곧 하나님의 자기계시적 행위를 선포하는 것이 정
신 치료 효과를 가져 올수도 있다는 말이다.

한편, 심리학과 신학의 관계 개선에 크게 기여한 대상관계이론
(Object Relationship Theory)은 신앙형성이나 형태가 성장 과정에서
맺어진 관계에 영향을 받을 수 있다는 주장이다.57) 이 이론에 따르면
성도들의 건강한 신앙형성을 돕는 목회자들이 성도들의 관계가 회복
되거나 수정되고 혹은 재정립되는 것에 깊은 관심을 가져야 할 이유
가 분명하다. 성도들은 관계 속에서 살고 있고 그 관계 속에서 기쁨이
나 슬픔, 행복과 불행, 만족과 불만을 경험하며, 또 그 경험 속에서 자
기 신앙의 현주소를 파악하는 경향이 있기 때문이다. 개별적인 목회상
담을 통해서 구체적으로 치유되고 회복의 과정을 거치는 것이 당연하
겠지만, 치유와 상담에 관심을 갖는 설교자들의 신학적인 토대에 뿌리
를 둔 깊은 인간이해를 통해 준비된 설교를 통해서도 집단적인 치유
와 회복이 이루어질 수도 있다.58)

---

57) 정신분석학과 종교의 대화를 모색하는 대상관계이론이란 개인의 초기 대상
관계가 내면화되고 내면화된 관계가 후기 발달 및 대상 선택과 관계에 영
향력을 행사한다고 보면서 인간관계를 분석하고 서술하는 심리학 이론이
다. 참고: Michael St. Clair, *Human Relationships and the Experience of
God(1994)* 『인간관계 경험과 하나님 경험』(이재훈 역, 한국심리치료연구
소, 1998). Harry Guntrip, *Personality Structure and Human Interaction*,
New York, International Universities Press, 1961. John McDargh, *Psycho-
analytic Object Relations Theory and the Study of Religion*, Lanham,
Maryland, and London, University Press of America, 1983. W.W.Meisner,
Life and Faith: Psychological Perspectives on Religious Experience,
Washington, D.C., Georgetown University Press, 1987. Ana-Maria Rizzuto,
"Afterward", *Object Relations Theory and Religion: Clinical Application*,
Ed. by Mark Finn and John Gartner, Westport and London, Praeger,
1992, 155-175.
58) 참고: 윤관현, 『전인치유를 위한 목회상담설교에 관한 연구』, 호남신학대

한편, 설교가 상담의 관계를 고려해 볼 때 설교자에게 일반 심리이론에 대한 지식이 필수적인가 하는 질문이 제기된다. 최근에는 목회상담의 중요성이 강하게 인식되어 신학교 내에서도 일반 상담이론이 교수되고 있지만, 사실 일반 심리이론과 신학[59], 혹은 성경과의 관계[60]에 대한 바른 태도와 견해를 갖는 것이 그렇게 간단하지만은 않다. 상관관계에 있어서 설교자들에게 가장 중요한 관심은 기초에 향해지는 것이 바람직하다. 다시 말해서 아무리 많은 심리학적인 이론으로 청중들의 심리와 이상행동들을 이해하고 또 치유한다고 하더라도 일련의 이해와 치유행위는 반드시 성경적이고 기독교 신학적인 근거를 가져야 한다는 것이다. 성경적 상담과 일반 심리 상담과의 차별화는 문제인식과 진단을 어떻게 근거 짓는가에 좌우된다는 점을 명심할 필요가 있다.

지금까지 우리는 '현실로부터 본문을 향해 나아가는 설교'에 대한 이해로부터 출발해서 설교의 정의를 '공감과 공명을 주는 설교'라는 관점에서 설교의 정의를 시도해 보았다. 앞으로는 '현실로부터 본문을 향해 나아가는 설교' 형태가 전통과의 관계 속에서 어떻게 자리매김되는지를 알기 위해 먼저 여러 설교형태들과 설교형태를 결정짓는 요소들에 대해서 개괄해 보도록 하겠다.

학교 목회대학원, 석사학위논문, 1996; 여완, 『21세기목회를 위한 상담설교의 가치』, 장로회신학대학교 교역대학원, 석사학위논문, 1999.

59) 심리학과 신학의 관계에 대한 연구에 대해서는 다음을 참조: Thomas C. Oden, *Kerygma and Counseling*(1966) [이기춘, 김성민 역, 『목회상담과 기독교신학』, 다산글방, 1996]; James William Jones, *Contemporary Psychoana-lysis & Religion*(1991) [유영권 역, 『현대 정신분석학과 종교』, 한국심리치료연구소, 1999].

60) 이 분야에 대한 연구로는 다음의 글이 탁월하다: Lawrence J. Crabb, *Understanding People*(1987) [윤종석 역, 『인간 이해와 상담』(두란노, 1996)].

설교형태와 관련해서 앞서서 지적되어야 할 점은 설교의 형태는 예배와의 맥락에서 결정되어야 하고, 또 어느 한 가지를 절대시해서는 안 된다는 것이다. 다양한 설교형태가 강단을 통해서 발견될 때 설교에 대한 지루함을 예방해 준다. 그러나 예배의 성격과 흐름에 잘 어울리는 것이어야 한다. 물론 설교형태론이 다루어야 할 중요한 질문이 있다: '무엇이 어떤 특정한 형태의 설교를 결정하게 되는가?' 또 이 결정을 위한 어떤 원칙이 제시될 수 있는가? 대답이 쉽지 않은 질문이지만, 이 질문에 대한 대답을 찾는 노력을 통해서 설교자는 설교가 획일화되는 위험을 미연에 방지할 수 있게 된다. 설교의 형태를 결정하는 데 중요한 역할을 하는 요소는 텍스트, 즉 성경본문의 형식(서사문학, 시문학, 예언서, 지혜문학, 서신서, 묵시문학 등)과 의미(신학적 진술들, 곧 하나님의 행위), 컨텍스트(청중, 성경본문에 대한 청중들의 인지 정도, 그들의 지역적 성향 및 상황, 예배의 성격 등) 그리고 그 사이에서 결정을 내리는 설교자(설교동기, 설교목표)이다.

4. 설교형태들

설교의 내용은 일정한 설교형태를 통해 청중들에게 전달된다. 형태 없이 전달되는 설교는 산만하고 또 집중력을 떨어뜨린다. 형태는 설교의 전개를 좀더 효과 있게 만들어 주는 것으로서 한편으로는 설교구성의 한 형식이고, 다른 한편으로는 설교를 비평할 때 안내 역할을 한다. 그러나 실제적으로 어떠한 설교자도 자신이 설교하는 동안에는 형태에 집중하지는 않는다. 화가가 그림을 그릴 때 붓에 신경을 쓰게 되면 좋은 그림을 그릴 수 없는 것과 마찬가지다. 설교자가 설교 과정에서 형태에 집중하다 보면 설교를 그르치게 된다. 형태는 단순히 내용을 담는 틀에 해당되기 때문이다. 설교자가 오직 내용과 듣는 청중들에만 집중하면서 성령의 사역에 대한 기대를 갖고 설교를 행하게 될 때 설교자와 내용 그리고 청중은 가장 바람직한 상태로 하나가 되면서 청중들의 심정으로 젖어드는 설교가 된다. 경우에 따라서는 설교자가 자기 자신을 잊을 수 있을 정도로 설교자는 성령의 사역에 대한 기대 속에서 청중과 내용에 집중하는 것이 중요하다. 청중들 역시 설교를 들을 때 형태에 매이지 않는다. 그들 역시 성령의 사역을 기대한다. 그런데 청중들이 형태에 대한 사전 지식을 갖게 되면 설교의 중심적인 내용을 파악하는 데에 도움을 얻을 수 있다. 따라서 어떤 형태의 설교든 그것은 절대적이거나 고정불변한 것으로 간주되어서는 안 된다. 설교형태는 여러 가지 변수에 따라서 변할 수 있고 또 설교형태에 대한 지식은 설교연습의 과정에서 숙지되어야 하고 반복적인 연습을 통해서 몸에 익혀져야 설교형태는 설교에서 자연스럽게 우러나오게 된다.

더욱이 설교형태를 어떤 일정한 기준에 따라 분류한다는 것도 그렇게 간단한 일은 아니다. 예컨대 독일의 실천신학자인 단노브스키

(Dannowski)는 설교를 신학적인 내용에 따라서(복음적 설교와 율법적 설교, 교리적 설교와 윤리적 설교), 설교가 행해지는 장소에 따라서(선교설교와 교회설교), 본문과의 관련성에 따라서(본문 설교와 주제설교), 목적에 따라서(변증설교, 전도설교, 치유설교, 교육설교), 의사소통의 방식에 따라서(방송설교와 읽는 설교), 청중의 특성에 따라서(여성들을 위한 설교, 농촌설교, 도시설교, 정치설교, 직장설교, 휴가지 여행자들을 위한 설교), 청중들의 연령층에 따라서(청소년, 유년, 청년, 장년 설교) 분류할 수 있다고 보았다.[61] 이에 비해 곽안련은 취급방법에 따라(주해설교와 예증설교), 문제 내용에 의해(교리적, 도덕적, 경험적, 사기적(史記的), 철학적 설교), 목적에 따라(부흥설교, 아동설교, 임시특별설교, 연속설교)[62] 그리고 설교하는 방식에 따라(복고설교, 즉 성령의 인도하심에 따라 자유로운 생각을 전개하거나, 아니면 설교메모에 기초를 두어 행하는 즉석설교, 기록된 원고를 바탕으로 하는 원고설교 그리고 암송설교)[63] 구별하였다.

그러나 설교가 어떻게 분류가 된다 해도 기준에 꼭 맞는 것은 아니고, 또 각 설교형태가 서로 겹쳐지는 부분이 없는 것도 아니다. 따라서 필자는 가장 일반적으로 분류되고 있는 형식적 분류와 내용적인 분류에 따라서 설교의 현장에서 자주 사용되고 있는 설교의 형태들을 스케치해 보고자 한다.

---

61) Hans Werner Dannowski, *Kompendium der Predigtlehre*, Gütersloh 1985, 134.
62) 곽안련, 『설교학』, 263f.
63) 곽안련, 『설교학』, 375ff.

1) 형식적 분류

가) 연역적 설교(deduktive Predigt)와 귀납적 설교(induktive Predigt)[64]

설교가 연역적이냐 귀납적이냐 하는 것은 결론, 곧 선포의 위치가 어디에 오는가에 따라서 구분되는 방식이다. 앞서 강해식 설교는 연역적인 구조로 인해서 문제가 된다고 지적했다. 연역적 설교란 본문의 의미가 설교의 앞부분에서 선포되고 그 이후는 그것의 의미를 설명 혹은 해석하면서 삶에 적용하는 과정으로 이행해 나가는 것을 일컫는다. 다시 말해서 "예수 그리스도가 우리를 위해 십자가에 못 박혀 죽으셨습니다"라고 말한 후에 "우리를 위해"가 무엇을 의미하는지, "십자가"가 무엇을 의미하는지, "예수 그리스도의 죽음"이 무엇을 의미하는지를 오늘의 상황에 비추어 해석하고 오늘 우리의 삶에 적용하는 형식을 갖는다. 연역적 설교는 선포가 오늘 우리들에게 이해될 수 있게 하기 위한 방법으로 청중들이 선포를 이해하고 받아들일 수 있게 하는 것을 목적으로 삼는다. 청중들의 삶에 구체적으로 적용될 수 있기 위해서 본문의 의미가 우선적으로 분명하게 밝혀져야 하기 때문에 연역적 설교를 준비하는 과정에서는 성서 해석학이나 신학적 해석학이 매우 중요한 의미를 갖는다. 청중들이 잊고 있는 사실들을 회상시키고 신앙을 회복시키는 데 큰 효과가 있다.

이에 반해 먼저 현실이 기술되고, 그로부터 제기되는 질문을 신앙 문제로 인식하면서 문제에 대한 해결방법으로 하나님의 행위 혹은 하나님의 약속을 선포의 형식으로 설교를 마무리 짓는 방법을 가리켜서 귀납적 설교라고 말한다. 결론이 선행되지 않기 때문에 결론, 곧 진리

---

64) 참고: 박영재, 『설교가 전달되지 않는 18가지 이유』(규장사, 1998), 170ff.

인식과 발견의 과정에 설교자와 청중이 함께 참여할 수 있다. 현실을 기술하면서 분석하는 과정이 본문의 의미(해석된 본문)와 직접적으로 연결되고 또 본문이 결론으로 이어짐으로 인해 이런 설교에서는 분석적인 사고, 논리적인 전개 그리고 삶과 본문 사이에서 이루어지는 유비적인 사고가 절실하게 요구된다. 연역적 설교가 설교자와 청중이 공유하고 있는, 혹은 설교자에게 고유한 해석학적 원리에 따라서 본문을 이해하는 것에 반해, 귀납적 설교는 청중들이 함께 경험하고 있는 현실을 통해서 원리를 발견하고, 그 원리를 바탕으로 본문을 이해하는 과정이다. 진리발견의 과정을 청중들과 함께 간다는 점에서 수평적이다.

나) 본문 설교(textual sermon)과 주제설교(topical sermon)[65]

설교의 또 다른 형태로서 본문 설교와 주제설교가 있다. 이 가운데 교과서적으로 선호되고 또 강조되는 것은 본문 설교이다. 본문 설교란 설교가 단순히 본문과 '관련성을 갖는다'는 것을 의미하지 않는다. 설교 주제를 본문 안에서 도출한다는 것이며 또한 본문에 기초해서 본문의 의미를 드러내는 설교를 한다는 말이다. 본문에 충실해짐으로써 본문이 말하고자 하는 것을 전하려는 노력이다. 무엇보다도 설교의 주체가 설교자가 아니라 하나님이라는 신학적 견해에 기초되어 있다. 이 설교는 특별히 바르트(Karl Barth)와 투르나이젠(Eduard Thurneysen) 등에 의해서 매우 철저하게 신학적인 기초가 다져졌다. 이들은 상대적으로 주제(혹은 제목)설교를 비판하는 가운데 본문 설교를 강조하였기 때문에 주제설교와 비교하면 본문 설교의 의미가 더욱 명확해진다.

---

65) 참고: F. Winzter, Textpredigt und Themapredigt, in: Hg. von demselben, *Praktische Theologie*, Neukirchen 1982, 81 – 91; "본문 설교", 『예배학 사전』(정장복 외, 예배와 설교아카데미, 2000), 987ff.

한국선교초기부터 교회의 강단을 지배했고 오늘날에도 여전히 강한 영향력을 행사하고 있는 주제설교란 일정한 주제에 대한 설교를 말한다. 일정한 본문에 기초하지 않는다고 해서 '본문 없는 설교'(textlose Predigt)라고 불리기도 한다. 그렇다고 본문이 전혀 없는 것은 아니다. 본문을 성경 전체나 삶 속에서 찾기 때문에 성경과 인생에 대한 크고 넓은 안목이 있어야 제대로 된 주제설교를 할 수가 있다. 이 설교의 주제를 형성하는 것으로는 교리적인 것도 있고 시사적인 것도 있다. 여기에서는 성경본문이 우선되는 것이 아니라 대개는 주제에 따라 본문이 결정된다. 성경본문은 주제와의 관련성을 밝혀주거나 혹은 주제에 대한 저자의 의견을 지지해 주는 역할을 한다. 그러므로 설교자의 의도대로 성경이 해석되거나 설교자의 사상이 성경의 의미와 동일시될 위험이 늘 잠재하고 있다. 때로는 일정한 본문도 없이 수시로 성경이 인용되기도 한다. 성경이 설교자의 사상에 비해 부수적인 위치에 놓일 위험에 노출되기도 한다. 주제와 관련된 것이라면 성경 전체가 관심의 대상이 된다. 주제별성구 사전 등은 주제설교를 준비하는 설교자를 위해 매우 중요한 동반자가 되고 있다. 주제설교는 흔히 비신자들을 향한 전도설교에서 유용하게 사용된다. 주제설교에는 여러 다양한 문화를 관통할 수 있는 힘을 가지고 있기 때문이다. 복음이라는 것이 수용자의 현실을 간과할 수 없기 때문에 설교형태에 있어서 주제설교는 커뮤니케이션이 일어나는 현장을 매우 중요시한다. 그렇다고 주제설교에서 성경이 항상 뒷전으로 밀려나는 것은 아니다. 성경의 통일성을 전제로 하고 있기 때문이기도 하고 또한 성경 전체로부터 요약함으로써 주제를 도출해 내어 그 주제에 대한 설교가 이루어질 수도 있기 때문이다. 강해설교란 사실 독립된 설교형태는 아니다. 엄밀하게 말해서 본문 설교에 포함된다. 강해설교는 본문 설교에 주석의 과정과 강의를 도입하고 또 교육적인 측면을 깊이 반영한 것이다. 이 두 개의 설교형태는 설교에서 성경이 차지하는 위치와 정도에 따라서 분류된 것이다. 무게중심을 성경에 놓느냐 아니면 설교자와 그의 사상에 놓느냐에 따라서 나뉘는 설교의 형태이다. 그러므로 베버가 주제설교와 본문 설교 사이에서 양자택일을 강요하는 질문을 시대에 뒤진 것이라고 주장하고 있듯이[66] 설교자는 형태를 정함에 있어서 양자택일의 방식으로 생각할 것이 아니라, 본문과 청중을 고려해서 설교의 의미가 충분히 전달될 수 있는 가장 효과적인 형태를 설교자가 선택하도록 하는 것이 바람직하다.

흔히 주제설교를 '대지 설교' 혹은 '제목 설교'와 혼동하는 경향이 있는데 이것은 분명히 구별되어야 한다. 양자는 동일한 설교를 지칭하기도 하지만 분명 구별되어야만 한다. 다시 말해서, 본문 설교가 '대지설교' 혹은 '제목설교'로 행해질 수 있고, 주제설교의 경우 역시 대지설교나 제목설교로 행해질 수 있다. 대지설교 혹은 제목설교는 내용의 전개에 있어서 중심 제목을 바탕으로 서론 본론 결론으로 나누고 본론에서 3-4개의 대지를 통해서 본문이나 주제를 설명하는 형식을 갖는다.

다) 이야기식 설교[67]

청중의 변화에 적절하게 반응하여 의사소통 방식을 새롭게 채택한 설교형식으로 이야기식 설교가 있다. 이 설교형태는 1970년대에 나타난 '이야기 신학'(Narrative Theology)에 바탕을 두고 있다. 본래 이 신

---

66) O. Weber, Vom Text zur Predigt, 143.
67) 참고: Eugene L. Lawry, *The Homiletical Plot*(1980) [이연길 역, 『이야기식 설교 구성』(한국장로교출판사, 1996)]; -, *How to Preach a Parable* (1989) [이주엽 역, 『설교자여, 준비된 스토리텔러가 되자』(요단출판사, 1999)]; 김운용, 『예배학 사전』(정장복 외, 예배와 설교아카데미, 2000), 997-1004.

학적 운동은 언어철학적 사고와 발견에 기반을 두고 시작되었는데, 인
간 및 현실 이해를 반영하는 이야기의 중요성을 간파하고, 이야기를 신
학함의 방법으로 삼은 시도이다. 김운용은 '서사 설교' 안에서 이해되고
있는 '이야기 설교'(story sermon)와 '이야기식 설교'(narrative preaching)
의 형태가 현재 한국 설교학에서 혼용되고 있음을 지적하고, 개념적인
차원에서 구별해야만 한다고 주장한다.[68] 상위 개념으로 '서사설교'를
사용하고, 하위 개념으로서 '설화체 설교'와 '이야기 설교'로 구분할 것
을 제안하기도 한다.[69] '설화체 설교'란 현재 구미에서 이해하는 '이야
기식 설교'에 해당된다.

'이야기식 설교'란 이야기의 구성형식, 즉 일정한 전개과정 속에서
발단, 긴장과 이완의 단계를 거쳐 문제해결로 이어지는 플롯(plot)이
설교에 도입된 것을 일컫는다. 이에 비해 설교를 한편의 이야기로 이
해하는 '이야기 설교'에 해당되는 것을 '이야기 설교'라고 보았다. 영어
의 Story preaching, story-telling preaching, narrative preaching 등
에 대한 정리되지 않은 번역이 보여 주고 있듯이 한국에서는 아직까
지 용어에 대한 학계의 일치된 의견이 나타나지 않고 있는 현실에서
용어의 통일에 기여하는 중요한 의미를 갖는다. 용어에 대한 이러한
구분은 설교본문이 비록 이야기로 되어 있지 않다고 해도 설교는 이
야기식으로 이루어지는 형태의 설교에 대한 이해를 가능하게 해 준다.

한편, 이러한 유용한 측면에도 불구하고 결코 지나칠 수 없는 문제
가 있다. 김운용이 제시한 방식으로 구분이 가능하기 위해서는 설교가
단순히 '이야기'만으로 끝날 수 있다는 것을 전제할 때 가능하다. 그런
데 김운용 스스로 제시하고 있는 성경 속의 이야기 역시 이야기만으로

---

68) 김운용, "이야기를 통한 설교방법", 「기독교사상」522(2002. 6), 110-122, 111ff.
69) 김운용, "이야기를 통한 설교방법", 114.

끝나지 않고 있다. 선한 사마리아 사람의 비유에서도 비유 앞에는 "그러면 내 이웃이 누구 오니이까?"란 질문이 있고 이 질문에 대한 대답으로서 비유가 제시되고 있다. 뿐만 아니라 이야기는 단순히 비유로만 끝나지 않고 "네 의견에는 이 세 사람 중에 누가 강도 만난 자의 이웃이 되겠느냐"라는 예수님의 질문과 대답으로 이루어지고 있다. 설교는 단순히 이야기로만 끝나지 않고 있다. 선한 사마리아 사람의 이야기가 설교 가운데서 한 부분으로서의 기능과 역할을 담당하고 있음을 알게 된다. 설화체 설교와 이야기 설교의 구분과 관련해서 그것에 대한 개념적인 구분은 가능하다 할지라도 설교실제에 있어서는 그렇지 않은 것 같다. 그러므로 설화체 설교와 이야기 설교를 서사설교라는 상위개념하에 서로 구별하는 것은 충분히 납득할 수 있음에도 불구하고 실제적으로는 허용되기 어려운 문제점을 안고 있다. 그러므로 용어의 통일이 완전하게 정착되기까지는 현재 한국 설교학계에서 많이 사용되고 있는 '이야기식 설교'(narrative preaching)를 사용하는 것이 무리가 되지는 않을 것이다. 그렇다고 하더라도 설교의 내용과 형식과 관련해서 제기되는 문제에 직면하게 되었을 때에는 보다 명확한 이해를 위해 김운용의 구분으로부터 많은 도움을 받을 수 있을 것이라 생각한다.

'이야기식 설교'란 강해설교나 설교의 '선포-해석-적용'의 구조가 지나치게 명제적인 진술을 지향할 뿐만 아니라 연역적인 구조를 갖고 또한 그것이 설교의 전형적인 형태로 알려짐에 따라서 나타나는 단조로움과 지루함을 피하기 위해 새롭게 도입된 설교형태이다. 이 설교는 청중들의 이성보다는 감성과 상상력을 자극하는 것을 겨냥하기 때문에 하나님의 말씀과 사건을 생생한 이야기의 형태로 청중들에게 전달하게 되어 설교가 더욱 역동적이게 된다. 문자보다는 영상과 이미지에 더욱 익숙해져 있는 멀티미디어 시대의 청중들에게 적합한 커뮤니케이션 방식으로 여겨진다. 이 설교의 핵심은 청중이 메시지를 단순히 이해하는 차원을 넘어 "메시지를 경험하도록 하는 것"[70]에 있다. 뿐만 아니라 이 설교가 갖는 플롯의 형식으로 인해 설교자는 결론 부분에서 본문에서 말하고자 하는 메시지를 자연스럽게 선포해 청중들로 하여금 고백으로까지 인도해 갈 수 있게 된다.

라) 대화식 설교와 인터뷰식 설교[71]

대화식 설교나 인터뷰식 설교는 설교학에서 현대적인 설교형태로 소개되고는 있지만 솔직히 말해서 한국 상황에서 아직은 쉽게 이루어질 수 없는 형태이다. 대화 문화가 아직 무르익지 않았다는 것이 가장 큰 원인이겠지만, 한편으로는 설교에 대한 청중들의 인식이 한 설교자에 의해서 강단 위에서 이루어지는 선포 및 증거라는 차원에 제한되어 있기 때문이다.

그러나 현대의 흐름을 살펴보건대 대화식이나 인터뷰식 설교는 나 아닌 다른 사람들에게서 혹은 그들을 통해서 나타난 하나님의 행위를 간접적으로 인식할 수 있고 또 소망할 수 있는 데 큰 도움을 줄 수 있는 것이라고 여겨지기 때문에 개교회에서 시기와 상황에 맞게 적절하게 사용될 수 있도록 연구하는 것이 바람직하다고 생각한다. 그러나 한국교회에 익숙해져 있는 간증 설교를 생각하면 이해가 쉬워질 것이다. 간증 설교는 한 사람에 의해서 이루어지지만 대화식 설교는 목회

---

70) 이호형, "관객을 존중하는 영화와 회중을 무시하는 설교", 「기독교사상」 (526) 2002년 10월호 116-127, 123.

71) 참고: 김재순, 『효과적인 설교전달을 위한 대화설교연구』, 한세대학교신학대학원, 석사학위논문, 1999.

자 한 사람이 더해져 대화를 통해서 하나님의 역사에 대한 증거를 한다는 것으로 이해하면 될 것이다.

교회에서 대화식 설교는 설교자에 의해 일방적으로만 이루어지는 전통적인 설교방식에서 탈피해 양방향으로 이루어지는 의사소통의 원리 및 정신에 근거해서 청중들과의 대화를 통해 설교하는 형태를 가리킨다. 설교에 있어서 대화란 단순히 서로를 탐색하고 알아 가는 의미에서 이루어지는 것은 아니다. 설교에서의 대화란 설교의 내용이 청중들에 의해서 들리고 이해되며 결국에 가서는 청중들에 의해서 받아들여지는 것을 겨냥한다. '대화'의 개념이 강조되는 이유는 그것이 설교자의 일방적인 의사전달이 아니라는 점에서 비롯된다. 다시 말해서 대화식 설교에서는 청중들의 입장과 상황이 존중되며 그들의 이해 및 수용 능력이 고려된다. 메시지 선포가 청중들의 관심에 부응하는 소재를 통해서 이루어질 뿐만 아니라, 궁극적으로는 청중들이 설교자의 메시지에 동의하는 것을 지향한다. 그러므로 대화식 설교는 합리적인 논의 구조를 갖고 또 설득력을 갖추게 된다.

대화식 설교 가운데는 설교자가 설교 도중에 질문을 던져서 청중들의 대답을 들으며 이루어지는 형태도 있지만, 사실 이런 식의 대화설교는 설교자의 뛰어난 대화능력 및 설득력을 전제로 한다. 대부분의 대화식 설교는 설교자 자신이 청중들로부터 제기될 법한 질문들을 미리 가지고 와서는 설교 중에 그 질문을 제기하고 그에 대한 대답을 하면서 이루어진다. 이런 식의 설교에서는 설교자의 뛰어난 공감능력과 청중들의 상황을 정확하게 파악하는 분석능력이 요구된다.

인터뷰식 설교는 대화식 설교의 또 다른 형태로서 대화식 설교가 청중 전체와의 대화를 겨냥하는 데 비해, 인터뷰식 설교는 청중의 일부와의 대화를 통해서 하나님을 증거하는 기회로 삼는 것이다. 청중 가운데 유명인사가 있거나, 혹은 여론의 관심을 끄는 사람 가운데 특별히 초대된 손님과 설교자가 청중들의 신앙적 관심을 끌 수 있을 만한 주제를 선택해서 대화를 주고받게 될 때 청중들은 그 대화로부터 증거되는 하나님을 간접적으로 만날 수 있는 기회를 얻게 된다.

대화식 설교나 인터뷰식 설교에 있어서 설교자는 대화의 과정에서 주제에서 벗어나지 않도록 세심한 주의를 기울여야 한다. 그리고 자신의 생각이 드러나는 것이 아니라, 하나님의 뜻을 나타내 보이는 것을 목표로 삼아야 한다. 이런 부분에 주의를 기울이지 않으면 대화는 산만해질 수도 있고 전체적으로 지루한 분위기를 유발시킬 수 있다. 또한 대화나 인터뷰 과정에서 한 인간의 업적을 높이는 것이 목적이 아니라, 그 뛰어난 업적을 가능하게 하신 하나님을 주목하게 하고 하나님을 찬양하는 계기로 삼도록 하는 것이 매우 중요하다.

2) 내용적 분류

가) 목회상담적 혹은 치유적 설교(seelsorgliche Predigt)[72]

현대인들의 마음이나 정신상태는 심각할 정도로 고갈되어 있다. 복잡하게 그리고 빠르게 변화되어 가는 세계의 흐름에 정서적인 안정을 갖는다는 것은 쉬운 일이 아니다. 우리 사회에서 이미 익숙해진 소위 '구조조정'이란 말은 현대인들의 마음 한구석을 텅 비워 놓고야 말았다. 스스로를 발 빠르게 변화시켜 현대의 정보사회에 자신을 적응시키지 않으면 정리의 대상이 되는 시대 속에서 살게 됨으로써 안정된 마음과 쉼은 이제 비싼 대가를 통해서만 얻을 수 있는 것이 되었기 때

---

72) 참고: Ch. Möller, *Seelsorglich Predigen*, Göttingen 1983 [2]1990; W. Trillhaas, *Evangelische Predigtlehre*, München [3]1948, 175-178.

문이다. 기독교인들 역시 예외는 아니다. 이런 사회적 상황 속에서 삶의 자리를 갖는 모든 기독교인들은 때로는 공동체적 삶을 통해서 정신적인 안정과 위로를 받기도 하지만, 때로는 이중적인 부담감을 안고 살아가기도 한다. 복잡하고 다양한 사회 속에서도 종교적인 규범에 맞는 삶을 살아야 하는 요구를 받기 때문이다. 상담 사례를 보아도 현대인들이 어떠한 문제로 고민하며 마음의 평정을 상실하게 되는지 잘 알 수 있게 된다. 이러한 현대인들의 문제가 공동체에 미치는 부정적인 영향은 공동체의 구성원들로 하여금 공동체로부터 이탈하게 한다는 것이다. 대학입시에서의 낙방, 실업, 경제적 손실이 큰 사업의 실패 그리고 가정불화와 같은 일들이 가져오는 실망과 마음의 상처로 인해 성도들은 교회출입을 꺼리게 된다. 바로 이러한 때에 가장 적합한 설교의 형태가 목회상담적 설교이다. 왜냐하면 바로 이러한 순간에 훈련받은 성도들은 적어도 교회로부터 위로와 용기를 얻고 의미 있는 새로운 삶을 살아가기를 원하기 때문이다.

목회상담적 설교란 청중들의 곤고한 삶의 단면들에 공감하면서 그들을 세심하게 살펴 주고, 그들의 마음속 깊숙이 침투해 들어가 문제를 발견하고 또 해결의 실마리를 제시해 주며, 그들이 삶의 현장에서 하나님의 위로를 듣고 다시금 공동체의 한 일원으로서의 자리를 회복하게 하고 일상적인 삶 속에서 평안을 느끼며 살아갈 수 있도록 돕는 것을 목표로 삼는 설교의 한 형태이다.[73] 내적인 상태와 동기가 변화

---

73) 참고: Ch. Möller, *Seelsorglich Predigen*, 72ff. 묄러는 '목회상담적 설교'를 신약에서 사용된 용어로서 위로, 권고, 요구, 초대와 부름의 의미를 갖는 Paraklese를 사용하며 "위로하는 설교"(parakletisches Reden)로 이해했다. 묄러는 트릴하스W. Trillhaas가 보는 목회상담적 설교의 특징들을 소개하면서 한 가지를 덧붙여서 네 가지 특징을 제시하고 있는데 다음과 같다 (86-90): 청중 개개인을 향한 설교(zu einzelnen predigen), 청중을 공동체 안에서 온전히 세우는 설교(Erbaulichkeit), 마음으로부터 공감하는 설

되고 그럼으로써 새로운 삶을 얻게 된다는 점에서 치유적 설교라고 일 컬어지기도 한다. 오늘날의 교회에서 유행하는 목회방향이 치유목회로 나타나는 것도 바로 현대인들의 복잡한 정신문제를 해결하려는 노력에 서 비롯된 것이다. 수많은 관계와 삶의 현장으로부터 받는 수많은 문 제들을 다 정신적인 문제로 환원할 수는 없지만 적어도 목회상담적 설 교는 청중들이 정신적인 평안을 통해서 균형 잡힌 삶을 살아갈 수 있 도록 돕는다. 하나님의 말씀은 치유의 능력이 있기 때문이다. 문제는 목회상담적 혹은 치유설교가 지나치게 위로에 치우치게 될 때, 다시 말해서 성도들이 오직 아픔과 고통으로부터 벗어나기만을 돕고 죄를 회개하는 문제를 짚어 주지 못하게 될 수 있다는 것이다. 설교자가 청 중들이 듣기에 좋은 말만 하는 풍조는 결코 복음적 설교로 이해될 수 없다. 그러므로 묄러가 목회상담적 설교 안에 요구의 성격을 포함시키 고 있는 것은 매우 정당한 일이라 생각된다.[74] 독일 실천신학자 쉬바 이처(Alexander Schweizer) 역시 설교는 다양하면서도 통합적인 것이 되어야 함을 강조했다. 다시 말해서 그는 설교의 형태를 '예배설교'(die gottesdienstliche), '목회상담적 설교', '선교설교'(die missionarische) 등 세 가지로 분류하면서도, 한 설교에서 어느 한 면만을 강조하거나 이 세 가지 가운데 어느 한 가지가 배제되는 것은 설교를 편협하게 만드 는 원인이 된다고 보았다.[75] 설교는 그 형태와 관련해서 청중들의 다 양성으로 인해 통합적일 필요가 있다. 뿐만 아니라 말씀의 통일성을 보존하기 위해서도 통합적이어야 한다. 어느 한 편의 설교만에 편중되 어서는 안 된다. 목회상담적 설교가 절실히 요구되는 상황에서라도 그

교(die Predigt, welche die Gewissen trifft), 성찬과 일치하는 설교.

74) Ch. Möller, *Seelsorglich Predigen*, 75f.

75) F. Wintzer(hg. und eingführt), *Predigt*, 68-70.

것이 전체가 되어서는 안 되며 그것이 예배 안에서 이루어지는 것인 만큼 하나님의 기대와 요구 역시 설교 안에서 반영되어야 한다.

나) 율법적 설교(Gesetzpredigt)와 복음적 설교(Evangeliumspredigt)[76]

율법적 설교란 하나님의 행위에 상응하는 인간의 행위를 요구하는 설교를 일컫는다. 하나님이 거룩하시니 인간 역시 마땅히 거룩해야 한다고 선포하는 식이다. 성경 가운데 특히 야고보서는 다분히 율법적인 설교를 통해서 기록되어 있는데, 이는 당시의 성도들이 믿음에 합당한 행위를 보여 주지 못하고 오히려 비도덕적이고 비윤리적인 행위를 자행했기 때문이었다. 이와 비슷한 맥락에서 오덕호는 『목사를 갈망한다』(규장문화사, 2001)에서 한국교계 및 사회의 비도덕적 경향을 지적하고 한국 강단에서는 오늘날 율법적인 설교가 필요하다고 지적했다. 교회로부터 기대되는 선한 행위는 없고 오히려 나타나지 말아야 할 잘못된 것들이 관행으로 굳어지고 있기 때문이라는 것이다. 그러나 율법이란 하나님의 판단하시는 행위를 가리킨다. 하나님의 행위를 가리키는 율법이 설교자의 입을 통해서 거침없이 나오도록 해 설교자로 하여금 현실을 판단하도록 허락해도 되는가?

이에 반해 복음적 설교란 좁게는 예수 그리스도를 통한 하나님의 사역을 선포하는 것이며, 넓게는 하나님의 선행하는 은총, 하나님의 도우시며 은혜를 베푸시는 일체의 행위를 선포하는 설교를 가리킨다. 복음적 설교라고 해서 인간의 행위가 요구되지 않는 것은 아니지만 무엇보다 중요한 것은 복음적 설교 안에서는 하나님의 용서하시고 구원하시는 행위가 선포된다는 것이다. 청중들의 기쁨을 위한 것이고 또

---

76) 참고: H. E. Hoefer, 『복음적 설교』.

축복을 얻을 수 있다는 확신을 준다고 해서 그것이 복음적인 설교는 아니다. 복음적 설교는 하나님의 살리시는 행위를 선포한다. 율법적 설교와 복음적 설교는 시대와 경향에 따라서 취사선택될 수 있는 것은 아니다. 설교는 기본적으로 복음적인 설교여야 한다. 다시 말해서 청중들을 살리는 설교여야 한다는 것이다.

다) 교회설교(Gemeindepredigt)와 선교설교(Missionspredigt)[77]

쉴라이에르막허(Friedrich Schleiermacher)가 교회설교와 선교설교를 구분한 이후 많은 논의 끝에 이 구분은 설교학에서 일반적으로 받아들여지고 있다. 선교설교는 무엇보다 먼저는 그 대상을 불신자들로 하고 있다는 점에서 신앙공동체인 교회 안에서 이루어지는 설교 일반과 분리해서 다루어질 필요가 있다. 청중이 살아 계신 하나님과 예수 그리스도를 알지 못하는 사람들이라는 점에서 설교자들은 설교의 내용과 그 형식에 있어서 특별한 주목을 기울일 필요가 있다는 말이다. 쉴라이에르막허는 설교의 목적을 '청중의 종교의식을 고취하는 것'[78]으로 보고, 설교자는 스스로를 교회의 전통을 지키는 "교회의 기구"(Organ)이며, 또한 공동체의 경험을 보편적인 종교의식의 형태로 승화시켜 표현할 수 있는 "대표자"(Repräsentant)[79]로 이해해야 한다고 주장했다.

그에게 있어서 '교회설교'란 예배 안에서 행해지는 설교로서 예수 그리스도에 기초를 둔 공동체를 구성하기 위해 절대 필요한 내용이 다루

---

77) 참고: F. Wintzer, Predigt, 49-57. 특히 선교설교에 대해서는 다음을 참고: H. Wyder, *Die Heidenpredigt. Ihr Gegenüber, ihr Ziel, ihr Inhalt und ihre Ausdrucksweise. Eine praktisch-theologische Untersuchung in Rückblick auf die missionarische Begegnung in China*, Gütersloh 1954.

78) F. Wintzer, *Predigt*, 55.

79) F. Wintzer, *Predigt*, 50.

어진다. '교회설교'를 통한 설교자의 과제는 공동체의 믿음을 포함한 신앙의 원리들을 설명하고 기존의 신앙적 삶을 비판적으로 조명하면서 신앙을 공고히 한다. 또한 공동체의 경험을 언어적으로 기술해 내어 하나님 경험으로 인식하게 함과 동시에 스스로를 기독교인으로 인식할 수 있도록 하는 기독교적 의식이 형성될 수 있도록 돕는다.

이에 반해 '선교설교'란 자연인이 기독교인으로 성장할 수 있도록 돕기 위해 행해지는 설교를 말한다. 과거에는 하나님의 복음을 처음으로 들을 수 있는 기회는 대부분 선교사들의 선교설교를 통해서 주어졌다. 그러나 인터넷이 보편적으로 상용화되면서 세계의 모든 사람들이 예수 그리스도의 복음을 쉽게 접할 수 있게 되었다. 선교사들의 선교를 위한 입국(入國)절차가 없어도 인터넷 서핑을 통해서 간접적으로 접할 수 있게 된 것이다. 뿐만 아니라 '하나님의 선교'(Missio Dei)란 개념이 일반적으로 통용됨에 따라서 선교사의 입국과 더불어서 하나님의 복음이 전해진다는 의미는 상실되어 가고 있다. 다시 말해서 하나님 스스로가 선교의 주체자이면서 동시에 선교내용의 중심을 이룬다는 생각이 기초를 이루게 된다. 선교설교의 성격을 보다 분명하게 이해하기 위해서 다음의 질문을 고려해 볼 필요가 있다. 하나님이 선교의 주체자라면 인간의 행위로서 선교는 어떻게 이해될 수 있고 또 양자의 관계는 어떠한가?

인간의 행위로서의 선교란 전통적으로 불신자들에게 인간들은 하나님으로부터 구원받을 필요가 있고 하나님은 구원을 약속해 주셨다는 사실을 선포하는 것으로 이해된다. 다시 말해서 하나님의 복음을 받아들임으로써 그가 약속한 새로운 생명이 불신자들에게 전달되는 것을 핵심으로 삼고 있다. 이것을 Missio Dei라는 관점에서 살펴본다면, 하나님은 모든 피조물들에게 생명을 주시고 또 그것을 풍성하게 만드신다고 이해할 수 있다. 이러한 생명운동을 위해 하나님은 교회를 세우시고 또 이 일을 위해 필요한 사람들을 부르신다. 교회와 인간의 선교는 단지 하나님의 사랑이 사람들에게 전달되는 데 사용되는 매개이다. 이런 의미에서 볼 때 선교를 할 것인가 하지 말 것인가를 결정하는 것은 교회의 결정에 달린 것이 아니다. 요컨대 선교는 교회를 하나님의 교회로 만드는 요소이기 때문에 선교는 절대 필요한 교회의 행위이다. 하나님의 선교와 인간의 행위로서의 선교의 관계가 갖는 신학적인 의미는 하나님께서는 모든 인간들을 구원하시겠다는 의지가 이미 구원받은 사람들을 통해서 전달되기를 원하신다는 사실이다. 하나님은 스스로 당신의 아들을 이 땅에 보내시고 또 아들 되신 예수 그리스도는 보혜사 성령을 보내심으로써 이 사실을 분명하게 했다. 그리고 구체적으로 교회로 하여금 이 일을 계속할 것을 명하셨다. 아들을 통해서 이미 앞서 보여 주심으로써 인간의 선교는 그 내용에 있어서나 형식에 있어서 하나님의 선교에 의해서 규정된다. 다시 말해서 교회와 인간의 선교는 단지 하나님이 이미 하셨고 또 하시는 일들을 추행(追行)하는 것이고 또 하나님께서 장차 무엇을 하실 것인지를 불신앙인들이 분명하게 알 수 있도록 하는 것이다. 하나님의 선교를 종말론적으로 이해한다면 하나님이 장차 절대적인 주로서 스스로를 입증해 보이시고 세상 모든 존재들이 여호와를 참하나님으로 인정하게 될 것이라는 의미를 갖는다. 인간의 행위로서 선교는 그들의 삶 속에서 하나님이 하신 일들을 나타내고 그들이 그것을 하나님의 일로 인정하도록 하는 노력이다. 이런 맥락에서 생각해 볼 때 선교설교는 하나님의 복음을 전하면서도 청중들로 하여금 그들이 불신의 상태에 있을 때에도 이미 하나님께서 역사하고 있었음을 인식시키고, 새롭게 그 사실을 인정할 것을 권고하며 그리고 예수 그리스도를 믿음으로써 하나님의 피조물 곧 새로운 존재로 거듭날 것을 강조하는 의미를 갖는다.

5. 설교형태를 결정짓는 요소들

설교형태를 결정짓는 요소란 효과적인 설교를 위해 고려되어야 할 요소들을 일컫는다. 여기에는 본문, 설교자 그리고 청중들이 있다. 이 세 가지 요소들을 살펴봄으로써 우리는 설교형태들의 본질적 특성들을 보다 구체적으로 파악할 수 있게 되고 설교를 준비함에 있어서 일정한 설교형태들을 결정하는 기준들에 대한 안목을 높여 준다. 뿐만 아니라 각각의 요소들을 설교의 효과 및 신학적인 측면과 관련해서 자세하게 살펴봄으로써 공명과 공감을 주는 설교, 효과적인 설교가 어떠한 모습을 갖게 되는지를 더욱 자세하게 이해할 수 있게 된다. 앞서 '현실로부터 본문을 향해 나아가는 설교'를 설명할 때 간략하게 언급된 것들이 이곳에서 상술될 것이다.

1) 설교와 성경의 관계

구약과 신약으로 이루어진 성경은 하나님의 말씀으로서 다양한 장르의 문학형태로 가득하다. 서사문학이 있는가 하면, 시가문학, 묵시문학, 제의문학, 지혜문학, 복음서, 서신서 등이다. 다양한 장르형태가 성경이라는 이름하에 한 권으로 묶여 있기 때문에 이것을 본문으로 하는 설교가 어떤 한 형태로만 고정되어 이루어질 수는 없다. 설교본문이 시편인데 논증형식은 어딘지 어울리지 않고, 역사서를 본문으로 삼는 설교가 서신서에 어울리는 분위기를 갖는다면 장르에 대해 갖는 청중들의 기본적인 기대에 어긋나게 된다. 시편에 대한 설교는 시 형식에 맞는 사고와 형식을 필요로 하고, 역사서라면 역사를 이해하는 측면이 반영되어야 할 것이다. 서신서 본문에는 편지의 분위기를 살리는 형식을 채택하는 것이 바람직하다. 이렇듯 성경의 다양한 장르로 인해서 다양한 설교형태가 가능한 것이다.

뿐만 아니라 성경은 이스라엘 종교사와 초기 로마와 헬라 문화권에서 이루어진 기독교 형성사 및 선교사를 배경으로 하고 있다. 그 성립에 있어서 역사적 조건에 매여 있기 때문에 정확한 이해를 위해서는 역사적인 측면이 고려되어야 한다. 성서의 역사성이 확인될 때 다음의 중요한 질문이 제기된다: 과거의 역사적 사실이 무엇을 통해서 오늘 우리에게 구속력을 갖고 또 진리라고 주장될 수 있는가? 이러한 질문에 대한 대답으로서 성서는 소위 '정경', 곧 공의회의 권위에 의해서 승인되고 받아들여진 규범으로 이해되었다. 그러나 성경의 계시로서 권위는 사람이나 교회가 아닌 하나님에 의해 주어진 것이다. 이런 이유로 성서는 정경으로서 오늘을 사는 기독교인들의 삶의 규범이다. 그럼으로써 과거의 기록인 성경은 오늘 우리에게도 구속력을 갖게 되었고 또 시대와 장소에 상관없이 모든 기독교인들에 의해 진리라고 주장된다. 기독교인들이 반드시 믿어야 할 것을 가르쳐 주는 필수적이고 또한 구원을 위해 충분한 안내자이다. 현재나 미래에도 기독교 신앙을 고백하는 모든 사람들에게 유효하고 또 규범적인 내용을 제공해 준다는 말이다.

그러나 정경이라고 해서 성경을 문자적으로 이해해야 한다는 것은 아니다. 소위 '성서적'이라는 말이 종교개혁의 원리인 성서원리(Schriftprinzip)를 의미하는 것도 아니다. '성경에 오류가 없다'는 말은 성경이 증거하는 내용들이 하나님의 행위의 통일성이나 완전성과 관련해서 결코 오류가 없다는 것을 의미한다. 기독교인들의 '삶의 규범으로서 성경'이란 그리스도인들의 모든 경험은 성경의 기초에 따라서 이해될 수 있다는 것이다. 또한 성경으로부터 모든 삶의 원칙이 세워져야 한다는 말이다. 하나님의 뜻으로 인도해 주는 안내서라는 말이다. 그래서 기독교인들에게 성경은 기독교인들의 경험을 이해하게 하고 또 새로운 경험을 구성해 주는 틀이 되기도 한다. 성경의 기초는 예수 그리스도 안에서, 그를 통해서 그리고 그에게서 계시된 하나님의 행위이다. 구약 역시―비록 그 의미를 이해함에 있어서 항상 신약에 좌우되는 것은 아니라 해도―그 온전한, 통전적인 의미를 위해서 그리스도 안에서, 그를 통해서 그리고 그에게서 계시된 하나님의 행위에 따라서 읽혀야만 한다. 그래야 하나님의 행위를 통전적으로 이해할 수 있게 된다. 하나님의 삼위 일체적 행위를 진리로 선포하는 설교는 따라서 설교자의 바른 성경관을 전제한다.

한편, 역사 비평적 주석방법에 따라 성서를 연구함으로써 얻게 된 결과 가운데 긍정적으로 수용할 만한 것으로 두 가지가 있다. 하나는 역사적 배경 속에서 성서를 이해해야 할 필요가 강하게 제기되었다는 것이다. 역사적 예수 연구를 통해 활발하게 전개되기 시작한 이러한 요구와 주장은 오늘날 설교본문을 이해하는 데 매우 중요한 기초 작업으로 인식되고 있다. 다른 하나는 성경은 무엇보다 고백된 언어로 이루어졌다는 것이다. 다시 말해서 성서 기자들이 삼위일체 하나님을 경험하고 난 후에 이루어진 고백이 기록으로 남겨진 것이 바로 성경이라는 말이다.[80]

---

80) 특히 불트만(Rudolf Bultmann)은 바로 이러한 관점에 착안해서 성경의 실존론적 해석방법을 제안하게 되었다. 즉 성경본문들을 이해함에 있어서 역사와 신앙은 구별되어야 하며, 현대인들의 이해를 위해서는 성경본문이 갖는 과거시대의 세계관, 즉 신화적 요소를 제거해야 한다고 보았다. 또한 성경본문은 각각 일정한 '삶의 자리'(Sitz im Leben)를 갖는다는 사실을 발견하고 양식비평의 필요성을 주장한 것이다. 이러한 비평을 통해 성경을 분석하는 과정에서 불트만은 성서 본문 속에 담겨진 하나님 경험을 성서 기자들의 '삶의 자리'에서 재구성함으로써 오늘날에도 동일한 혹은 유사한 '삶의

이 두 가지는 교회사나 신학사 안에서 서로 갈등 관계를 유지하며
성경해석 및 신학의 차이를 결정해 주었다.[81] 그러나 이 양자는 서로
통합될 수 없는 것인가? 필자는 설교 안에서 이 두 가지 방식이 서로
통합될 수 있다고 생각한다. 우리의 관심은 그것이 어떻게 가능한지를
보여 주는 데에 있다.

성경의 설교적인 의미를 보다 분명하게 파악하기 위해 '고백'의 의
미를 숙고해 볼 필요가 있다. 성경이 고백된 언어로 구성되었다고 볼
때, 여기서 말하는 '고백'이라는 개념을 좀더 세분화시켜 보면 세 가지
의미로 분류할 수 있다.

첫째, 하나님을 인정한다는 것이다. "너는 범사에 그를 인정하라 그
리하면 네 길을 지도하시리라"(잠3:6). 성경은 인간들이 여러 가지 경
험을 통해서 하나님을 인정하는 모습을 전해 준다. 찬양, 기도, 회개,
감사 등이다.[82] 하나님의 일을 하나님의 일로 인정하는 것이 찬양이
다. 하나님의 일이 분명하게 나타나기를 바라는 마음으로 인해 기도하
게 된다. 바라는 것이 하나님께서 이루어 주셨다고 인정하게 될 때 감

자리'에서 하나님을 고백할 수 있는 가능성, 즉 동일한 성서언어를 사용해
서 고백할 수 있는 가능성을 제시해 주었다. 그는 성경이 오늘날 유비적으
로 이해될 수 있는 데에 있어서 가장 큰 장애물은 성경저자의 사고가 현대
인들의 그것과 다르다는 사실을 들면서, 당시 성경기자들의 틀인 신화적인
사고에 의해 형성된 요소를 본문에서 제거해야 한다는 무리한 주장을 전개
했다. 이것이 바로 '신약 성경의 탈신화화 작업'(Entmythologisierung des
Neuen Testaments)이다. 그의 계획은 신화 역시도 의미와 진리를 담을 수
있다는 지적이 나타남으로써 수그러들게 되었다.

81) 판넨베르크는 논문 "Die Krise des Schriftprinzips", in: Ders, *Grundfragen
systematischer Theologie Bd. 1.* Ges. Aufs., Göttingen 1967, 11-21에서
이 두 가지 경향의 갈등을 아주 잘 보여 주었다.
82) 참고: G. Sauter, Reden von Gott in Gebet, in: in: *Gott nennen*, hg.von
B. Casper, Freiburg-München 1981, 219-242.

사하게 된다. 인간을 통해 이루어지는 하나님의 일에 인간이 순종하지 못하거나 혹은 인간의 행위로 인해서 하나님의 일이 방해되거나 왜곡되었을 때 회개를 하게 된다. 이때 사용되는 언어는 정서적이고 형상적이며 구체적이다.

둘째, 하나님을 설명하려는 시도이다. 이때는 논리적이고 합리적이면서 주로 추상적인 언어가 사용되는데 가르침(교리)과 변증이라는 과정으로 나타난다. 전승을 통해 알려져 왔던 하나님이 아니라 새롭게 발견된 하나님을 설명하려는 과정에서 고백은 이루어진다. 야곱이 돌베개를 베고 자는 가운데 경험한 하나님, 얍복 강가에서 천사와 씨름하는 가운데 만난 하나님 등 바울 서신들 가운데서 교회 상황을 염두에 두고 기록된 글들 가운데서 발견된다.

그리고 셋째, 고백은 오시는 하나님에 대한 기대를 표현한다. 하나님을 인정하고 부르며 기도하는 것은 하나님의 약속에 따른 행위를 기대하는 가운데 이루어진다.

다시 말해서 성서 기자들은 자신들이 하나님을 경험하고 난 후에 자신의 경험, 혹은 다른 사람들의 경험이나 증언 등을 기록을 통해 전해 주거나 하나님을 새롭게 경험할 것을 기대하면서 하나님의 약속 혹은 지난 일들을 회고하며 기록했는데, 그 안에서 발견되는 고백이 이러한 세 가지 형태로 표현되었다. 흔히 신학을 위한 가장 적합한 언어를 철학적이거나 규정적인 언어가 아니라 고백적인 언어라고 보는 것은 고백이 바로 이 세 가지 의미를 갖기 때문이다. 설교란 성경의 고백을 사용하며 궁극적으로는 청중들이 이것을 반복하게 되는 것을 겨냥한다. 설교자는 설교를 통해서 하나님이 하나님으로 인정될 수 있고 또 인정할 수밖에 없는 분명한 이유를 제시해 줌으로써 성도들이 동일한 고백을 할 수 있는 가능성을 제시해 주기 때문이다. 시대적인 상황 속에서 하나님의 공의와 사랑이 간과될 위험에 처해 있을 때 설교는 하나님의 바른 모습을 환기시켜 준다. 하나님이 역사 속에서 다양하게 나타나시기 때문에 생기는 인식에 있어서 나타나는 차이의 문제는 설교 안에서 이루어지는 설명을 통해서 해결된다. 뿐만 아니라 하나님이 장차 오실 것을 선포함으로써 기대와 소망을 갖고 살아가도록 하고 또한 현대인들이 과거나 현재에 집착해서 살지 않도록 돕는다. 설교란 하나님이 당신을 드러내시는 한 방편이지만, 청중들과 그들의 상황에 직면해서 나타나시고 또 이미 나타난 계시, 곧 성경에 따라 인식된 것을 표현한다. 복음서와 더불어서 서신서가 성경으로 채택된 것에서 우리는 중요한 의미를 발견한다. 하나님이 당신을 드러내실 때 청중이 그만큼 큰 몫을 차지함을 보여 준다. 청중이 차지하는 비중을 생각해 본다면, 설교 언어는 획일적으로 결정되는 것보다는 예배의 상황을 고려하고 또 설교의 내용과 동일한 맥락에서 선택되고 사용되는 것이 좋지만, 결코 간과되지 말아야 될 일은 청중들의 언어적 관행과 감각을 고려하는 것이다.

성경은 저자의 고백(증거, 변증, 기대, 소망)을 담고 있는 것 이외에 설교 준비와 실제에 있어서 세 가지 기능을 수행한다.[83] 하나는 설교 본문으로서 성경은 설교가 설교자의 사상으로 전락되지 않도록 설교 자체를 통제할 뿐만 아니라, 설교자 자신도 설교 준비에 있어서 사용되는 수많은 전통들과 관련해서 중심적인 흐름에서 벗어나지 않도록 스스로를 통제하는 데 사용된다. 다른 하나는 이미 여러 가지 이념과 사상들과 혼합되어 있는 것으로부터 그 내용의 본질을 걸러 주어 일정

---

83) 다음을 참조: E. Lange, Zur Theorie und Praxis der Predigtarbeit, *Beiheft 1 der Predigtstudien*, Stuttgart 1968, 38f.

한 주제를 제시해 주고 그리고 마지막으로 세상에서 자명하다고 생각되는 것들에 대해 이의를 제기한다. 설교가 성경적이냐 그렇지 않으냐는 이 세 가지 기능이 정상적으로 수행되었느냐에 따라서 결정된다.

2) 성경본문의 의미

가) 본문의 의미와 신학적 주제

성경본문을 정확하게 파악하기 위한 작업인 주석이 행해진 이후의 본문은 의미를 담고 있는 요소가 된다. 성경본문의 의미는 흔히 메시지로 이해되는데, 그것은 무엇보다 선포요 또한 신학적이라는 점에 유의할 필요가 있다. 선포라 함은 확신을 갖고 전해 준다는 것이며, 신학적이라 함은 그 증거가 인간이 아니라 삼위일체 하나님의 말씀과 행위에 관련되어 있다는 말이다. 다시 말해서 성경본문의 의미는 진술의 형태로 표현될 수 있고 또 그 본질적인 면에서 하나님, 그의 행위와 그의 말씀에 대한 이해와 상관하고 있다. 청중들은 본문 안에서 하나님을 만나는 경험을 하게 된다. 본문은 하나님과 커뮤니케이션이 일어나는 공간이다. 그 공간 안에서 청중은 하나님의 말씀을 듣고 응답한다. 다시 말해서, 본문의 최종 목표는 읽거나 듣는 자들에게 하나님의 행위, 하나님에 대한 지식 등을 전해 주며 동일한 혹은 새로운 경험을 위해 마음을 열어 놓게 하고, 또한 발견된 하나님의 행위에 대한 적절한 반응, 곧 찬양과 기도 등과 같은 신앙행위를 불러일으키는 데에 있다. 왜냐하면 본문은 성령의 감동을 받아 기록된 것으로 성서 기자의 고백을 반영하고 성경은 정경으로서 오늘날의 공동체도 함께 동의하고 고백할 수 있기 때문이다.

그런데 현실 속에서 '하나님'이라는 주제는 먼저 질문 혹은 문제로 인식된다. 왜냐하면 하나님은 당신을 나타내시고 또 하나님으로 인정받기를 원하시지만 현실은 하나님의 현실을 다 드러내거나 수용할 수 없기 때문이다. 그래서 기독교인은 늘 하나님이 온전히 나타나기를 기대하며 살아가고 또한 자신의 삶을 통해 하나님을 온전히 나타내야 할 과제를 갖는다(참고: 마5:16). 예수 그리스도를 통해서 하나님은 완전히 계시되었다 해도 그 온전한 의미와 현실은 여전히 감추어져 있다. 성서 본문의 의미와 현실의 관계는 그래서 늘 질문과 문제로 나타나는 것이다. 질문이란 부분에 직면해서 전체를 알려는 노력이고, 문제란 인식된 부분들이 서로 다르기 때문에 생기는 갈등으로써 해결되어야 할 필요가 있는 것이다. 질문이 제기되고 문제해결이 시도되지만 그럼에도 불구하고 여전히 이해되지 못하고 또한 쉽게 인정하고 받아들여질 수 없는 현실이 우리 가운데는 많이 있다. 그렇기 때문에 설교자에게는 단언적이고 또 당위적 의미를 담고 있는 메시지를 선포함에 있어서 공동체가 공감하고 공명할 수 있도록 현실로부터 질문을 이끌어 내고 그것을 신학적인 문제와 결부시킬 과제를 갖는다. 이 과제를 바르게 인식함으로써 설교는 신학적인 문제―즉 하나님이 현실 가운데 나타나심으로서 생기는 몰이해, 비합리성, 혹은 삶의 도전 등과 같은 문제들―의 해결로서 성서 본문이 공동체에 의해 이해되고 받아들여질 수 있게 된다. 그런데 현실을 신학적으로 이해할 수 있고 문제제기와 대답을 신학적으로 할 수 있기 위해서는 본문의 의미가 바르고 분명하게 파악되어야 한다. 본문의 의미를 분명하게 파악할 때 설교자는 현실과의 관련성을 더욱 명확하게 볼 수 있게 된다. 본문의 의미를 매개로 해서 공동체가 현실의 삶 속에서 하나님을 고백하고 또 신앙을 결단하게 되는 이유를 설교자가 제시해 줄 때 설교는 당연히 공명과 공감을 얻을 수 있다. 이것의 구조는 현실로부터 본문을 향해 나아가는 방향으로 이루어진다.

나) 본문의 의미 파악에 있어서 신학의 역할

설교는 신학적 고찰을 전제로 한다. 학문적이라는 말이 아니라 내용에 있어서 하나님의 행위와 그의 말씀을 선포해야만 한다는 말이다. 하나님의 행위와 그의 말씀은 본문 안에서 의미를 형성한다. 이 의미가 정치, 사회, 과학적인 것이 되지 않기 위해, 즉 신학적이기 위해 설교에서 조직신학적 주제는 반드시 고려될 필요가 있다.

설교학에서 신학의 각 분과와의 관련성을 배제하는 것은 신학이 없는 설교를 준비하게 하는 원인이 된다. 설교학 교과서 가운데는 설교를 준비하는 과정에서 반드시 필요한 주석을 강조하면서 성서신학의 중요성을 말하고 있지만, 조직신학이나 교회사 그리고 실천신학 내의 다른 분과와의 관계나 필요성 및 의미에 대해서 말하는 것은 많지 않다. 목회사역에서 설교가 차지하는 비중을 강조하면서도 설교 준비과정에서의 신학이 갖는 의미나 필요성을 강조하지 않는 것은 교회에서 신학의 부재를 부추기는 이유 가운데 하나이다. 문제는 한국에서는 이미 1950년대 전후로 설교 준비에 있어서 성서신학의 중요성이 강조되고 있음에도 불구하고[84] 여전히 성서신학적인 고찰마저 등한시하는 설교자가 많은 것이 현실이다. 다른 한편으로는 설교 준비에서 성서신학이나 실천신학적인 고찰만 다루어 결과적으로 균형 잡힌 신학을 결여하게 되고, 따라서 메시지에서 중심을 놓치는 경우가 적지 않다.

그러나 설교자는 신학자이다. 설교하기 이전에 먼저 성경을 통해서,

---

84) 정성구, 『한국교회설교사』, 32.

성도들의 삶을 통해서, 공동체의 현실 속에서 하나님을 인식한다는 점에서 신학자이다. 또한 하나님의 행위를 공동체의 현실 속으로 선포한다는 점에서 신학자이다.[85] 사실적으로 볼 때 설교를 준비하기 위해 필요한 신학이라는 것은 연구의 수준이 아니라, 많은 경우에 있어서 단순히 참조하는 수준일 때가 많다. 신학교에서부터 실천적인 지식만을 쫓아다니는 경향이 졸업 이후의 목회현장에서 신학의 부재 혹은 편향된 신학적 사고로 기울어지게 하는 원인이 된다. 신학 전반에 대한 기본지식이 설교 준비에 충분히 활용될 수 있도록 신학교에서부터 준비한다면 큰 목회적 재산이 될 수 있을 것이다.

신학이 설교 준비 혹은 설교에 사용된다고 할 때 흔히 교회사는 예화를 위해 활용되고, 조직신학은 교리나 소요리 문답 혹은 사도신경을 설명하는 데에만 국한되는 경우가 대부분이다. 그럼으로써 설교에서 신학의 역할을 강조하면, 흔히 딱딱하고 교조적이고 권위주의적인 설교가 되는 것으로 잘못 인식되었다. 여기에는 제목설교가 한국교회의 강단을 지배하던 때에 성서신학적 고찰보다는 주로 본문에 대한 조직신학적인 성찰을 통해서 설교가 행해진 것에서도 원인을 찾아볼 수 있다. 제목설교의 폐단이 강하게 지적되면서 설교 준비에 있어서 조직신학적 고찰을 생략하는 경향이 강해졌다. 또한 한국교회의 분열이 신학적인 편견에서 비롯되었다고 보고 설교를 준비할 때나 혹은 설교 안에서 가능한 한 신학적 사유를 배제하는 것을 미덕으로 아는 설교자도 없지 않다. 사실 이러한 오해는 잘못된 설교 관행에서 비롯된 것이지 신학적 관점이 고려되었기 때문은 아니다.

신학은 궁극적으로 하나님 이해와 상관한다. 설교의 내용 가운데

---

85) 졸고, "목회자는 신학자인가?", 『신학과 목회, 그 뗄 수 없는 관계』, 씨엠, 2001, 63-85 참고.

가장 본질적인 부분과 상관하고 있다. 성서신학적 고찰이라고 해도 그것은 기본적으로 조직신학적 고찰이 전제되어 있다. 하나님의 말씀과 행위를 설명하고 기술하는 신학이 고려되지 않았을 경우에 설교가 어떠한 내용과 모습을 담게 될 것인가는 생각만 해도 끔찍해진다. 깊은 감동을 자아내는 설교자들이 왜 종종 이단 혐의를 받는가? 왜 세속적인 흐름이 교회 안으로 유입되는가? 정치사회의 부조리에 대해 무비판적으로 방관하는 설교가 어찌해서 교회 안에서 이루어지는가? 청중들이 안고 있는 현실 문제에 대해 왜 정치나 경제적인 방식으로 이해하고 설명하는 설교가 행해지는가? 그 문제를 이해하고 또 해결한다고 하면서 성경이 인용되지만 청중들은 왜 그것이 아무런 상관이 없는 것으로 느끼는 것인가? 신학의 부재 때문이다. 설교를 준비하는 과정에서나 설교하는 동안에라도 신학은 우리의 생각을 정리해 주고 인도해 줄 뿐만 아니라, 설교를 바르게 이해해 주는 역할을 한다.

최근에는 설교자들의 본문이해를 돕기 위해 제공되는 글들이 잡지들을 중심으로 해서 여러 가지 방향에서 제공되고 있다. 그러나 이런 글들을 접하면서 늘 불만을 갖게 되는 것은 집필진들이 대개는 성서신학자나 실천신학자로만 이루어져 있다는 것이다. 성서 이해에 있어서 주석의 중요성을 생각할 때 그러한 집필진으로 구성되는 것은 당연하고, 또한 설교학자들의 실천적 안목 또한 독자가 되는 목회자들에게는 꼭 필요한 도움을 제공해 주는 것은 사실이다. 그러나 성서신학자들에 의해 추구되는 의미이해와 조직신학자나 교회사가들이 행하는 의미이해에는 방향은 같으면서도 다른 지평의 의미를 열어 주기도 한다. 본문이 담고 있는 교회사적인 의미나 조직신학적인 의미가 성서신학적 혹은 실천신학적 의미와 관련해서 간과되어서는 안 된다.

설교본문의 의미는 신학적인 측면에서 볼 때 크게 세 가지로 분류
될 수 있다: 교의학적, 윤리적 그리고 변증적 주제[86]. 본문의 세 가지
의미와 관련해서 주의할 점은, 이들의 의미가 각각의 본문에 따라서
결정될 수도 있지만, 대개는 성경 전체와의 맥락에서 조명될 때 비로
소 올바른 의미에 이르게 된다는 것이다. 설교본문을 연구함에 있어서
성서신학적 작업이 중요한 이유는 바로 여기에 있다. 성서신학이 기여
하는 부분은 성서신학자들에 의해 제시되고 있는 만큼[87] 이곳에서는
본문이 제시하는 세 가지 주제들을 살펴보면서 조직신학이 설교에서
어떠한 의미를 갖는지 또 어떻게 활용될 수 있는지를 살펴보기로 하
자. 먼저 지적해야 할 점은 한 본문 안에 한 가지 이상의 의미가 담겨
있을 수도 있다는 것이다. 본문을 통해서 세 가지 의미가 모두 발견된
다고 해서 설교 안에서 모두를 주제로 사용한다면 설교가 산만해질
수 있다. 세 가지 의미 가운데 청중과 관련해서 가장 적절한 의미가
주제로 선택되어야 한다.

① 교의학적 의미

본문의 교의학적 의미란 본문의 내용이 하나님의 어떠한 행위를 지
시하는지를 가리키는 것으로, 읽고 듣는 이로 하여금 하나님의 행위에
대한 진술을 가능하게 하는 본문을 말한다. 간단하게 말해서 신론, 기
독론, 성령론, 인간론, 죄론, 칭의론, 구원론, 종말론 등과 같은 조직신
학적 진술이 가능한 본문이다. 이러한 의미를 발견하기 위해서는 각종
조직신학에 관련된 서적이 참고되기도 하지만 주로 신앙고백서가 활용

---

86) 참고: A. Niebergall, Predigt, I.Geschichte der Predigt, Art. in: ³RGG 5,
   516-530, 518.

87) 다음을 참고: W. Marxsen, Beitrag der wissenschaftlichen Exegese des
   Neuen Testaments für die Verkündigung, in: ThEx NF 59, 1957, 31-56.

된다. 그러나 무엇보다도 신학을 통해 본문을 조명하기보다는 본문이 어떠한 하나님에 대한 고백을 담고 있는지를 살피는 것이 우선되어야 한다. 다음의 질문들은 도움이 된다: 본문은 어떠한 하나님의 이미지를 담고 있는가? 저자는 어떠한 하나님을 증거 혹은 고백하고 있는가? 본문으로부터 얻는 교의학적 의미는 설교에 있어서 뼈대를 형성하며 설교의 메시지 및 주제가 된다. 그러므로 본문을 이해함에 있어서 교의학적 고찰은 설교의 주제를 파악하는 데 있어서 매우 중요한 작업이다.

② 윤리학적 의미[88]

본문의 윤리학적 의미란 본문의 내용이 하나님의 행위에 상응하는 인간의 행위에 대한 진술을 가능하게 하는 본문을 말한다. 윤리학적이라고 해서 단순히 인간의 당위적인 행동을 요구하는 본문을 말하는 것은 아니다. 윤리학적이라 함은 먼저 선포된 하나님의 행위를 기초로 해서 인간의 규범적인 행동을 요구하거나 혹은 윤리학적 개념의 기초를 이루는 본문을 일컫는다. 예컨대 개인윤리와 사회윤리적인 개념인 생명, 사랑, 용서, 전쟁, 평화, 자유, 평등, 남성과 여성의 동등권 및 인권과 같은 개념의 기초를 제공해 주고 그에 따른 규범적 진술이 가능한 본문이다. 성경은 2000년 전 시대의 윤리를 반영하기 때문에 성경으로부터 오늘날에 등장하는 문제들에 대한 직접적인 언급을 도출해낼 수는 없다. 그렇기 때문에 윤리학적인 사고와 판단은 성경을 통전

---

88) 참고: Jay Hollmann, *New Issues in Medical Ethics*(1995) [박재형 외, 『의료윤리의 새로운 문제들』, 예영커뮤니케이션, 1997]; Gerald Dworkin 외, *Euthanasia & Physician-Assisted Suiside*(1998) [석기용/정기도 역, 『안락사논쟁』, 책세상, 1999]; 구영모 엮음, 『생명의료윤리』(동녘, 1999); 박충구, 『21세기 문명과 기독교윤리』(대한기독교서회, 1999); Jim Ife, *Human Rights & Social Work*(2001) [김형식/여지영 역, 『인권과 사회복지 실천』(인간과 복지, 2001)].

적으로 이해할 뿐만 아니라 신학적인 측면에서도 잘 정리된 입장에서 이루어지는 것이 바람직하다.

윤리학적 의미는 말씀을 삶에 적용하는 것과 관련해서 매우 중요한 역할을 한다. 즉 윤리학적 의미를 바로 파악하지 못하게 될 때 설교에 있어서 적용의 문제는 피상적이 되고 때로는 간과하게 된다. 적용이 정확하게 이루어지지 못할 경우에 때때로 설교는 현실감을 잃게 된다. 현실감을 잃게 되면 청중들로부터 공명과 공감을 얻지 못하게 되는 것은 당연하다. 따라서 본문의 윤리학적인 의미를 파악할 수 있기 위해서 설교자는 윤리학적 기본개념을 숙지하고 있어야 하고 또한 일정한 상황에 대한 윤리학적 인식과 판단능력을 갖출 필요가 있다. 윤리학적 입문서나 윤리학의 기본개념들을 소개하고 있는 책은 본문의 윤리학적 의미를 파악하게 하는 데 큰 도움을 준다.

그러나 복잡한 윤리적 문제에 대해 설교를 통한 섣부른 판단은 오히려 청중들로 하여금 설교가 아닌 강연으로 오해하게 하고, 심지어는 그들의 마음을 닫게 만드는 이유가 되기도 한다. 청중들과 설교자와의 관계가 깊은 손상을 입을 수 있다. 설교자는 현대윤리의 문제점들을 바르게 지적해 주고 인식시켜 주며 그것에 대한 생각의 기회를 나눌 수 있도록 할 뿐만 아니라 해당되는 윤리문제와 상관이 있는 청중 혹은 당사자들을 이해할 수 있고 그들을 위해 기도할 수 있는 기회를 제공해 주는 것이면 된다. 예언자적인 설교라는 미명하에 일정한 윤리문제에 대한 판단을 내리게 되는 경우에 있어서 대부분은 율법적인 설교로 마쳐지게 된다. 경험에 비추어 볼 때 율법적인 설교가 좋은 결과를 얻는 경우는 그렇게 많지 않다. 왜냐하면 윤리적인 문제는 어떠한 것이든 시대에 제한된 상대적인 것이 대부분이기 때문이다. 동성애나 혼전순결, 이혼 그리고 사회참여와 같은 문제들은 매우 민감한 것이어서

설교자들은 이러한 문제들에 대해 교리적인 측면을 반영하면서도 지나
치게 경직되지 않는 사고로 현대적인 윤리문제에 늘 관심을 갖고 지내
는 것이 좋다.

③ 변증적인 의미

본문의 변증적인 의미란 현대인들의 삶 속에서 제기되는 문제와 관
련해서 도전받는 기독교적 전통을 옹호하기 위한 진술을 가능하게 하
는 본문을 말한다. 변증적인 의미는 성경을 읽어 가면서 자연스럽게
파악되지 않는다. 청중들이 자신의 삶 속에서 듣고 보는 문제들을 분
명하게 의식하고 있을 때 설교자들은 본문으로부터 변증적인 의미를
읽어 낼 수 있게 된다. 예컨대 초대교회 시대에는 고대 그리스나 동양
종교에서 비롯된 철학 및 각종 이단적 가르침에 대한 변증의 한 방편
으로서 정경을 확립하고 또 교회의 기초가 되는 교리들을 신학적으로
다져 나가기 시작했다. 의인들이 받는 고난의 문제, 약속에 대한 확실
성의 문제, 천국에 대한 소망의 문제, 영생에 대한 문제 등 기독교인
들의 실존과 신앙을 위협하는 많은 주장들에 대해 교회는 처음부터
적절한 변증의 노력을 기울여 왔던 것이다.

한국 선교 초기에는 비기독교적인 전통에 기초를 둔 종교들과 문화
와의 갈등 관계로 인해서 기독교는 변증의 필요를 느꼈고[89], 결과적
으로는 불행한 교회분열로 이어진 자유주의 사상의 유입에 대해 이루
어진 강한 변증 또한 보수 신앙을 가진 자들에게는 절실한 문제였
다.[90] 진화론과 같은 과학적 지식과 기술적인 발견들에 근거한 도전

---

89) 대표적으로 최병헌의 『성산명경』과 『만종일련』 그리고 데니스 L. 옥콜름
    외, 『다원주의 논쟁』(기독교문서선교회, 2001); 통합윤리학회편, 『21세기
    도전과 기독교문화』(예영커뮤니케이션, 1998).
90) 김재준과 박형룡 사이에서 이루어진 신학적 논쟁과정에서 보여 준 박형룡

에도 맞서야 했다.91) 뿐만 아니라 과학에 의한 도전은 이제 생명의 문제(생명복제, 낙태, 안락사 등)와 생태계 문제(환경오염, 환경법, 개발과 환경 등)로 나타나고 있다. 특히 뇌의 활동에 대한 연구결과는 기독교를 포함한 모든 종교의 신앙현상에 대한 신비를 과학적으로 밝혀 낼 수 있을 것이라는 전망을 갖게 하고 있다. 최근에는 문명 간의 충돌(종교 간의 대화, 종교적 관용의 문제) 및 평화의 문제, 종교적인 새로운 지식의 발견에 의한 도전을 많이 받고 있다.92)

기독교의 진리를 시금석 위에 올려놓는 모든 문제들로 인해 설교자는 변증의 필요성을 느끼게 된다. 미국의 변증학자인 죤 스타트93)와 루이스(C. S. Lewis)(1898–1963)는 시대적인 도전에 대해 기독교적인 신학과 성경에 근거해서 기독교의 진리를 훌륭하게 변증하고 있다.94) 어떠한 문제로 도전을 받든 청중들은 이러한 문제에 직면해서 기독교적인 대답을 기다리고 있다. 바로 이러한 대답을 위해 설교자는 현실의 문제를 직시할 필요가 있고 교양의 수준에서나마 전문적인 지식에 대한 안목을 갖고 있어야 본문으로부터 변증적인 의미를 발견할 수 있고, 또 변증의 노력을 기울일 수도 있게 된다.

설교자가 본문으로부터 변증적인 의미를 발견해서 그것을 청중들의 삶과 현실을 향해 설교하게 된다면, 청중들이 자기 현실의 종교적 의

의 변증 노력은 오늘날까지 보수신학의 기초를 제공해 주고 있다.

91) 진화론 이외에도 우주 빅뱅이론이나, 생명유전공학 및 뇌와 관련된 지식 그리고 컴퓨터 산업 등.

92) 오강남, 『예수는 없다』(현암사, 2001), 티모시 프리크/피터 갠디, 『예수는 신화다』(동아일보사, 2002).

93) 참고: 죤 스타트, 『현대사회문제와 기독교적 답변』(기독교문서선교회, 1985).

94) 예컨대 C. S. Lewis, *Mere Christianity*(1942) [정경철, 이종태 역, 『순전한 기독교』(홍성사, 2001)]: –, *The Problem of Pain*(1955) [『고통의 문제』(홍성사, 2002)].

미를 이해할 때나, 청중들로 하여금 현실적 삶 속에서 기독교인으로서의 정체성을 올곧게 유지할 수 있도록 하는 데에 매우 큰 도움을 줄 수 있게 된다.

3) 본문의 의미와 현실 사이: 설교명상(Predigtmeditation)

본문에 대한 주석작업을 통해 본문이 갖는 의미가 확정됨과 동시에 본문이해에 관한 설교 준비는 일단락을 맺게 된다. 주석 이후에는 적용을 위한 탐색의 시간이 이어진다. 그러나 대부분의 경우에 적용은 본문의 의미를 발견함과 동시에 일어나는 경우가 많은데 이것은 유비적인 연상작용을 매개로 이루어진다. 본문의 의미를 청중의 삶 속에서 구체화시키기 위해 직접적인 적용의 과정을 거치게 될 때, 그것은 대체로 '~ 해야만 한다'는 언어형식을 갖는다. 본문의 의미가 구체적으로 현실화될 필요가 있고, 또 그것은 청중들의 삶 속에서 성취되어야 하기 때문이다. 경우에 따라서 의미가 이렇게 현실화되는 것이 '하나님 나라의 확장'으로 이해되기도 한다. 이런 식의 설교는 연역적인 구조를 가질 수밖에 없다. 수직적이다. 청중들의 현실은 이해되기 전에 설교자에 의해 판단되고, 그들의 고민은 새롭게 조명되기보다는 성급하게 본문의 의미 앞으로 이끌려 엄중한 심판을 받게 된다. 그 결과 청중들은 스스로가 무기력하다는 경험을 하게 된다. 무기력한 상태를 죄의 자각이라고 보고 이를 극복하기 위해서는 성령의 도움을 받아야 할 것으로 생각된다. 이 과정에서 성령은 인격적으로 이해되기보다 주로 힘이나 능력과 같은 비인격적이요, 단지 인간의 행위를 가능하게 하는 기능적인 존재로 전락하게 된다. 내담자의 문제를 듣기도 전에 혹은 내담자의 깊은 심리적 상태를 확인하기도 전에 단지 증세만으로 상담자가 자신이 알고 있는 상담 이론에 따라서 진단하고 또 성급하게 처방을 내리는 것에 비교할 수 있다. 내담자를 깊이 이해하지 않는 상담태도는 내담자가 기대하는 건강한 삶에 아무런 도움을 주지 못하는 법이다. 그것은 내담자 자신의 문제가 아니라 일반적인 유형에 따라 이해되고 처방된 것이기 때문이다.

주석의 결과로 본문의 의미가 확정된 이후에 이런 식의 적용이 이루어지게 되는 중요한 이유 가운데 하나는 본문과 현실이 서로 분리되어 있기 때문이다. 다시 말해서 본문은 성경의 저자 혹은 공동체의 경험이나 체험을 포함하고 있다. 성경본문은 소위 '하나님경험'(Gotteserfahrung, 하나님의 행위에 의한 경험, 하나님을 만나는 경험)을 담고 있는 것이다. 설교자는 이런 경험들을 숙고해야만 한다. 이런 과정에서 설교자는 "공동체를 대표하는 자"가 된다.95) 그러나 경험이 깊이 있게 고려되지 않을 때 본문은 단순한 문자로서 경직되고, 설교자는 공동체와 분리하게 된다. 때로는 판단의 잣대가 되어 결국에는 율법적인 설교로 끝나게 된다. 청중들의 마음에까지 이르지 못하는 건조한 설교가 된다. 본문의 의미와 현실 사이에는 저자의 경험이 있을 뿐만 아니라 또한 청중들의 삶과 경험들도 있다. 그러므로 본문을 통해 영의 활동을 읽을 수 있는 것이다.

청중들이 좀더 가깝게 본문의 의미를 자신의 삶에 내재화시킬 수 있는 설교는 설교자가 먼저 본문 안에 내포된 경험을 함께 살고 함께 느끼고 또 함께 경험할 수 있을 때 가능하다. 이 과정이 생략된 채 행해지는 설교에서는 설교와 설교자가 분리되고, 설교자와 청중이 나뉘고, 본문이 현실에 부적합하게 되고, 또 본문의 의미와 청중의 기대가 서로 상충될 가능성이 높다. 더 나아가서는 들음과 행함이 일치되지 않을 수

---

95) O. Weber, Vom Text zur Predigt, 131.

196

도 있다. 그러므로 본문의 의미와 현실 사이에는 양자의 공통점에 이르기 위한 작업이 요구되는데, 그것을 '설교명상'[96]이라고 부른다.

설교명상은 "설교가 구체적으로 하나님 말씀의 형태에 부합되는지를 결정하는 투쟁의 장소이다."[97] 곧 본문의 의미와 현실이 설교자의 설교명상 안으로 수렴되어 서로 잘 융합될 때 서로 낯설게만 여겨지는 본문과 청중 양자의 경험은 설교자 안에서 공감적인 것으로 이해된다. 본문이 청중의 현실 속에서 어떠한 의미를 갖는지가 분명해지면서, 성경본문은 이곳에 있는 오늘 우리들의 고백이 되고 또 삶의 방향이 되고 때로는 규범으로 인정된다. 설교명상을 통해 비로소 설교자 안에서 본문과 청중 사이의 지평이 만나게 된다는 점에서 설교명상을 '설교학적 해석' 작업이라 부를 수 있다.

이런 의미에서 '설교명상'이란 먼저는 본문의 의미에 깊이 들어가 의미를 반추하면서 그것을 내면화시키고, 다음으로는 하나님의 은혜가 현실 속에 구체화되기를 기도하며 하나님의 은혜 안에 머물러 있으면서, 현실과의 관련성을 모색해 보는 것을 말한다. 주석과 설교 사이에 위치하면서 본문이 갖는 낯설음을 극복하고 청중들이 본문의 의미를 친숙하게 받아들일 수 있게 하는 작업이다. '설교명상'은 시종 연상 및 유비적 사고를 통해서 일어난다. 이러한 연상과 유비적 사고에 기초한 '설교명상'을 통해 과거의 기록에 불과한 성경본문은 오늘 지금 이곳 그리고 읽는 자와 듣는 자에게서 살아 있게 된다. 그러므로 '설교명상'

96) 설교명상과 관련해서는 다음을 참고: R. Bohren, 『설교학 실천론』, 14-65. 이 책에서 보렌은 명상에 도움을 주는 문헌들을 자세하게 소개하고 있다. 그 밖에 다음 문헌을 참고: W. Trillhaas, Meditation. Art. ³RGG Bd. 4, 823-826. M. Nicol, Meditation II. Historisch/Praktisch-theologisch, Art. TRE Bd. 22, 337-353.

97) O. Weber, Vom Text zur Predigt, 131.

은 말씀 속에서 그리고 말씀을 통해 역사하시는 성령에 자신을 내맡기는 시간이다. 그가 상기하여 주는 것을 기억하고, 그의 인도하심에 이끌리고 그의 가르침에 귀를 기울인다. 그러므로 '설교명상'은 성령론적 의미를 갖는다.[98]

구원에 이르기 위한 한 과정이나 인간의 노력을 통해서 하나님을 경험하려는 수단으로서 실천되는 명상과는 달리 '설교명상'은 통합적이고 복합적이다. 전통적인 이해와의 관계 속에서 이루어진다는 점에서 그것은 엄밀한 의미에서의 해석 작업은 아니라 해도 분명 "해석학적인 기능"[99]을 갖는다. 본문의 의미 안에서 우리들의 현실을 이해하고 현실 안에서 하나님의 현실을 발견하는 작업이기 때문이다: "본문 속에서 공동체와 세계와 자신의 실존을 발견하기 위하여 그리고 본문을 공동체와 세계와 자신의 실존 속에서 보기 위하여 출발하는 것을 뜻한다."[100] 삶의 문제나 시사적인 사건들로부터 하나님의 현실을 발견하려는 노력도 '설교명상'을 통해서 이루어진다. '설교명상'은 일정한 그룹 내의 상호 대화를 통해서도 이루어질 수 있다는 점에서 볼 때, 항상 그런 것은 아니지만, 대체로 침묵의 형태를 띠고 있다. 침묵 속에서 타자와의 만남, 곧 설교자는 침묵 속에서 본문의 저자 및 청중들을 만날 수도 있다. 침묵의 형태를 갖는 것으로서 명상이 기도와 다른 것은 명상은 구체적인 삶과의 관계를 부각시켜 주는 것으로 이해되기 때문이다. 그러나 '설교명상'은 기도를 포함한다.

---

98) 참고: R. Bohren, 『설교학 실천론』, 14-65, 21ff.

99) M. Nicol, Meditation Ⅱ. Historisch/Praktisch-theologisch, Art. TRE Bd. 22, 337-353, 345.

100) R. Bohren, 『설교학 실천론』, 14-65, 35.

4) '청중'이란 누구인가?[101]

설교의 형태를 결정짓는 한 요소로서 청중의 의미는 매우 중요하다. '설교형태'의 결정은 청중들의 이해와 수용을 목표로 하기 때문이다. 청중이란 누구인가? 앞서 '설교와 청중과의 관계'에서 다루어진 내용의 반복을 피하기 위해 이곳에서는 청중의 성향과 내적구조 그리고 그들의 기대 등을 살펴보고자 한다.

설교에서 청중이란 '듣는 자' 혹은 '암묵적인 대화를 통해 설교에 참여하는 자'이다. 설교사건에 참여하는 자로서 청중들 역시 "설교에 대한 책임성"을 갖는다.[102] 앞서 지적해야 할 것은 설교는 결코 수동적인 의미에서의 '청중'을 염두에 두지 않고, 또한 비인격적인 집합체에게 행해지는 것도 아니라는 것이다. 설교는 암묵적인 대화로 설교에 동참하는 능동적인 개개인을 향한 하나님의 말씀이요 인격적인 반응을 겨냥하는 선포이며 사건이다.

설교자가 청중들을 이해하기 위한 방법은 다양하다. 심방을 통해서 청중의 상황을 파악할 수 있다. 최근에는 심방 역시 단순히 예배를 위한 심방이 아니라, 성도들의 근황을 살펴보며 그들의 문제에 귀를 기울이는 목회상담적 심방이 유행하고 있는데 참으로 다행이라 생각한

---

101) 청중에 대한 생각을 구체화시키는 데 있어서 필자는 다음의 책으로부터 많은 도움을 받았다. C. Ellis Nelson(Ed.), 『회중들』. 미국의 현직 신학교 수들의 논문집으로 예배, 선교, 설교 그리고 교육 분야에서 회중들을 바로 이해하고 그들로 하여금 새로운 가능성을 발견할 수 있기 위한 연구 결과들이 수록되어 있다. 우리 한국의 목회현실과는 다른 부분이 많이 있음에도 불구하고 회중 이해의 틀을 제공해 주는 데 큰 도움이 된다. 참고: 정장복, 『설교 사역론』(대한기독교서회, 1990), 128–134.

102) R. L. Howe, *Partners in Preaching*(1965) [정장복 역, 『설교의 파트너』 (도서출판 엠마오, 1982)], 54.

다. 정기적인 모임을 통해서 청중을 이해할 수 있다. 한국교회에서는 아직 시도되거나 정착되지 않은 프로그램이지만 서구에서는 여러 가지 형태로 시도되어 좋은 반응을 얻고 있다. 시사적인 정보를 통해서 청중들의 상황에 접근해 볼 수도 있다. 성도들은 교인이면서 또한 대중문화와 시사적인 사건들과 일련의 관계를 맺고 살아간다. 그러므로 전부는 아니지만 정치, 경제, 교육 및 사회 각 분야에서 일어나는 큼지막한 사건들에 대한 관심을 공유하고 있다고 전제해도 무리는 아니다. 특이하게 선교사 부두일은 여행을 통해 연구하는 것도 청중들을 이해하기 위한 한 방법이라고 말하기도 했다.[103]

교회는 개인들을 참된 그리스도인으로 만들어, 하나님의 행위에 바르게 응답하고, 복음을 힘 있게 그리고 세상 끝 날까지 전하며, 그리스도의 장성한 분량에 이르기까지 자라날 수 있도록 돕는다. 이를 위해 설교가 행해지는 것이고 이 설교를 듣는 자들이 바로 '청중'이다. 신약성경의 서신서들은 교회의 청중들을 향한 것이었다. 그러므로 성경을 통해서 청중들의 정체성을 가장 잘 파악할 수 있을 것이다.

그러나 성경 속의 청중은 초대교회시대의 사람들이며 또한 특정한 지역에 속한 청중이었다. 그들로부터 보편적인 의미를 발견할 수 없는 것은 아니지만 성경적 청중의 의미를 통해서 현대의 청중을 규정하는 것은 무리다. 청중들이 평가절하 되어서도 안 되지만 그렇다고 해서 이상화될 경우에 설교는 실패할 수밖에 없다. 설교자들이 같은 목회자들 앞에서 혹은 신학자나 가족 앞에서 설교하기를 주저하거나 혹은 설교다운 설교를 하지 못하게 되는 것은 청중을 하나님 앞에서 말씀을 듣는 자라는 사실을 망각했기 때문이다. 청중 가운데 어떤 종류의 사람이 있다 하더라도 청중은 기본적으로 듣는 자일 뿐이다. 또한 설

---

103) 부두일, "實效있는 講道의 要素", 83.

교자가 청중을 이상화시킨다면 설교는 실패할 수밖에 없다. 우리가 주제로 다루고 있는 청중은 구체적인 실존의 모습을 갖는다. 현대인으로서, 한국 문화 속에서 그리고 각각 독특한 삶의 정황을 갖는 청중들로서 하나님 앞에서 듣는 자이다. 한국 교회사 안에서 많은 신앙인들을 감동시켰던 설교의 다수는 당시 한국이 처해 있는 상황을 진지하게 여기고 시대에 걸맞은 메시지를 통해 듣는 자들에게 위로를 주는 것은 물론이고 새로운 시대에 대한 비전을 제시한 것이어서 당시 기독교가 민족의 갈 길을 제시해 주는 종교[104]로 인식되었다는 사실은 오늘날의 설교자들이 주목해야 할 사실이다.

한 민족 사회 안에서 이해될 때 청중들은 종교 정치 문화사를 공유하지만, 한 교회를 중심으로 혹은—교인들의 잦은 이동성을 생각해 본다면—한 지역을 고려하게 될 때 청중들은 개교회의 역사를 공유한다. 창립의 순간부터 현재까지의 역사를 알고 있는 청중들은 대개 핵심층의 성도들로서 몇 명 되지 않는다. 교역자들도 교회의 자세한 역사를 모를 때가 많다. 한 국가나 민족에 속한 사람들의 정체성은 역사를 공유함으로써 형성되듯이 교회의 청중들 역시 자신들의 교회사를 공유할 때 보다 분명한 정체성을 가질 수 있다. 에큐메니칼 정신에 충실한 사람들이 혹시 비난할 수 있을지 모르지만, 교회의 역사를 청중들에게 숙지시킬 필요가 있다고 말한다고 해서 결코 개교회중심주의를 지지하는 것은 아니다. 오늘날 청중들은 자신들의 정체성을 단지 '그리스도인'으로 만족하지 않는다. 대부분은 교회의 이름과 더불어서 이해하고 또한 일정한 지역사회인으로서 스스로를 이해하기 때문이다. 교회보다는 더 많은 시간을 지역사회인으로서 살아간다. 어느 지역, 어느

---

104) 정성구, 『한국교회설교사』, 60ff.

교회에 속하는 교인으로서 자신의 정체성을 이해하는 것이다. 그렇다
면 청중의 성경적이고 일반적인 의미와 더불어서 지역공동체의 특수성
이 고려될 필요가 있는 것은 당연하다.

성경 연구가들에 따르면, 성경 안에서도 지역공동체의 특수성은 언
제나 인정되었다. 만일 다양성으로 인해 갈등이 일어나게 될 경우에는
주 안에서 하나 됨이 강조되었다. 세계교회협의회(WCC)에서도 그리
스도 안에서 하나가 되었다는 고백 위에 지역적인 특수성이 다양하게
표출되고 신장될 수 있음을 인정했다. 그렇다고 본다면 현대교회의 청
중들이 지역적 특수성을 내면화하는 것은 교인으로서의 정체성을 확립
하고, 동시에 그리스도 안에서의 교회의 하나 됨을 기도할 수 있는 중
요한 계기를 마련해 줄 수 있다. 청중들은 개교회의 역사를 사실적으
로 공유하고 있다. 역사 속의 청중들을 이해하며 행해지는 설교는 공
명과 공감의 정도가 뛰어나다.

청중들 간에는 문화와 역사가 서로 공유되지 않고 때로는 갈등으로
나타나는 부분이 없지 않다. 교육이나 경제적 수준의 차이 혹은 교회
직분상의 차이나 교회등록연도의 차이에 따라서 공유의 정도는 상당
한 차이를 보이고 있다. 대부분 교회에 오래 출석한 교인들은 공유되
는 부분이 많지만 그렇지 못한 교인들은 전혀 공유하지 못하게 된다.
대부분의 교회는 성경과 초대교회사를 공유하는 것으로 만족하고 또
그런 현상은 교회공동체에서 지극히 자연스러운 것이다. 그러나 청중
개개인의 정체성이 강해 서로 상이한 주장들이 제기되는 교회는 갈등
에서 벗어나기 어렵다. 바로 이러한 문제를 해결하기 위해서 사도 바
울은 '그리스도의 몸'의 비유를 들어서 청중들의 관계를 이해했다. 이
말은 개체들이 서로 유기적인 관계를 가지고 있다는 것을 가리킨다.

개체들의 관계는 그리스도를 매개로 해서 이루어지며 각 개체는 서로 분리되어 있지 않고 그리스도를 통해서 하나로 묶여 있다는 것이다. 또한 교회의 개체들이 다른 것 혹은 다른 단체나 사상에 속하는 것이 아니라 오직 그리스도에 속한다는 것을 의미하기도 한다.

가) 청중들의 자아의식

청중들의 자아의식에 대한 변화는 주목할 만한 것이다. 그동안 양과 목자의 관계에서 스스로를 양으로 인식하도록 교육받은 청중들은 이제 더 이상 수동적인 위치에 머물러 있지 않다. 그들 가운데 많은 사람들은 직분상 역시 가르치는 자로서 혹은 양육하는 자로서 봉사하기도 한다. 그렇다고 해서 가르침이나 인도함을 더 이상 받지 않아도 된다는 말은 아니다. 양이라는 이미지 속에 담긴 수동적인 위치에만 머물러 있지 않다는 것이다. 청중들 역시 스스로 말씀을 읽고 또 주석을 읽고 있으며 신학서적도 읽고 있다. 신학교나 신학원에 등록하거나 혹은 기타 성경연구 강좌에 참석하여 스스로 지식습득의 기회를 갖고 또 스스로 가르치는 자리에 있기도 하다. 말씀에 대한 이해의 폭이 깊어졌을 뿐만 아니라 여러 가지 면에서 일반 교역자들과 같은 역할을 수행하고 있다.

이렇게 본다면, 설교는 청중(성도들)과 목회자를 구분시켜 주는 매우 중요한 제도임에 분명하다. 그렇다고 하더라도 자신의 청중을 동역자로 인식한 사도 바울의 태도가 오늘날의 교역자나 설교자들에게도 요구된다. 목회자들의 모임에서 행해지는 설교에서는 누구도 '~해야 한다'는 식의 표현을 쉽게 하지 않는다. 해야만 할 경우가 있다면 매우 조심스럽게 이루어진다. 동역자이기 때문이고 또 직분에 따른 비슷한 경험을 공유하고 있다는 것이 중요한 이유가 된다. 그렇다면 동역자로서 청중들에게 지나치게 '∼해야 한다'는 식의 당위적 표현은 자제하는 것이 좋을 것이다. 그렇지 않다면 설교 자체에 대한 거부감을 불러일으킬 수 있다. 청중들을 동역자로 인정하는 설교는 청중들에게 용기와 희망 그리고 삶에 필요한 힘과 위로를 주는 데에 집중한다.

나) 청중들의 잠재력

청중들은 잠재력을 갖고 있다. 설교를 하다 보면 어떤 때는 청중들의 반응이 매우 강력하게 나타남을 경험하게 된다. 죄를 고백하며 흐느끼고, 과거의 잘못된 삶을 완전히 정리하겠다는 결심은 물론이고 가치관과 인생관이 완전히 바뀌는 모습을 볼 수 있다. 그 이후에 전개되는 그들의 새로운 삶의 모습을 보면, 생활의 변화는 물론이고 교회에 실망한 사람들을 다시 세우고 또 믿지 않는 자들을 전도하는 데 열심을 내는 모습을 보면서 설교자들은 말로 표현할 수 없는 기쁨을 느끼게 된다. 청중들의 폭발적인 잠재력에 놀라지 않을 수 없다.

한편, 이런 경험을 하면서 떠오르는 질문이 있다. 설교의 메시지는 평범하고 또 다른 날들의 설교와 별로 다를 것이 없는 것이었음에도 불구하고, 다시 말해서 평범한 설교였음에도 불구하고 무엇이 그들로 하여금 그러한 엄청난 변화를 가능하게 한 것인가? 이러한 질문에 대해서 성령의 임재를 인정하는 사람이라면 누구도 그 원인이 설교자의 능력에 있다고 말하지 않는다. 설교의 능력은 설교의 현장 속에 임재해 계신 성령 하나님의 능력이기 때문이다. 청중들의 폭발적인 잠재력은 바로 성령 하나님을 통해서 가능한 것이다. 청중들에게서 나타나는 성령의 사역을 바로 인식할 수 있는 설교자만이 청중들의 잠재력을 인정할 수 있다.

그렇다면 성령의 역사가 일어나도록 하는 설교는 어떤 것이고, 역사가 일어나지 않는 설교는 어떤 것인가? 이런 질문과 관련해서 고민하게 될 때 설교자의 역할에 대한 질문이 제기된다. 설교자의 역할이란 이미 우리 가운데 임재해 역사하고 계시는 성령 하나님의 사역이 결실로 나타날 수 있도록 돕는 것이다. 무엇을 통해 그것이 가능한 것인가? 이 일이 구체적으로 어떻게 일어나는가를 탐구하는 것은 신비를 파헤치기 위한 노력이기 때문에 사실 조심스럽다.

그러나 이 사건 속에서 한 역할을 수행하고 있는 인간으로서 설교자를 생각해 볼 때 한 가지 분명한 것이 있다. 성령의 능력은 청중들의 내외적인 요소들로 인해서 나타나지 못하고 있을 뿐이라는 것이다. 방해요소들이 제거될 때 청중들 안에 임재해 계신 성령께서 당신의 능력을 거침없이 나타내신다. 청중들의 이러한 잠재력을 일깨울 수 있을 때는 설교자가 청중들을 바로 이해할 때다. 청중들의 입장에서, 그들의 관심을 살펴보고, 그들의 문제를 해결하며, 그들의 질문에 대답하려는 성실한 노력 속에서 방해요소는 제거되고 또 그들의 잠재력은 자극받아 마침내 하나님의 능력으로 나타날 수 있도록 자신을 내어놓을 수 있게 된다. 설교가 청중들의 현실로부터 그 출발점을 삼아야 하는 것은 바로 이러한 이유에서이다.

스튜어드(David S. Steward)는 사람들이 교회에 모이는 다양한 이유를 연구하면서 다음과 같은 결론을 맺고 있는데 회중들의 잠재력을 활성화시키기를 원하는 설교자들이 한번쯤 되새겨 볼 만한 말이다:

"사람들은 그들의 사정이 들리게 되며 그리고 다른 이들의 사정을 듣기 위하여 회집한다. 회중들은 사람들이 가지고 오는 은사들을 시인하며, 어려움 가운데 있는 이들로 그들이 경험하게 된 '그때들'을 그들의 행동들을 통하여 선포함으로써 그 같은 일들을 행하게 된다.……"[105]

다) 청중들의 삶의 자리

　청중들의 현재는 과거와 미래 사이에 위치한다. 이 말은 단순히 청중의 실존적인 의미를 말하려는 것이 아니다. 청중 가운데는 과거지향적이고 보수적인 사람들이 있는가 하면, 미래지향적이며 진보적이고 자유로운 생각을 가진 사람들도 있다. 반면에 꼭 과거에 대한 권위를 부여하기 때문은 아니라 해도 현실에 만족하며 그곳에 안주하기를 원하는 사람들도 있다. 보수적인 태도와 진보적이고 자유로운 태도는 각각 하나님의 행위에 대한 반응이다.

　하나님의 행위에 대한 특별한 경험을 가진 사람들은 대개 보수적이다. 자신들의 경험이 너무나도 확실하기 때문에 그것을 진리라고 믿을 정도다. 그들은 새로운 변화를 주저한다. 이런 점에서 흔히 현실에 안주하려는 사람들과 공통점을 갖는다. 교회사적으로 보면 교회는 이런 경험들을 결코 무시하지 않았다. 교리 혹은 가르침이라는 이름으로 그것을 체계화시켜 놓았고 새로운 신자들의 교육을 위해서 교리문답의 형식을 발전시켜 왔다. 뿐만 아니라 그것을 새로운 경험에 대한 기준으로 사용했다.

　다른 한편으로 진보적인 성향의 청중들은 하나님의 새로운 창조행위를 지향한다. 시대의 변화에 민감하게 반응하려는 것이다. 빠른 변화로 나타나는 시대의 새로운 모습 속에서 하나님을 발견하고 그를 인식하려다 보니 그들의 생각은 결코 과거에 매일 수 없게 된다. 살아 계신 하나님이요 또한 미래의 하나님으로서 하나님의 일을 도대체 과거의 기준으로 어떻게 다 헤아릴 수 있겠는가? 과거의 기준이 틀리지 않았다면 그것은 현대에 또 앞으로 계속적으로 변화될 시대에도 여전히 유

---

105) C. Ellis Nelson(Ed.), 『회중들』, 101.

효한 것으로 해석되어야 할 것으로 주장된다. 시대와 함께 호흡하려는 신앙운동은 교회사 가운데 끊이지 않았고 교회는 그것을 또한 결코 무시하지 않았다. 기대와 소망을 가진 신앙인들을 양성하기 위해 노력했으며 특별히 몰트만의 희망의 신학은 하나님의 약속을 바탕으로 하는 희망 속에서 새로운 세계를 향한 도약의 계기를 마련해 보고자 했다.

이에 반해서 특별히 과거를 지향하지 않고 또 미래를 내다보지도 않으면서 현재의 모습에 만족해하며 살기를 원하는 사람들도 있다. 이들은 대개 정서적인 만족이나 혹은 자신의 삶에 큰 도전이 제기되지 않는 한 아무런 문제를 느끼지 않는다.

지금까지 언급한 이 세 가지 종류의 청중들이 설교자 앞에 앉아 있다. 설교자가 만일 이들 청중들을 제대로 이해하지 못한다면 편파적인 설교를 할 수밖에 없다. 지혜는 비록 쉽게 얻어지지 않지만, 설교자가 새로운 경험의 가능성을 보여 줌과 동시에 전통의 중요성을 부각시키면서, 어느 한쪽에 치우치지 않는다는 마음가짐으로 하나님 행위의 통일된 모습을 보여 줄 수 있도록 끊임없이 노력하는 가운데 습득된다.

라) 청중들의 복잡한 이해관계

이와 유사한 갈등 관계이지만 청중들은 서로 다양하면서도 때로는 상충되는 이해관계를 갖는다. 가장 민감하게는 정치문제와 관련해서 나타나지만, 또한 교육이나 경제 혹은 사회적 이슈와 관련해서도 나타난다. 설교자가 이들의 관심과 이해관계를 파악하지 못하고 자신의 입장에 따라서만 설교한다면 설교의 본래 의도에서 벗어나 잘못된 반응을 불러일으킬 수 있다. 예배참석을 태만하게 만들거나 심하면 교회를 떠나게 만들 수도 있다. 설교에서 청중들의 관심이나 이해에 얽힌 문제를 전혀 배제할 수 없지만 언제나 일반적인 차원에서 머물되 신학적인 질문과 연결지음으로써 어떠한 문제든 신학적인 문제로 환원시킬 수 있는 훈련이 요구된다.

본문의 의미, 곧 주제가 청중들의 이해관계에 복잡하게 얽혀 있다고 여겨질 경우에는 그들 모두를 수용할 수 있는 태도를 취하는 것이 바람직하지만 이것 역시 쉬운 일은 아니다. 이럴 때는 강해식으로 설교하되 적용은 단순히 질문의 형태로 남겨 놓게 되며 주제에 대한 입장 표명은 청중들 몫으로 돌아가게 된다. 아직도 해결되지 않고 계속 논의 가운데 있는 문제에 대한 설교자의 단언적 진술은 때로는 문제를 잠재울 수도 있지만, 때로는 교회분쟁의 원인이 될 수도 있다. 설교자가 말씀을 선포한다는 미명하에 아무런 두려움이 없이 선포하게 된다면 이해관계에 얽혀 있는 청중들로부터 설교는 외면당하게 되고 또 그 주제와 상관이 없는 다른 설교를 듣는 태도에도 부정적인 영향을 주게 된다.

예컨대 이혼율이 높아만 가고 있는 한국 사회에서 이혼문제는 설교에서 쉽게 거론되지 못하는 주제가 되었다. 그렇다 하더라도 성경이 금하고 있는 이혼의 문제를 설교자가 간과해서는 안 된다. 설교자를 어렵게 만드는 요소는 청중 가운데는 이혼한 사람들도 있고, 이혼을 준비 중인 사람도 있다. 반면에 일부 청중들은 이혼에 대해 매우 부정적인 견해를 가지고 있기도 하다. 이럴 경우 '이혼하지 말라'는 말씀을 그대로 선포하기보다는 한편으로는 이혼한 당사자나 이혼을 준비하고 있는 사람들에게 이혼의 원인을 기술해 주며, 다른 한편으로는 그들이 받은 마음의 상처를 언급해 줌으로써 간접적으로 이혼의 문제에 대한 성경적인 입장을 전달해 줄 수 있게 된다.

과거에는 철학적인 문제들과 마찰을 빚었지만 오늘날에는 과학적인 문제들로 인해서 청중과 설교자 간에 갈등이 나타나고 있다. 진화론과 창조론의 갈등은 오래된 문제이지만, 최근에는 인간 배아 복제문제와 관련해서 심한 마찰을 일으키고 있다. 특히 여성 신학적인 견해가 설교자들과 청중들 사이에서 갈등의 요인을 제공하기도 한다. 설교의 목적은 학문적인 이론을 전달하는 것이 아니라, 사람들의 거듭남을 겨냥하기 때문에 설교자는 이러한 갈등 관계 속에서 중요한 것이 무엇인지를 보여 주어야 한다. 복잡한 이해관계가 얽혀 있는 상황에서는 귀납적 설교를 통해서 서로의 장단점을 지적해 주면서 서로 다른 의견과 주장들 사이에서도 하나님을 함께 고백할 수 있는 이유를 제시해 준다면 청중들은 서로 다른 견해에도 불구하고 주 안에서 하나 됨을 배우게 된다.

마) 카멜레온 같은 회중

하트포드 대학 종교 및 사회학 교수 캐롤(Jackson W. Carroll)은 교회 밖의 현실에 너무나도 쉽게 적응해 버리는 회중들의 모습을 보고 비유하여 말하기를 "카멜레온 같은 회중"[106]이라고 했다. 환경에 쉽게 적응하는 능력을 가지고 있음을 지적한 것이다. 실제로 교회에 모여 설교를 들은 청중들은 교회 문을 나서면서 이내 잊어버리기도 하고, 언제 말씀을 들었느냐 의심될 정도로 설교 안에서 요구된 것과는 전혀 다른 삶에 너무 쉽게 동화되어 버린다. 외부적 환경에 끊임없는 영향을 받고 있을 뿐만 아니라, 비기독교적인 문화와 반기독교적인 지식에 항상 노출되어 있다는 의미이다.

한국 사회는 다종교 사회이고 또한 서구문화와 동양문화가 혼합되

---

106) C. Ellis Nelson(Ed.), 『회중들』, 53ff.

어 나타나는 복합문화 사회이기 때문에 기독교인들이 교회가 요구하는 기독교적인 정체성을 온전하게 보존하는 것이 그렇게 쉬운 일은 아니다. 과거에는 '단절'과 '고립' 그리고 '교회 안에서의 연대'라는 모습으로 대처해 나갔지만 세속화가 점점 더 심화되어 가는 시대에 교회는 더 이상 사회로부터 고립될 정당한 이유를 발견할 수 없게 되었다. 오히려 기독교의 본질에 벗어날 뿐만 아니라 선교에도 방해가 된다는 주장이 강하게 제기되었다. 이런 까닭에 세속적인 요소를 거부만 하기보다는 그것을 적극적으로 수용할 수 있는 방법들이 고안되었다. 그 결과 최근에는 대중문화의 요소들이 기독교적인 내용을 동반해서 혹은 기독교적인 의미로 해석되는 가운데 교회 안으로 자연스럽게 유입해 들어오고 있는 실정이다.

기독교 문화가 이렇게 변하고 있다면 설교 역시 청중들의 이중적 혹은 다차원적 현실의식을 고려해야만 한다. 반기독교적인 맥락에서 이해될 수 있는 듯한 과학적인 지식들에 대해서는 성급한 판단을 내리기보다는 좀더 관망하는 자세와 태도로 과학적인 지식을 대할 것이 권장된다. 과학적 지식에 대한 성급한 비판은 오히려 성경의 내용에 대한 의심을 불러일으킬 수 있다. 신학과 과학을 중심으로 연구하는 학자들의 견해를 검토해 나가면서 과학에 대한 신학적인 이해를 충분히 반영해 준다면 청중들은 설교자에 대한 신뢰는 물론이고 새로운 과학적 지식들이 어떠한 의미에서 성경적인 맥락에서 이해될 수 있는지를 알게 된다.

설교자들은 신앙에 있어서 청중들의 일관된 태도가 중요하지만 그렇지 못한 자들의 연약한 부분들을 어루만져주고 또 부족한 부분들을 채워 줄 수 있는 여유를 갖추어야 한다. 설교에서 중요한 것은 복음의 능력이 나타나도록 하는 것이지 어떤 일정한, 예컨대 종교적인, 윤리적인 혹은 도덕적인 삶의 모습을 갖도록 하는 것이 아니기 때문이다. 따라서 청중들의 가변적인 모습, 카멜레온과 같이 환경에 쉽게 적응하는 모습을 무조건 나무랄 필요는 없다. 물론 그러한 태도가 나무랄 것이 없다는 말은 아니지만 청중들의 적응능력마저 간과되어서는 안 된다는 말이다. 비록 하나님 앞에 살아가는 모습은 어떠한 상황에서도 변할 것이 없지만, 사실 그들의 삶의 자리는 교회가 아닌 사회이기 때문이다.

율법적인 설교의 많은 경우는 청중들의 이러한 가변적인 태도에 대한 위기의식에서 비롯된다. 율법적인 설교는 청중들을 의기소침하게 만들고 자신들의 이중적 현실의식 혹은 다차원적 문화적응능력을 사장시켜 버릴 수도 있다. 심해지면 교회의 문턱을 넘어서기가 힘들어질 때가 있다. 설교자들은 오히려 청중들의 이러한 이중적 현실의식을 긍정적으로 읽어 내고 또 생산적이 될 수 있는 방법을 고안해 낼 수 있다. 캐롤은 그것의 긍정적인 측면을 다음과 같이 말했다.

"……교인들이 그들의 인간됨의 일부분으로 교회에 '가지고 들어오는' 사회적 세계들은 단순히 극복하거나 견디어 내야 하는 약점이나 제약만은 아니다. 그것들이 복음과 그들의 공동체들의 소속원들의 평범한 매일 매일의 경험들—기쁨, 혼란, 수난 그리고 슬픔—사이의 중요한 연결점들이다."107)

긍정적인 태도가 가능한 것은 복음의 능력이 죄를 용서하는 능력이요 하나님과의 관계 속에서 이루어지는 새로운 삶을 열어 주는 능력이기 때문이다. 청중들의 이중적 현실성과 가변적 태도는 어떠한 상황에서든 하나님과 새로운 관계를 의식하며 살아가는 존재로서 스스로를 인식할 기회를 제공해 준다.

107) C. Ellis Nelson(Ed.), 『회중들』, 70.

바) 청중들의 능동적 반응

청중들은 단순히 수동적인 태도만을 취하지 않는다고 했다. 그들 역시 자신의 생각과 신념 그리고 관심을 통해서 설교에 직접적으로 참가한다. 청중들이 들으려는 마음이 없을 때 아무리 좋은 설교라 하더라도 들리지 않고 공명과 공감이 나타나지 않게 된다.

대표적인 경우를 예수 그리스도의 오심과 그의 말씀에 대한 당시 유대인들의 태도에서 엿볼 수 있다. 그들은 어둠에 머물러 있으면서 빛으로 나아오기를 원치 않았다. 요1:5에는 그들이 빛을 깨닫지 못해 그 빛이신 예수 그리스도를 영접할 수 없었다(요1:11)고 말하고 있다. 또한 빛을 멀리했는데 이는 자신들의 악한 행위가 드러날 것을 염려했기 때문이라고 했다(요3:20). 그러므로 아무리 청중들의 상황이 고려된다 하더라도 공감과 공명을 위해서는 청중의 태도가 중요하다. 청중들이 이미 신앙을 고백했는지 그렇지 않았는지에 따라서 설교에 대한 태도가 달라지겠지만, 무엇보다도 설교자는 설교의 도입부를 통해 알려고 하고, 듣고자 하고, 깨닫기를 원하는 마음을 불러일으킬 수 있도록 노력해야 한다.

사) 청중이란

청중들의 관심을 북돋기 위해 설교자는 먼저 청중들을 분석하고 그들의 공통적인 관심들을 촉발시킬 수 있는 주제들을 연구할 필요가 있다. 청중들을 세부적으로 분석하기 전에 한세완의 『평신도가 갈망하는 설교』(137-138쪽)에서 성도들에 대한 윌리몬(William H. Willimon)의 이해가 인용되어 있는데 지금까지의 청중들에 대한 필자의 견해를 정리하는 의미에서 다시 한번 되새겨 봄직해 이곳에 인용해 본다.

1. 그들은 신학적인 생각을 하고 있는 사람들이다. 그들의 이야기는 비록 신학적인 범주의 형식을 갖추지는 못했지만, 그들은 삶의 의미를 찾고자 하며, 그에 대한 도움에 감사하고 있다.

2. 그들은 이미 마음속 깊이 자신들의 실제 문제 대부분 이해하고 있다. 그리고 그들은 더 이상 자신들의 문제에 대한 진단을 바라는 것이 아니고, 해결을 위한 도움을 필요로 한다.

3. 그들이 처한 본질적인 상황은 그들이 무력하다는 사실이다. 아니, 최소한 그들 자신이 무력하다고 느끼고 있다는 점이다. 그들은 가해자가 아니라, 오히려 삶의 희생자이다. 그들은 자기들의 마음에 들지 않는 일, 자기들이 변화시키고 싶은 일들을 대부분 변화시킬 수가 없다.

4. 그들은 그들의 두려움을 자극할 때보다는 그들의 창의력에 호소할 때 더 잘 반응을 보인다.

5. 그들은 삶이 그들에게 부과하고 있는 변화 속에서 안정을 중시한다. 그들은 안정을 성취할 수 없는 경우, 내면적인 질서를 느낄 수 없는 경우에 그저 현상 유지에 매달리려고 한다.

6. 그들은 현재 속에 살기 위해서 미래에 대한 꿈을 지니려고 한다. 그들은 믿을 만한 꿈을 꾸지 못할 경우, 그릇된 희망을 움켜쥐든지, 아니면 냉소주의나 절망에 빠지게 된다.

7. 그들은 구체적으로 마음속에 그림을 그리면서 생각한다. 그들은 책을 많이 읽지 않는다. 따라서 그들은 이 꿈(images)을 통해서 생각을 한다.

다음은 청중을 이해하려는 설교자들을 돕는 의미에서 교회 안에서 가장 왕성한 활동력을 보여 주고 있는 여성층과 또한 사회 및 교회의 노령화 현상에 비추어 볼 때 새롭게 관심의 대상이 되고 있는 노년층에 대해서 좀더 자세히 살펴보도록 하겠다.

① 청중으로서 여성

여성을 이해하기 위해 요긴한 문헌들을 소개한다.

정석기, 『주님의 여성이 되려면』(나눔사, 1993) : -, 『한국 기독교 여
성 인물사』(쿰란, 1995) : 브라운, 린 미켈, 『교차로에서의 만남』(이화여
자대학교출판부, 1997) : 헌트, 수잔, 『교회 안에서의 여성 리더십』(쿰란,
2000) : 한국여신학자협의회, 『가정과 여성』(여성신학사, 1990) : 그루원,
메리 스튜어트 밴, 『신앙의 눈으로 본 남성과 여성』(IVP, 2000) : 그렌
츠, 스탠리 제이, 『교회와 여성』(기독교문서 선교회, 1998) : 러나, 해리
엇 골드허, 『무엇이 여성을 분노하게 하는가』(이대출판부, 1998) : 김태
련, 『여성심리』(이대출판부, 1997) : 허바드, 게이, 『여성이해와 상담』
(두란노, 1997) : 투르니에, 폴, 『여성, 그대의 사명은』(IVP, 1994) : 주
선애, 『여성을 위한 설교』(목양사, 1976) : 기독교여성평화연구원 편, 『여
성이 바라는 설교』(평화사, 1992) : 이우정 편역, 『여성들을 위한 신학』
(한국신학연구소, 1986) : Northrup, Christian, Women's Bodies, Women's
Wisdom(1998) [강현주 역, 『여성의 몸, 여성의 지혜』, 한문화, 2000].

청중을 단순히 '설교를 듣는 자'로서 이해하게 될 때, 대개는 중성적
으로 이해되거나 혹은 남성중심 사회에서는 대개 남성과 그들의 관점
에 따라서 설교가 행해진다. 이렇게 될 경우에는 여성들의 경험이나
그들의 삶, 그들의 생각이나 관점들이 충분히 반영되지 않게 된다. 최
근 성경번역에 있어서도 성(Sexuality)이 반영되어 그동안 남성적인
용어로 이루어진 용어들이 수정되어 여성적인 측면을 반영하는 용어
로 바뀌고 있는 실정이다. 신학에서도 성인식에 대한 변화가 일어나고
있는 상황에서 설교에서 성을 고려하는 것은 이제 시대의 요청으로서
더 이상 거부할 수 없게 되었다.[108] 인식의 변화만이 아니라 사회 구

---

108) 참고: 기독교여성평화연구원 편, 『여성이 바라는 설교』(평화사, 1992).
　　　교회의 일군으로 혹은 여성의 재능과 인격적 가치에 대한 앞선 인식은

성체의 주역으로서 부각되고 있다. 그러나 21세기를 여성의 시대라고 말하면서도, 정작 설교에서는 여전히 남성중심적인 혹은 남성위주의 사고가 지배적일 뿐만 아니라 다수를 이루고 있는 "여성청중들의 현실을 거의 도외시"하고 있다고 여성 신학자들은 주장한다.[109] 그래서 그들은 설교에 있어서 전환을 요구한다.

> "……여성해방적인 설교를 위한 설교 개념의 전환이 반드시 필요하다. 인간의 삶과 문제를 고려하는 수평적 사고로의 전환 속에서만 여성이 처한 가부장적인 현실과 억압의 문제가 나타날 수 있다. 그동안 한국교회의 강단은 교인의 대다수를 차지하고 있는 여성의 현실에 대해 침묵해 왔다. 침묵뿐만 아니라 여성이 당하고 있는 성차별적인 현실을 오히려 인정하고 순응케 하는 기제로 사용했다. 인내와 헌신, 순종이라는 이데올로기를 여성들에게 일방적으로 강요함으로써 설교는 여성들에게 해방적 기능을 담당하지 못하고 오히려 억압적 기능을 재생산하였던 것이다. 따라서 한국교회 설교는 여성들의 힘을 실현시킬 수 있는 기회를 차단시키고 여성들을 보조적 차원에 머무르게 했다. 개신교에서의 설교는 교인들을 변화시킬 수 있을 정도로 힘을 가지고 있으나, 이러한 설교의 힘은 여성들을 해방시키는 것이 아닌 억압하는 방향으로 재생산되었던 것이다."[110]

'듣는 자'로서 여성들을 설교 안에서 고려해야 마땅하다고 할 때 설교는 어떠해야 하는가? 여성들은 어떠한 설교를 기대하는가?

이미 개화기에 분명하게 제시되었다. 강두송은 설교를 통해 한국남성들이 여성을 비하하는 태도를 비판하면서, 아울러 교회의 다수를 차지하는 여성들이 집 안에만 머물러 있게 되는 구조를 안타깝게 생각했다. 서재필 역시 여권신장론을 강하게 주장하고 남녀평등사상을 고취시켰다(정성구, 『한국교회설교사』, 88f).

109) 기독교여성평화연구원 편, 『여성이 바라는 설교』, 115.
110) 기독교여성평화연구원 편, 『여성이 바라는 설교』, 9.

"여성의 문제를 왜곡하고 여성을 억압하는 이데올로기를 옹호하는
설교가 아닌 여성들의 현실을 고려하고 그 현실에 적극적으로 대처하
여 극복할 수 있도록 독려하는 설교가 시급히 요청된다."111)

이 인용을 바탕으로 해서 여성들이 설교에 대해 갖는 일반적인 기
대를 몇 가지 살펴보도록 하자. 여성 신학자들의 몇 가지 제안 가운데
가장 기본적인 것은 여성들이 처한 현실을 이해하기 위한 의도와 노
력이 선행되어야 한다는 것이다. 여성들은 남성에 결코 종속되지 않은
독립된 인격체로서의 모습이 부각되기를 원한다. 가족이나 교회 그리
고 사회나 국가 더 나아가서 세계는 남녀로 이루어진 협력공동체임을
명심하면서 남성과 공통되는 부분이나 혹은 여성에게만 독특한 역할
과 의미가 바로 파악되기를 기대한다.112) 여성 신학자들의 이러한 기
대와 주장은 단순히 '듣는 자'로서 여성의 역할과 의미를 생각하기 이
전에 먼저 여성의 해방을 선행과제로 제시하고 있음을 알게 된다. 그
것은 남성중심주의라고 하는 혹은 가부장주의라고 하는 이데올로기의
억압으로부터 먼저 여성이 해방되어야 한다는 것이다. 여성들은 유교
적 문화와 남성위주의 교회전통이 서로 맞물려서 이루어진 구조가 바
뀌지 않고 여성이 그 구조로부터 해방되지 않는다면. 듣는 자로서 여
성들이 아무리 설교에서 고려가 된다 해도 여성들의 기본적 욕구를
충족시키는 데에는 부족하다고 생각하기 때문이다. 여성들이 설교로부
터 기대하는 구체적인 요소들은 다음 몇 가지로 요약될 수 있다.113)

첫째. 성경에 나오는 여성들이 새롭게 이해될 것을 기대한다. 성서
자체가 가부장적 사고를 반영하고 있다 해도 역사적 배경을 바탕으로

---

111) 기독교여성평화연구원 편. 『여성이 바라는 설교』, 108.
112) 기독교여성평화연구원 편. 『여성이 바라는 설교』, 9.
113) 다음의 글을 참조: 기독교여성평화연구원 편. 『여성이 바라는 설교』.

살펴보면 여성에 대한 인식을 새롭게 할 수 있게 될 것으로 기대하기 때문이다. 이를 위해 여성들은 설교자들이 기본적인 주석작업에서 충실할 것을 요구한다.

둘째, 여성들의 현실이 설교 안에서 충분히 고려될 것을 기대한다. 그러나 단순히 여인으로서, 아내로서, 어머니로서, 며느리로서 혹은 시어머니와 같이 고착된 성역할에 근거해서 여성을 바라보지 않을 것을 기대한다. 한 인격체로서 능력 있는 존재로, 한 사회인으로서 인정받고 싶어 한다.

셋째, 설교에서 의도적으로 여성이 배제되지 않기를 기대한다. 예컨대, 여성과 그의 역할이 주제가 되고 있음에도 불구하고 결국에는 남성들과 그들의 삶이 주제로 부각되는 것을 원치 않는다.

넷째, 변화된 여성인식을 바탕으로 여성에 대한 새로운 비전이 제시되길 기대한다. 여성의 역할이 다양해진 만큼 그들의 문제와 아픔들이 설교 속에서 거론되고 또 치유될 수 있기를 기대한다. 남성들의 경험만이 언급되지 않고 여성들의 경험에 대해서도 귀를 기울여 주기를 원한다. 여성 리더십에 대한 높은 관심을 갖는다.

다섯째, 설교자 자신이 남성위주의 사고에서 벗어나 여성과 남성에 대한 통전적 시각을 갖기를 기대한다.

② 청중으로서 노년층

노년층들을 이해하기 위해 필요한 문헌들은 다음과 같다:

대한예수교 장로회 총회교육부, 『한국교회와 노인목회』(한국장로교출판사, 1995): 하세가와 다모쓰, 『이 사람아, 노년에 무슨 재미로 사나』(한국장로교출판사, 1996): 강필원, 『노인을 위한 목회상담연구』(한신대 신학대학원 석사학위 논문, 1991): 정지원, 『노인위기에 관한 목회상담적 접근』(장신대 교역대학원 석사학위 논문, 2000); 지미 카터, 『나이드는 것의 미덕』(김은영 역, 끌리오, 1999); 피터 G. 피터슨, 『노인들의 사회, 그 불안한 미래』(2002). 시몬느 드 보봐르, 『노년, 나이 듦의 의미와 그 위대함』(책세상, 2002). 앙드레아 모루아, 『나이드는 기술』(나무생각, 2002); 알폰스 데켄, 『죽음을 어떻게 맞이할 것인가』(궁리, 2002).

2000년도에 들어서면서 우리나라는 고령화 사회로 접어들었다. 2001년도에 진념 전 부총리가 국가정책이 산아제한이 아니라 출산장려정책으로 바뀌어야 한다는 말도 고령화 사회로 인해 생기는 문제를 언급한 것이었다. 이에 따라 최근에 교회에 나타나는 청중들의 변화 가운데 두드러진 것은 청중들의 고령화이다. 교회의 고령화 현상은 이미 서구 사회에서는 일상적인 것이 되었지만 한국에서도 낯선 현상만은 아니다. 이미 이농현상으로 인해서 농촌의 교회는 노인들로만 구성되어 있는 실정이다. 도시에서도 이농현상에 버금할 만한 '이교회(離敎會)' 현상이 두드러지게 나타나고 있다. 사실 노령화는 인구의 평균연령이 높아지면서 생겨나는 현상이기도 하지만, 교회에서 청중들의 고령인구의 비율을 높이는 요인에는 젊은 세대들의 공동화 현상이 한몫을 하고 있다. 서구 유럽에서 나타났던 현상들이 오늘 우리 한국교회에서도 나타나고 있는 것이다. 「기독교사상」(2001년 11월)은 이 문제의 심각성을 인식하고 "고령화 사회와 노년화된 교회"(14 – 135)란 주제 속에서 특집으로 다루었다.

청중들의 고령화 현상이 설교에 미치는 영향은 대단히 크다. 노인들이 설교를 어떻게 듣는가는 질문을 바탕으로 이루어진 연구가 없어서 아직까지는 노인들의 인지방법과 능력에 대한 지식이 부족하지만, 분명한 것은 '듣는 자'로 일괄적으로 이해될 수 없을 정도로 교회 안의 노인들은 청장년과는 달리 나름대로 독특한 반응을 보여 주고 있다.

첫째는 지각 및 기억능력에 있어서 현저한 변화이다. 노인들은 경험이 풍부해 판단능력은 뛰어나지만 지각능력이 떨어져 현실의 변화에 빠르게 반응하지 못한다는 특징을 갖는다. 이런 노인들에게 설교를 통해서 삶의 변화와 제자도의 헌신을 요구한다면, 그 내용에 있어서는 동의하면서도 스스로는 무척 답답하게 느낀다. 결국에는 무표정 무반응, 겉으로는 그런 것 같으면서도 실제로는 행하는 일이 없는 그런 나약하고 이중적인 인간을 만드는 결과가 된다.

둘째는 노인들의 경제생활과 정보매체로부터의 소외와 그들이 느끼는 고독감은 노인들의 듣는 태도와 삶의 자세에 큰 영향을 미친다. 자신의 관심에 대한 분명한 태도를 보이면서도 다른 한편으로는 다른 사람들로부터 관심을 얻고 또 인정받기를 원한다. 최근에는 인터넷에 대한 보급이 노인층에게도 빠르게 확산되고 있어, 네트워크를 통해서 멀리 떨어져 있는 식구들과 손자 손녀들과의 접촉이 가능할 정도이다.

노인들을 가장 힘들게 하는 것은 자신들이 무기력하고 무능한 존재로 인식되어 삶의 모든 활동에서 처음부터 배제되는 것이다. 정년제도의 폐지가 고려되는 상황 속에서 노인들 역시 사회의 중추세력들과는 다른 성격의 부분에서 잠재능력이 있음을 발견해서 그것을 자신들의 현실 문제로 받아들이도록 도와주는 것은 설교자들의 중요한 과제가 될 것이다.

셋째, 이미 수많은 장례식을 치른 경험을 한 노인들은 자신 역시 죽음에서 멀지 않다는 것을 직시하고 삶과 죽음의 문제를 현실적으로 이해하고자 한다. 종말론에 대한 섣부른 이해는 오히려 부작용을 가져올 뿐이다. 노인들에게 죽음은 현실 문제이기 때문에 설교자들은 특별히 이 문제에 있어서 깊이 있게 공감하고 말할 수 있는 능력을 배양할 필요가 있다. 종말론에 대한 연구는 설교자들의 필수적인 과제이다.

넷째, 꿈이 사라지게 되면서 노인들은 대개 과거지향적인 사고를 갖게 된다. 그들의 이야기에 귀를 기울여 준다는 것 자체가 그들에게는 큰 기쁨이 된다. 그러나 다른 한편으로는 누군가에 의해서 자기 시대의 역사나 공동의 과거가 새롭게 조명된다면 그들의 마음은 쉽게 흥분된다. 그들의 역사가 현대 세대에 의해서 결코 잊혀지지 않고 또 배제되지 않았음을 확인하게 된다. 여전히 중요한 의미를 갖고 있음을 알게 된다. 이러한 인식을 통해 촉발된 그들의 잠재력을 충분히 활용할 수 있는 방안이 교회차원에서 마련되어야만 한다. 노인들을 향한 목회상담적 관심이 단순히 그들의 건강에만 집중되어 있는 것을 지양하고 그들의 삶과 일에 있어서 나타나는 의욕에 대한 깊은 배려가 필요하다.

5) 설교자: 돕는 자

설교형태를 결정하는 권한은 철저하게 설교자에게 주어져 있다. 설교자는 설교형태와 관련해서 누구로부터 강요받지 않는다. 하나님의 말씀을 가장 잘 전달할 수 있는 방법을 스스로 찾아 결정한다. 바로 이런 점에서 설교자의 능력과 자질이 문제가 된다. 설교자는 앞서 말한 대로 본문의 의미와 형태를 바로 파악해야 하고, 그 의미에 부합되고 또 가치가 이해될 수 있는 형태를 선택한다. 이를 위해서 설교자에게는 청중 및 그들의 현실을 보다 자세하게 이해할 과제가 부여된다. 설교를 하기 이전에 청중들과 그들의 현실에 대해 공감적이고 공명할 수 있는 이해능력이 요구된다.

브룩스가 설교자가 갖추어야 할 교양에 대해 말한 다음의 글은 설교자에게 절실하게 요구되는 것이 청중들의 삶과 현실에 대한 공감적인 이해능력임을 말해 준다:

"시대를 철저하게 동정하고, 찬탄할 만한 것은 무엇이든지 찬탄하며, 이 시대가 이룩한 위대한 업적들에 대하여는 진실로 기뻐하는 것 그리고 앞으로 나타날 진정한 더 나은 영성의 거처가 될 대단한 물질적 구조의 아름다움을 아는 것, 떠들썩하게 살아가는 사람들의 삶을 통하여 흔히 괴이할 정도로 판이하게 드러나는 영적 소욕의 이상한 표출의 근원을 추적하기를 좋아하는 것, 시대의 새로운 필요에 따라서 언제나 도움을 주는 그리스도의 복음이 그 필요를 채워 주는 방식이 무엇인가를 기쁨을 가지고 아는 것, 바로 그러한 것이 우리 시대의 설교자가 진정으로 갖추어야 할 교양입니다."[114]

자유롭게 설교형태를 결정짓는 한 변수로서 설교자란 먼저 성서 기자와 비교해 볼 때 제2의 증거자로서 성서적 증거의 진실을 고백하고 선포하고 또 성서적 증거를 청중들이 이해하고 또 수용할 수 있는 설교를 할 과제를 갖는다. 그러므로 청중의 이해를 지향하는 설교에 있어서 설교자는 당연히 그들을 '돕는 자'로서 인식된다. 이런 의미에서 되르네가 설교를 예수 그리스도의 사랑에 근거해서 행하는 설교자의 "사랑의 행위"(Liebeswerk)로[115] 이해한 것은 옳다. 하나님의 말씀이 오직 설교자에게만 있다고 생각할 수도 없고 또한 하나님의 은혜가 설교자에게게만 머물러 있을 수는 없기 때문이다. 모두에게 나뉘어야만 하고 또 모두에게 향해 있지만 그 말씀에 대한 태도와 소명에 있어서 설교자는 평신도들에 비해 특별한 의미를 가질 뿐이다. 하나님의 행위가 오직 설교자에게만 나타나거나 인식되는 것이 아니고 청중들에게도 이미 그 모습을 발견할 수 있다고 한다면, 설교자란 적어도 청중보다는

---

114) Ph. Brooks, *On Preaching*(1877) [서문강 역, 『설교론 특강』(크리스챤 다이제스트1995)], 234.

115) M. Doerne, Das Liebeswerk der Predigt. Ein Beitrag zur Predigtlehre, in: F. Wintzer(hg. und eingführt), *Predigt*, 162-173, 162f.

더 깊고 포괄적인 지식을 갖춘 자로서 공동체의 부름을 받아 말씀을 선포하면서 청중들이 하나님과 올바른 관계에 서 있을 수 있도록 돕는 자이다. 이것을 보렌의 말을 빌려 표현해 본다면, 다음과 같다.

> "설교자는 섬기기 위해 오신 분이 하시는 봉사에 참여하는 것이다 (막10:45). 자기에게 속한 자들 가운데서 심부름하는 사람 같으셨던 분 (눅22:27)을 설교하려고 하는 자는 그 사람 자신이 그분에게 속하는 자 가운데서 섬기는 자가 될 것이다. 말씀을 섬기는 자가 이웃에 대한 봉 사를 무시해 두고 다만 말씀만을 섬기려고 한다면 말씀 그 자체를 멸 시하는 일이 될 것이다."[116]

바로 이러한 자로서 설교자는 지식에서 부족하거나 혹은 여러 가지 삶의 정황으로 인해 하나님 인식에 방해를 받는 청중들을 도와 그들 이 하나님을 바로 알 수 있고 삶 속에서 하나님과 사람과의 관계를 바르게 세워 나갈 수 있도록 구체적으로 돕는 역할을 수행한다. 이러 한 돕는 관계는 '하나님의 말씀을 대언하는 자', 곧 '하나님의 사자'로 서 인식될 때 나타날 수 있는 권위적인 설교자 상에서 벗어날 수 있 게 한다. 뿐만 아니라 설교자가 '증거하는 자'로 인식될 때 설교자가 먼저 증거를 위한 자료를 확실히 확보하고 있어야 한다는 부담감에서 벗어나게 해 준다.

'돕는 자'로서 설교자 상은 '선포하는 자' 혹은 '증거하는 자'라는 이 미지의 부족한 부분을 채워 준다. '돕는 자'로서 설교자는 청중들과 더 불어서 하나님 앞에 서 있는 자이다. 그들 옆에서, 그들의 현실 속에 서 하나님의 현실이 발견될 수 있도록 돕는다. 청중들에게 귀를 기울 이고 그들을 마음 가운데 품으면서 그들의 꿈을 말씀 속에 비추어 보

---

116) 보렌, 『설교학실천론』, 212.

고 그들의 이상을 비판적으로 조명해 준다.[117] 설교자는 청중들을 돕기도 하지만 때로는 청중들로부터 도움을 받기도 한다. 청중들로부터 새로운 것을 듣고 새로운 세계를 간접 경험하며 또한 설교자가 전한 현실이 어떠한 문제에 부딪히는지를 확인한다.

'돕는 자'로서 설교자는 몇 가지 복합적 이미지들을 갖는다: 가르치는 자, 상담가, 목양자, 위로자 등이다. 그리고 이들 이미지는 설교자 자신에게서 비롯되기보다는 청중들의 기대와 더불어 형성되는 것들이다. 그렇기 때문에 가능한 한 청중들을 배려하는 설교자가 될 수 있기를 위해서 노력해야만 한다. 그렇다고 해서 자기의 독특한 이미지를 포기할 이유는 없다. 청중에 절대 의존적이 될 필요는 없다는 말이다. 인도자로서 청중들에게 새로운 관심을 불러일으키며 앞서가는 자의 모습이 필요하다.

가) 가르치는 자

설교자는 무엇보다 성경 및 신학적인 내용, 곧 하나님의 심판하시고 또 구원하시는 행위를 올바르게 전달할 과제를 갖는다. 전달하되 청중들이 하나님을 고백하고 또 찬양할 수 있도록 해야 한다. 이런 점에서 단순히 지식을 전달하는 교육과는 분명하게 구별되어야 한다. 설교는 성도들이 하나님 지식에 이르면서 동시에 그에 대한 반응이 일어나도록 돕는 것이다.

그러므로 설교자에게는 성경지식뿐만 아니라 신학적인 지식도 요구된다. 성경을 많이 안다고 해서 좋은 설교자가 될 수 있는 것은 아니다. 이단 사상에서부터 스스로를 지키고 또한 성도들을 보호하기 위해

---

117) 참고: 보렌, 『설교실천론』, 181ff.

그리고 올바른 사상으로 인도하기 위해 올바른 신학적 지식은 절대적으로 필요하다. 안수받은 목사에게 설교의 권한을 부여하는 관례는 목회자에게 요구되는 교육과정을 거쳤고 또 교회가 그것을 인정했기 때문이다. 가르치는 자의 필요조건은 적절한 교수 능력이다. 아무리 많은 실력을 갖추고 있다 하더라도 그것을 전달할 능력이 개발되지 않는다면 그 지식은 무용한 것이 된다. 스스로를 가르치는 자로서만 인식하는 설교자는 대체로 연역적인 설교, 율법적 설교 그리고 강해설교를 선호하는 경향이 있다.

나) 상담가

설교자는 청중들의 문제해결을 돕는다. 하나님의 현실 곧 보이지 않는 현실과 자신의 실존적 삶의 현실과의 관계에서 청중들이 쉽게 해결되지 않는 문제에 직면했을 때, 설교자는 설교를 통해서 실존적 현실로부터 파악되는 문제들을 진단해 보고 무엇을 통해서 현실 안에 담긴 하나님의 현실을 드러내 보여 줄 수 있는지를 고민한다. 다시 말해서 죄로 인해 고민할 뿐만 아니라 새로운 인격형성을 요구하는 하나님의 요구 앞에 무력할 수밖에 없는 청중들에게 하나님의 사죄의 은총과 성령의 위로와 인도하심을 전달한다. 이와 같이 상담가로서 설교자는 청중들의 현실로부터 성경이 제시한 현실을 향해 나아갈 수 있도록 도와줌으로써 청중들의 갈등적 상황이 해결되기를 도와준다.

상담이 주로 개인과의 대화를 통해서 이루어진다고 볼 때, 설교에서 이루어지는 상담은 집단 상담에 해당된다. 미국에서 상담의 필요를 느끼는 많은 사람들이 심리학자나 사회 운동가나 정신과 의사나 집단정신 건강 센터보다 목사에게 도움받기를 선호한다는 보고[118]는 상담

문화가 정착되지 않은 한국 현실에서도 해당된다. 상담가로서 설교자들의 역할을 간과해서는 안 된다. 상담가로서 설교자는 대체로 귀납적이고 목회상담적, 복음적 설교를 강조한다.

다) 목양자

설교자는 길을 제대로 알지 못하고 또 바른 길을 깨닫지 못해 갈팡질팡하고 있는 청중들에게 바른 길을 안내해 준다. 수많은 길들이 있고 선택할 수 있는 길이 있지만 그 가운데서 무엇이 하나님이 원하시는 길인지를 깨달아 알도록 도와준다. 하나님의 선하시고 기뻐하시고 온전하신 뜻이 무엇인지 그들이 옳게 분별할 수 있도록 돕는다. 그들을 만나지 않고서 혹은 그들의 고민을 들어 보지 않고서는 그들이 원하는 것이 무엇인지, 어떠한 길로 가고자 하는지를 어떻게 알 수 있겠는가! 안다고 해도 그것은 일반적이고 추상화된 형태로 알려질 뿐이다. 목양자로서 설교자는 청중들에 대한 관심을 가지면서 그들이 바른 길을 선택할 수 있도록, 아니 성령의 인도하심에 청중들이 순종할 수 있도록 도와야 한다.

설교자는 하나님의 위로를 통해서 청중을 위로한다. 아니 서로가 서로를 위로한다. 많은 경우에 청중들은 하나님의 위로를 바로 알지 못한다. 분명히 하나님이 함께하시고 있음에도 불구하고 그것이 하나님의 함께하심인 줄로 알지 못하는 경우가 빈번하다. 특별히 슬픔과 고통 속에 있을 때, 낙망하거나 절망의 상태에 있을 때 청중들이 스스로의 노력을 통해서 하나님의 위로를 듣는다는 것은 그렇게 쉬운 일

118) Mark R. McMinn/채규만 공저, *Psychology, Theology, and Spirituality in Christian Counseling*(1996) [『심리학, 신학, 영성이 하나 된 기독교 상담』(두란노, 2001)], 21.

이 아니다. 위로자로서 설교자는 바로 이러한 청중을 향해 그들의 아픔과 상처를 향한 하나님의 위로가 분명하게 인식될 수 있고, 또 그들이 그것을 삶 속에서 인정할 수 있도록 돕는다.

이러한 이미지들에 부합한 설교자는 청중들과 가까워지기 위해 부지런히 노력한다. 심방을 통해서 그들의 형편과 처지를 파악하며, 그들의 소리를 들음으로써 그들의 관심과 기대를 읽어 낼 수 있다. 기도를 통해서, 그들을 생각하면서, 그들을 묵상하면서, 때로는 그들과 거리를 두고 바라보면서도 그들과 늘 함께 있다는 느낌을 갖는다. 특별히 마련된 시간은 아니더라도 간단히 스쳐 지나가는 대화 가운데서도 청중에 대한 관심은 결코 중단되지 않는다.

강단에서 말하는 자로서 설교자는 적어도 청중과의 만남이 이루어지는 현실 속에서는 그들에게 귀를 기울이는 태도가 요구된다. 설교의 현장 밖에서 이루어지는 설교자와의 대화는 이미 그것 자체가 설교가 되어 버릴 수 있기 때문에 설교에 대한 기대감이 감소될 수 있다. 설교를 위해 말을 자제하는 것, 그것은 오직 돕는 설교의 효과를 위한 것일 뿐이다. 간단하게 말해서 돕는 자로서의 설교자는 청중들이 하나님을 영화롭게 하며 영원토록 그를 즐거워할 수 있는 능력을 갖추도록 하는 것을 목적으로 삼는다.

라) 설교자들에게 요구되는 것들

당연한 현상이지만 최근의 설교론에서 설교자론이 차지하는 비중은 점점 더 높아져 가고 있다.[119] 설교자와 설교위기의 상관관계가 그만

---

119) 참고: 정장복, 『설교 사역론』.

큼 밀접하다는 것을 말해 준다. 한국교회의 폭발적인 성장 및 기대는 신학적인 전문적 지식을 갖추지 못한 채 열정적인 소명의식만 있으면 안수를 주는 무자격 목사 배출을 가능하게 했다. 또한 흔히 핵분열에 비유되는 교회의 분열은 군소 교단으로 이어졌고, 후진 양성의 필요는 비인가 신학교 설립을 부채질했다. 그 결과는 신학적 훈련 및 인격적인 훈련도 거치지 않은 목회자들의 대량 양성이었다. 현재 한국교회의 문제가 이들에 의해서 유발되는 것은 아니지만, 하나님의 말씀이 온전하게 선포되기 위해서 필요한 훈련과정이 결여됨으로 인해 야기되는 결과는 심히 우려가 될 정도이다. 최근에 출판된 기독교 비판적인 내용의 글들은 대개 목회자들의 잘못된 관행들과 잘못된 복음 선포에 초점이 맞추어져 있다. 설교자의 자질과 능력을 문제 삼는 것이다. 왜냐하면 청중들은 하나님의 말씀과 행위를 전해 주는 설교자는 자신과는 좀더 다를 것이라는 기대를 갖고 있기 때문이다. 그렇다면 진정 '돕는 자'로서 설교자의 자격에 이르기 위해 그리고 설교형태를 바르게 분별하며 실천할 수 있는 능력을 함양하기 위해 기본적으로 갖추어야 할 것들은 무엇인가?

① 신앙인격

설교자는 <u>무엇보다 먼저</u> 하나님과 사람 앞에서 인정받는 인격적인 사람이여야 한다. 흔히 하나님에게만 인정받으면 된다는 생각을 통해 설교자들은 너무나도 쉽게 독선적이고 배타적인 길에 들어선다. 반대로 사람들에게서 인정받으려는 데에 지나친 열정을 보이는 설교자들은 설교자로서 사명에서 쉽게 벗어나게 된다. 설교자는 학자나 교사와 달라서 자신의 말과 실천이 불가분의 관계 속에 있음을 명심해야 한다. 사람 앞에서는 말로써 자신을 나타내어 인정받을 수 있지만, 하나님 앞에서는 오직 실천함으로써 스스로를 나타내며 인정받는다. 아무리 좋은 설교라 하더라도 그것의 결실이 먼저 자신에게 나타나지 않으면 교인들은 설교자에게 귀를 기울이지 않게 된다. 성령의 능력과 결실이 먼저 설교자에게 발견될 때 청중들은 그 입에서 나오는 말씀으로부터 강한 설득력을 느끼게 되는 법이다.

② 신학적 판단능력

공동체의 지도자로서 성도들을 올바르게 양육하고 이끌어 가기 위해 설교자에게 요구되는 것은 신학적 판단능력이다. 오늘날의 신학교육은 성서를 해석하는 기술이나, 성서적 배경지식, 교회사적 지식, 각종 교회행위에 대한 지식, 교의학적 지식 등과 같은 신학적 지식을 전달하는 데 치중하는 경향이 있다. 지식이 필요한 것은 오늘 혹은 목회자들의 목회 현장에서 부딪히는 문제에 적절하게 대처하는 능력을 배양하기 위함이지 그 자체가 목적일 수는 없다.

그러나 필자는 신학교에서 이런 능력을 습득하는 것이 그렇게 쉬운 일이 아니라는 말을 학생들로부터 자주 듣는다. 목회 현장에서 고민되는 문제들이 강의실에서 진지하게 수렴되지 않기 때문이라는 말을 듣기도 한다. 이런 이유로 이미 오래전부터 목회와 신학이 이원화되었기는 하지만, 이제는 신학교육이 수업방식과 수업 내용 자체를 재검토해 볼 필요가 있다.

한국 축구를 세계적인 수준으로 이끈 히딩크 감독은 그야말로 한국 축구에 새바람을 불러일으켰다. 그의 노력은 축구에 있어서 멀티플레이를 위한 기초체력 향상에 집중했다. 기초에 대한 그의 노력은 처음에는 아무런 결과가 없는 듯이 보였다. 그러나 결과는 놀라운 것이었고 폭발적인 것이었다. 더군다나 기존의 방식과 같이 학연과 지연, 혹은 외부의 압력에 따라 선수를 등용하지 않고 오직 실력만을 바탕으로 선수들을 채용했다. 이는 그가 축구에 있어서 필요한 판단능력을 충분히 갖추고 있었기 때문에 가능한 것이었다. 새로운 축구를 소개함에 있어서 요구되는 판단능력은 많은 경험과 실력을 갖추고 있어야 비로소 습득될 수 있는 것이다.

이와 마찬가지로 신학적 판단능력을 배양하는 것은 어렵고 힘든 일이다. 처음에는 아무런 소득도 없는 것 같지만 그것이 일단 갖추어지기만 한다면 목회자에게 창의적인 능력을 안겨 주는 것은 물론이고 신학이 있는 목회, 자신감 있는 목회를 가능하게 한다.

신학적 판단능력은 전문적인 지식에 현장경험이 덧붙여져야만 올바르게 얻어질 수 있다. 법학에서는 연수원에서 이루어지는 판례 연구과정이 중요하고, 또한 의학에서는 전문의가 되기 전에 먼저 인턴과 레지던트 과정을 마쳐야 하듯이, 신학에서도 이 과정은 절대 필요하다. 사실 교역학 석사과정은 인턴과정에 해당하는 그러한 의미에서 도입되었음에도 불구하고 실제적으로는 그 의미를 살리지 못하고 있는 것 같다. 신학대학을 졸업한 학생들에게는 반복된 커리큘럼으로 시간낭비로 느껴지고, 일반 대학교 출신 학생들에게는 버거운 학사일정으로 인해 쫓기다시피 하며 과정을 마치고 있는 실정이다. 그러다 보니 졸업 후에 남는 것은 무엇인가? 실제적인 훈련과정도 제대로 못할 뿐만 아니라 전문적인 지식도 충분히 습득하지 못하고 졸업을 한다. 이런 제도하에서는 신학적 판단능력이 결코 양성되지 않는다. 하루속히 개혁되어야 한다. 형식적인 제도에 얽매이지 말고 실제적인 교육이 될 수 있도록 마인드를 바꾸어야 한다.

③ 유비적 상상력

성경은 풍부한 상상력을 불러일으키는 책이다. 그 내용이 얼마나 다양한가. 지혜문학, 시, 역사, 서간, 묵시 등. 서구문화사에 미친 영향과 관련해서 볼 때 성경이 차지하는 위치와 중요성이란 말로 다할 수 없을 정도이다. 수많은 문학가, 철학가 그리고 예술가들은 성경을 통해서 그들의 지성과 상상력에 불을 붙일 수 있었다. 성경을 바로 이해하고 또한 청중을 진지하게 고려하며 설교할 수 있기 위해서는 유비적 상상력이 필요하다.[120]

상상력은 감각기관을 통해서 수용된 내용(감각소여)을 바탕으로 마음속에 이미지를 형성하는 능력이다. 상상력만으로는 성경과 현실의 관계를 통전적으로 이해하지 못한다. 서로의 관계를 유념하며 발휘하는 상상력이 필요한데, 이것이 유비적 상상력이다. 유비적 상상력은 응용능력이면서 또 다른 의미에서 창의적인 능력이라 볼 수 있다. 성경이 말하고 있는 새로운 현실, 곧 하나님의 현실을 보도록 한다. 유비적 상상력은 청중들의 현실 속으로 뚫고 들어가 현실을 더 잘 이해할 수 있도록 돕는다. 상상력만으로 이루어지는 이야기식 설교는 현실과의 관계를 놓칠 수도 있다. 풍부한 유비적 상상력을 통해서 이야기식 설교는 현실을 바르게 반영해 주게 된다. 유비적 상상력은 다양한 분야의 책을 읽는 것이나 풍부한 삶의 경험을 바탕으로 하면서 그것을 깊이 묵상하는 태도를 통해 나타난다. 강한 집중력과 일 자체에 대한 의욕과 흥미를 갖게 될 때 기존의 것들로부터 새로운 것을 생각해 내는 능력이 생겨난다.

그러므로 설교자가 되기 위해서는 독서를 통해 얻어지는 지식, 삶의

---

120) 참고: Warren W. Wiersbe, *Preaching & Teaching with Imagination.
The Quest for Biblical Ministry*(1994) [이장우 역, 『상상이 담긴 설교』,
요단출판사, 1997].

경험을 통해 얻어지는 지혜, 목회적 사역에 대한 의욕과 흥미 그리고
영성 훈련이 요구된다. 강의실에서는 학생들이 창의적인 사고를 실습
하기 위한 좋은 기회를 제공한다. 그러나 단순한 발제 형식의 강의만으
로는 학생들의 창의력을 발견해 주지 못한다. 그들의 머리와 마음속에
담긴 그들의 생각이 자유롭게 표현되도록 유도해 줄 수 있어야 한다.
교단신학교에서 이루어지는 수업이라는 미명하에 지나치게 주입식이거
나 질문이 자유롭지 못한 수업 분위기, 백 명 남짓한 학생들로 가득한
강의실과 같은 곳에서는 결코 가능하지 않은 일이다. 신학교 개혁은 바
로 이런 부분에서 이루어져야만 한다. 그러나 설령 교육환경이 열악하
다 하더라도 유비적인 상상력은 개개인의 집중력과 노력에 따라 충분
히 개발될 수 있기 때문에 이에 대한 관심을 늦추지 말아야 한다.

④ 풍부한 교양

설교자들은 청중들을 충분히 이해할 수 있을 정도의 교양을 쌓아야
한다. 일찍이 개화기 문학가 춘원 이광수는 한국교회를 비판하는 가운
데 교회의 결점을 지적하며 말하기를, 설교자들이 철학, 정치, 종교 그
리고 과학과 같은 지식들에 밝지 못하다고 했다.[121] 한국 사회의 정
신을 개척하며 뭇사람들을 계몽할 과제를 갖고 있는 것으로 기대되는
반면에 현실적으로 낮은 수준에 머물러 있는 교역자들을 지적한 것이
었다. 춘원의 비판은 이미 오래전의 일이지만 오늘날에도 여전히 유효
한 지적이 아닐 수 없다. 하나님의 말씀을 현시대에 이해할 수 있는
언어로 설교할 설교자가 시대의 흐름을 바로 파악하지 못한다면 어떻
게 청중들에게 비전을 제시할 수 있을 것인가?

---

121) 민경배, 『한국기독교교회사』, 연세대학교, 1972, 개정신판(1993), 372f에서
     간접인용.

설교 준비를 위해, 곧 청중들을 이해하고 비전을 제시해 주기 위해 요구되는 정치, 경제, 사회, 문화와 같은 시사적인 문제에 대한 관심이나, 사상 및 과학 그리고 문화적 흐름에 대한 적절한 반응은 건전한 시민의식을 가진 사람들이 이해할 수 있는 정도면 충분하다. 전문가가 되어야 할 필요는 없다. 습득해야 할 신학적 지식도 많은 만큼 설교자들이 전문적인 지식에 대해 부담을 느낄 정도가 되어서도 안 되고 또 그럴 필요도 없기 때문이다.

곽안련은 설교자들이 청중들을 이해하기 위해 특별히 관심을 기울여야 할 분야로 철학, 역사, 심리학 및 기타 다른 과학서적들이나 시사적인 잡지책을 추천했다.[122] 오늘의 시대에는 정치 및 경제 분야의 서적도 읽을 수 있는 소양을 갖추는 것이 바람직하다고 생각된다.

⑤ 비판능력

설교자는 냉철한 비판능력을 갖추고, 또 다른 사람들의 비판에 자신을 노출시킬 수 있는 담대함이 있어야 한다. 설교자는 예언자적인 기능을 수행한다. 그러므로 시대를 읽어 내고 비판할 수 있어야 한다. 베스트셀러와 같은, 소위 사회에서 '뜨는 것'들에 대한 비판적 안목으로 청중들을 안내해 줄 필요가 있다. 최근 유명 잡지에서는 이런 시사적인 문제들을 진단하고 신학적인 견해들을 소개하는 데 앞장서고 있는데 목회자들과 설교자들에게 좋은 반응을 얻고 있다.

한편, 설교자 자신은 스스로를 비판할 수 있고 또한 다른 사람들의 비판에 귀를 기울일 수 있어야 한다. 자기를 돌아보고 자기를 교정할 수 있는 설교자가 꾸준히 성장할 수 있는 법이다. 청중들은 대체로 설교자들을 향한 직접적인 비판을 삼간다. 비판이나 충고는 흔히 설교자

---

122) 곽안련, 『설교학』, 174ff.

의 아내나 가까운 친구들로부터 듣게 되는데, 사모들의 모임에서 듣는 말이나 몇몇 성도들로부터 들은 바에 따르면, 이런 비판을 듣게 될 때 대부분의 설교자들은 불쾌한 감정을 표출했다고 한다. 설교는 글과 달라서 비판의 과정이 공개적으로 나타나지 않기 때문에 설교자들은 성장의 기회를 좀처럼 얻지 못하게 된다. 그러나 자신의 설교를 비판의 과정에 드러낼 수 있고 또 비판을 듣고 자기 교정에 십분 활용할 수 있는 설교자는 꾸준한 성장의 기회를 얻게 된다. 설교 클리닉에서 하는 일은 바로 자신의 설교를 비판의 도마에 올려놓는 작업이다. 전문가로부터 자신의 설교를 수술하도록 내어 놓는 것이다.

평소에 건강관리를 잘한 사람은 큰 병에 걸리지 않는 법이다. 평소에 자신의 설교에 대한 피드백에 귀를 기울이는 설교자들의 설교는 건강하다. 마땅히 치료되어야 할 부위가 부끄럽다고 해서 계속 감추다 보면 도저히 회복될 수 없는 큰 병이나 불치병으로 발전될 수밖에 없게 된다.

⑥ 열린 마음

설교자는 열린 마음을 지니고 있어야 한다. 특별히 현대와 같이 종교다원주의적인 주장들이 강하게 제기되는 때에는 강한 신념의 설교자가 요구될 것 같지만 실상은 그 반대이다. 기독교인으로 부름받은 것은 하나님이 세상 모든 사람들에 의해서 하나님으로 인정되고 또 그들이 하나님을 찬양할 수 있게 하기 위함이다. 여호와 하나님, 예수 그리스도에 대한 신앙을 결코 포기하지 않으면서도 그들을 향한 하나님의 사랑을 보여 줄 필요가 있는 것이다. 때로는 하나님을 향한 열심으로 인해 이방 신전의 신상을 파괴했던 여룹바알과 같은 열정이 필요할 때도 있겠지만, 그렇다고 해서 타 종교의 상징적인 의미를 갖는 부처상이나 단군상을 훼손하는 식의 태도는 일종의 폭력행위로 간주되어 오늘날에는 더 이상 쉽게 용납되지 않는다.

설교자들은 '타자'에 대해서 그들을 이해하려는 노력을 청중들에게 보여 줄 필요가 있다. 그것은 설교 안에서도 반영되어야 한다. 타 종교와 관련해서 자주 제기되는 질문은 어느 정도까지 열려야 하느냐 하는 것이다. 실제로 기독교적 종교다원주의자들은 기독교와 비기독교와의 차이를 인정하려고 하지 않는다. 차이가 있다면 문화적 차이에 따른 것일 뿐 궁극적 대상에 대한 인간의 태도라는 점에서는 결코 다르지 않다고 본다.

그러나 마음을 여는 목적을 분명히 해야 한다. 마음을 연다는 것은 그들을 판단하거나 정죄함으로 사랑과 평화의 관계가 파괴되는 것을 막고, 궁극적으로는 같은 고백을 하는 공동체로 나아가는 데에 있는 것이지, 기독교적 가르침 이외에 근거를 두고 살아가는 데에 있지 않다. 다시 말해서 타 종교와 타 종교인들을 향한 태도에 있어서 기독교의 정체성을 잃지 않는 것이 중요하다.

한편, 설교자의 열린 마음의 중요성은 나단과 다윗의 관계에서 나타나고 있다. 나단 선지자가 다윗의 잘못을 비유적으로 꼬집었을 때, 다윗은 그 입을 막을 충분한 권한이 자신에게 있었음에도 불구하고 나단의 비판을 하나님의 말씀을 받아들였다. 그가 어떻게 회개했는지 시편 51편을 살펴보라. 자신을 향한 비판을 겸허하게 받아들이고 하나님께 자신의 죄를 자복했다. 다윗의 위대함은 바로 여기에 있었다. 설교자들이 자신을 향한 비판마저 수용할 수 있을 때 설교의 질은 높아지고 그 폭은 한없이 넓어지게 된다.

⑦ 영성 및 경건의 능력

영성 혹은 경건의 능력은 설교자들에게 특별히 요구되는 것이다.

'영성'이나 '경건'은 그 본질에 있어서 관계개념이다. 관계개념이기 때문에 그것은 말하고 듣고, 또 행동하는 것을 통해서 그 빛을 발한다. 먼저는 거룩한 존재에 대한 태도를 일컫는다. 하나님의 말씀을 듣고 그에게 기도하고 또 순종하는 모습 속에서 확인된다. 그렇다고 꼭 이 관계에만 제한되지는 않는다. 영성과 경건은 사람과의 관계 속에서 나타나는 태도와도 상관하고 있다. 겸손과 설득 그리고 확신 있는 태도 등으로 나타난다. 이것이 지나치면 외식이 되지만, 그렇다고 해서 사람과의 관계를 등한시하고 거룩한 존재에 대해서만 열중하는 영성과 경건은 신비적이고 독단적이고 권위주의적이 될 수 있다. 또한 영성은 자연과의 관계에서도 나타난다. 자연과의 올바른 관계가 정립될 때 자연 안에서 하나님을 인식하고 그를 향한 찬양이 가능하게 된다.

일찍이 선교사 부두일은 설교자의 경건은 설교의 원동력으로서, 설교자에게 있어서 제일 되는 요소이고, 또한 설교자들이 청중들의 사랑과 존경을 받게 되는 것은 설교자들의 경건으로 인한 것이라고 보았다.[123] 예와 덕을 중시하는 유교적인 문화권에 있고 또 종교적인 심성이 뿌리깊이 박혀 있는 한국 사회에서 성도들이 설교자들로부터 경건을 우선적인 덕목으로 가르침을 받은 것은 당연한 현상이었다. 그들은 지성적인 능력보다 경건을 더 중시했던 것이다.

이러한 설교자 윤리는 기독교 역사 안에서 볼 때 그렇게 낯선 것은 아니었다. 지성을 중요시하기는 했지만, 그것에 못지않게 영성 및 경건의 능력도 동일하게 소중히 여겨왔다. 오늘날 영성은 설교자에게 영양을 공급해 주고 생명을 지속시켜 주는 요소로 간주되기도 한다.[124]

---

123) 부두일, "實效있는 講道의 要素", 84와 82: "講道홈에 第一되는要素는熱誠이有혼敬虔이라如此혼敬虔은講道人의게活氣를주며또는自身의 當然히홀事을察ᄒ야熱心으로視務케ᄒ며福音을아지못ᄒ는冷한人中에이敬虔은牧師의心中에셔神靈혼火를蘇醒케ᄒ야聽衆의게親愛홈을受ᄒᄂ니라"

사실 설교의 소재를 얻는 데 있어서 오직 기록된 문자에만 의존하는
시대는 지나갔다. 청중들의 삶의 자리는 사람들이 운집해 있는 사회이
고, 또 그들은 자연과의 관계 속에서 일상생활을 영위해 나가기 때문
이다. 이런 관계로부터 설교의 소재를 얻게 될 때 다양한 청중들의 공
감대를 형성할 수 있는 설교가 될 수 있다. 이처럼 일련의 관계들에
있어서 온전한 모습은 영성과 경건으로 표현된다. 하나님과 인간 그리
고 자연과의 바른 관계형성이 현대의 설교자에게 절실하게 요청된다
고 본다면 설교자가 반드시 갖추어야 할 기본적인 덕목이 영성 및 경
건이라고 하는 데에는 누구도 이의를 제기하지 않을 것이다. 한편, 설
교자들의 영성과 경건은 자기 자신만을 위한 것이 아니라 청중들의
경건과 영성을 위한 것이다. 기본적으로 볼 때 관계개념인 경건과 영
성은 교회 안에서뿐만 아니라 교회 밖에서도 그 능력이 발휘될 것으
로 기대되기 때문이다. 교회 밖으로 나타나는 경건과 영성은 좋은 소
문과 관계한다. 교회에 대한 관심을 불러일으키기도 하고, 또 이 관심
은 교회의 기초요 주님 되신 예수 그리스도, 하나님에 대한 관심으로
이어지기도 한다. 청중들이 자신들의 세속적인 삶 속에서도 빛을 발할
수 있도록 도울 수 있기 위해서 설교자의 영성과 경건은 세속적인 것
과의 관계 속에서도 그 능력이 입증될 필요가 있다.

　　한편, 설교 신학적으로 볼 때, 설교자의 경건과 영성은 설교자가 평
생 동안 자신이 증거하고 가르치는 내용과 지속적인 신뢰관계를 통해
서 나타나는 것이다. 요수티스는 이를 세분하여 이해하기를, 다른 사람
들이 사는 방식과는 다르게 살 수 있고, 또 성경연구, 예배 그리고 기
도를 통해서 자신의 삶을 영위할 수 있다는 사실을 확인시켜 줄 수 있
도록 하는 것이라고 보았다.125) 설교자에게 이러한 영성 및 경건의 능

---

124) 정장복, 『설교 사역론』, 208.

력이 요구된다는 것은 설교자의 능력이 단순히 경험의 풍부함이나 언변에만 있지 않음을 말해 준다. 설교에 강연의 요소가 없지는 않지만 설교와 강연, 이 양자는 분명 구분되고 또 반드시 구별되어야 한다.[126]

영성 및 경건의 능력을 갖춘 설교자는 하나님에 의해 부름을 받은 자로서의 자신의 정체성에 확신을 갖는다. 하나님의 말씀과 그의 행위에 전폭적으로 신뢰하며 그 말씀이 이 땅에서 실현되기를 간절히 소망하며 온몸과 마음을 다해 헌신한다. 부르심에 대한 확실한 정체성을 가지고 있어야 어떤 고난의 상황에서도 하나님의 말씀에 대한 열정을 가지고 사역에 임할 수 있게 된다.

영성 있는 설교자는 청중을 돕는 자로서 정체성을 갖고 사역에 임하는 설교자는 청중에 앞서 먼저 하나님의 말씀을 듣고, 그와 만나며, 그의 행위를 경험하고 또 그의 세계를 볼 수 있다. 분명한 결단력으로 청중들을 이끌어 간다. 에스겔서에서 전해 주는 삯군 목자에 대한 경고는 성도들과의 관계를 자신의 이득을 위해 남용하는 자들을 향한 것이었다. 성도들에 대한 관계에 있어서 분명한 정체성 확립을 통해 하나님의 말씀은 더욱 살아 역사하게 된다.

경건의 능력을 소유한 지도자로서 설교자는 설교를 통해서 청중들에게 확실한 비전을 제시한다. 어둠 속을 걷는 듯한 상황 속에서도 훌륭한 지도자는 밝은 빛을 지시할 수 있다. 증인으로서, 선포자로서 말씀에 대한 확신을 보여 준다. 보이지 않는 하나님의 세계, 곧 인간들에게

---

125) M. Josuttis, *Der Pfarrer ist anders. Aspekte einer zeitgenössischen Pastoraltheologie*, München 41991, 191.

126) 포스딕(Harry Emerson Fosdick)(*The Living of These Days*, 1956)에 따르면, 강연은 전제된 주제나 주장을 설명하면서 논리를 전개해 나가지만, 설교는 던져진 목적을 성취시키는 데 집중적인 관심을 쏟는 것이다. 정장복, 『설교 사역론』, 233에서 재인용.

는 여전히 비현실로 보이는 세계를 분명하게 제시할 수 있는 설교자가 되는 것은 바로 영성과 경건의 능력으로 인함이다. 설교자에게 영성과 경건의 능력이 요구되는 것은 바로 이러한 이유 때문이다. 다시 말해서 영성과 경건의 능력은 소명에 대한 확신과 정체성 확립, 그리고 말씀사역에 대한 헌신을 위해 요구되는 것이다. 이런 맥락에서 볼 때, 설교자의 영성과 경건의 능력은 아무리 강조해도 결코 지나치지 않는다.

6. 설교구성

'현실로부터 성경본문을 향해 나아가는 설교'는 주석의 결과를 직접 현실에 적용하는 순서를 취하지 않는다. 주석의 결과는 본문의 의미이다. 앞에서 언급한 대로 본문의 의미란 신학적인 것이고, 이것은 결국 하나님의 말씀과 행위에 관계한다. 오늘 우리가 함께 고백하고 또 인정하고 동의해야 하는 것들이다. 청중의 삶에 적용해 나가기 이전에 설교자는 공동체를 위해서 오히려 어떻게 우리가 그것을 우리의 고백으로 삼을 수 있는지, 혹은 무엇이 그러한 고백을 가로막고 있는지, 무엇에 대한 기대를 갖게 하는지, 무엇을 소망하게 하는지 등을 분명하게 보여 주는 것을 목적으로 삼는다. 또한 어떻게 그러한 동의에 이를 수 있을 것인지에 대해 묻고 대답할 수 있도록 방법을 제시한다. 만일 해결되지 않는다면 함께 발견해야 할 과제로 삼으면서 그것에 대한 동의(consensus), 즉 고백으로까지 나아갈 수 있어야 한다.

'현실로부터 성경본문을 향해 나아가는 설교'는 종래의 본문주석으로부터 현실에 적용하는 연역적인 방법에서 벗어나서 본문주석을 근거해서 현실을 분석하고 이해하며 그것을 통해 오늘의 상황 속에서 다시 본문을 향해 나아갈 수 있는 가능성을 모색해 보는 것으로 형태론적으로 보면 귀납적이다. 따라서 설교 언어가 수직적이지 않고 언제나 수평적이다. 사실 설교에서 본문주석의 과정을 보여 주는 것은 불필요하다. 경우에 따라서는 애매한 문장이나 개념의 의미를 명확하게 하기 위해서 필요하지만, 그것조차도 설교에서는 청중들의 현실에 대한 분석과 이해의 과정과 상관되도록 하고 현실에 대한 공동의 이해를 바탕으로 본문을 향해 꾸준히 진행해 나가는 것이 바람직하다.

'현실로부터 본문을 향해 나아가는 설교'를 위한 작업은 크게 세 단계로 구분된다. 첫째는 본문에 대한 신학적인 이해, 곧 주석 작업이다. 둘째는 설교자가 청중을 향해 나아가고 다시 청중으로부터 청중과 더불어서 본문 앞으로, 하나님 앞으로 나오기 위한 준비 작업으로 설교 명상을 행한다. 세 번째 작업은 설교 작성이다. 본문에 대한 신학적 이해를 위한 작업은 신학자나 주석가마다 각기 다양한 방법과 원리를 제공하고 있기 때문에 이곳에서 다룰 수는 없다.127) 궁극적으로 그것은 성서신학과 조직신학의 문제이다. 다만 이곳에서는 필자가 행하고 있는 본문이해의 과정을 간략하게 소개하도록 하겠다.

1) 본문에 대한 신학적 이해의 실제

앞서 말한 대로 성경본문은 신학적 의미의 담지자이다. 그런데 본문의 의미는 질문을 통해서 더욱 분명해진다. 위어스비(Warren W. Wiersbe)는 "당신이 성경에게 말을 건네지 않으면, 성경도 당신에게 말을 하지 않을 것이다"라고 단언하였을 정도이다.128) 이 의미에 근접하기 위해 안내의 역할을 하는 다음의 몇 가지 질문들을 정리해 본다:
　'이 본문에서는 무엇을 기술하고 있는가'(사건이해),
　'이 본문에서 하나님은 무엇을 말씀하시고 있는가'(메시지 확인),
　'하나님의 어떠한 행위를 증거하고 있는가'(저자의 증거),
　'어떤 약속을 포함하고 있는가'(저자의 기대)
　'어떤 하나님에 대한 고백을 담고 있는가'(저자의 고백).

---

127) 본문을 이해하기 위한 여러 해석 작업에 대해서는 다음의 책을 참조: 강성열 외, 『설교자를 위한 성서해석 입문』(대한기독교서회, 2002).

128) Wiersbe, Warren W. Teaching and Preaching with Imagination(1994) [『상상이 담긴 설교』(요단출판사, 1997)], 123쪽에서 인용 그리고 151까지 참조.

이 질문들은 본문의 주제, 곧 본문의 신학적인 의미를 파악하는 데 매우 중요한 것들이다. 이 질문들이 중요한 이유는 본문을 율법적 혹은 지나치게 윤리적으로 이해하는 것을 막아 준다. 본문이 비록 인간의 행위를 요구하는 율법적인 규정과 같이 들린다 해도, 본문을 하나님의 말씀과 그의 행위에 초점을 맞추어서 자세히 들여다보면 하나님의 살리시는 행위, 곧 복음적인 말씀으로 이해되는 경우가 있다.[129] 물론 이러한 질문들과 더불어서 본문의 역사적인 혹은 종교문화적인 배경을 살피는 것은 저자의 실존적 상황을 이해하는 데 큰 도움을 준다. 본문에 대한 신학적 이해에 앞서 먼저 역사적인 배경을 살펴보게 될 경우 때로는 저자의 고백과 증거 등을 진솔하게 이해하는 데 방해가 되기도 한다. 본문을 읽으면서 위의 질문들을 먼저 살펴보고 난 후에 더 깊은 이해에 필요한 범위 내에서 제기되는 배경사적인 지식을 수집한다. 역사적인 지식은 저자의 고백과 증거가 오늘 우리들의 현실 속에서 어떻게 구체적인 의미를 갖는지를 파악하는 데 가치가 높은 것들이다. 성경무오사상에 대한 잘못된 이해로 성경의 역사성과 또 역사적인 배경 지식습득을 무시하게 되면 경우에 따라서는 상황에 맞지 않는 설교로 나타날 수도 있다.

역사적 배경지식을 도움으로 본문을 이해하게 될 때 다음의 질문들이 고려된다:

'저자는 지금 어떠한 상황에서 글을 쓰고 있는가?'(저자의 실존적 상황 이해)

'글의 대상은 누구이고, 대상의 상황은 어떠한가?'(대상의 실존적 상

---

129) 참고: 최성수, 『계명은 복음이다』(씨엠, 2002); H. Hoefer, 『복음적 설교』(이기문 역, 컨콜디아사, 1990).

황 이해)

 '저자의 신학은?'(본문의 맥락적 이해를 위해)

 '참고되거나 관련되는 성경본문들은 어떤 것들이 있는가, 그 본문들과의 공통점과 차이는?'(통전적 이해를 위해)

 '본문에 대한 이해는 어떻게 변천되어 왔는가?'(교회사적 의미)

 설교자 자신이 이해한 본문의 신학적 의미와 각종 참고서를 통해 얻은 역사적 지식이 수집되면 이어서 두 가지 의미를 바탕으로 설교에 적합한 주제를 확정하기 위해 그리고 적절한 설교형태를 확정하기 위해 설교명상에 들어간다.

2) 설교명상의 실제

 필자가 설교 준비 과정에서 실행하고 있는 '설교명상'의 과정에 대해 간략하게 소개해 보겠다.

 - 설교명상이 방해받지 않게 하기 위해 조용한 시간(필자는 새벽 시간을 활용한다)을 택한다.
 - 본문을 반복해서 읽으면서 의미를 발견하려고 노력한다.
 - 주석 혹은 해석 작업을 통해 얻은 의미(하나님의 말씀, 행위 그리고 약속 등)를 한두 문장으로 진술한다. 대개 본문 안에는 여러 가지 주제를 담고 있어서 청중들의 집중력을 고려해서 주제를 단순화시킬 필요가 있다. 발견된 의미에 대한 신학적 뒷받침을 위해 주석서를 참고할 수 있지만, 주석 이전에 먼저는 설교자 자신이 본문의 신학적인 의미를 발견해 보는 것이 더 중요하다. 주석서는 이해하기 어려운 본문을 이해하고 또 본문의 다양

한 의미를 확인하는 데 도움을 주기도 하고, 본문에 대한 역사적 배경지식을 제공해 주기도 한다. 설교작성 이전에 행해지는 주석을 포함한 모든 작업은 분명한 설교착상(idea)을 얻기 위한 것들이다.

- 설교착상이 이루어지면 주제를 정하고 적합한 설교의 방향을 설정한 후에, 설교의 틀을 짜는 데 필요한 신학서적을 참조한다. 이 작업을 통해서 필자는 본문의 주제에 대한 통전적인 이해 및 신학사적인 맥락을 파악할 수 있게 된다. 관련된 문헌들을 때로는 통독하기도 하지만, 설교를 준비하는 과정에서는 주제색인이나 인명색인 등을 중심으로 이루어지기도 한다.

- 앞서 진행된 작업을 통해 확정된 의미를 염두에 두며 본문을 소리 내어 혹은 침묵 가운데 읽어 나가기를 반복하며 묵상한다. 이것은 본문의 의미를 본문 전체 혹은 성경 전체와의 관계 속에서 살펴보기 위함이다. 본문의 의미가 성경 속에서 정확하게 자리매김되어야 잘못되거나 편향된 시각에서 벗어날 수 있기 때문이다.

- 본문의 의미가 먼저 나에게 어떠한 의미를 갖고 또 삶에 어떠한 형태로 적용되는지를 묵상하며 기록한다.

본문의 의미를 나의 삶의 현실 속으로 수용하는 데 아무런 문제는 없는가?

방해요소는 무엇인가? 부정적인 삶의 현실, 혹은 변화에 대한 두려움, 용기가 없음

하나님의 말씀, 곧 그의 약속과 행위에 대해 어떻게 적절하게 반응할 수 있는가?

말씀을 대하면서 어떠한 기도가 필요한가?

- 나 자신의 삶에 적용된 후에 어떤 기도가 드려지는지 주목한다. 이때의 기도는 나의 고백과 기대로 표현되기 때문이다. 기도를 통해서 본문이 나의 현실에 대해 어떠한 의미를 갖는지가 분명해진다. 또한 하나님과 나, 본문과 나의 관계가 구체적으로 확인된다.
- 본문이 다양한 성향의 청중들 각자에게 무엇을 말하는지를 묵상한다. 단순히 청중들에게 말할 것을 찾기보다는 청중들이 말씀과 관련해서 무엇을 필요로 하고 또 무엇을 기대하고 요구하는지를 생각한다. 나를 중심으로 적용된 말씀의 의미는 이 단계에서 공동체 중심으로 바뀌면서 수정될 수도 있다.

나는 어떠한 자세로 본문을 청중들에게 전해 줄 수 있는가?(증거, 간증, 선포, 설득, 치유, 지시, 권고, 훈계 등등)

본문을 대하는 청중들의 반응은 어떠할 것인가?(공동체의 상황 이해)

본문과 관련해서 청중들에게 필요한 것은 무엇인가?(공동체 지향적인 이해)

본문의 의미와 관련된 공동체의 이해관계는 서로 충돌되지 않는가?(메시지의 일반성)

설교의 목표는 무엇으로 정할 것인가?

- 설교 목표를 설정했으면 유비적이며 연상적인 사고를 바탕으로 현실과 접목이 가능한 부분을 떠올려 본다. 삶의 여러 모습들(나 자신보다는 청중들의 삶으로부터 쉽게 접근할 수 있는 상황들)을 묵상하며 그 가운데 적절한 부분으로부터 유비적 연관성을 발견하도록 노력한다. 심방 때에 얻은 정보들, 영화나 드라

마, 예술작품, 문학, 종교와 철학, 혹은 평소 스크랩된 예화, 신
문과 잡지로부터 대중적인 관심을 불러일으키는 시사적인 사건
에 대한 기사들을 살펴보는 것은 많은 도움을 준다.
- 본문의 의미 안에서 새롭게 조명될 수 있는 현실을 기술해 본다.
기술된 내용으로부터 본문을 새롭게 발견하게 되고 또 그 속에
서 청중들이 조명되며 공동체의 현실이 새롭게 이해된다.
- 기술된 내용과 관련해서 청중들에게 제기되는 질문이나, 공동체
안에서 해결되어야 할 문제들을 대상으로 묵상하며 본문과의 관
계를 구체화시킨다.

청중들은 본문을 대하면서 어떤 질문을 제기하고 있는가?(청중
이해)
질문에 대해 얻을 수 있는 대답들에는 어떤 것들이 있는가?(문화적
접목)
메시지를 통해서 전해질 대답과의 공통점과 차이는 무엇인가?(기독
교적 정체성 확립)

- 설교형태를 결정한다. 청중들에게 이미 잘 알려진 본문의 경우
에는 귀납적 설교가 적당하지만, 생소하거나 이해와 설명의 필
요가 있는 난해한 본문일 경우에는 강해설교가 좋다. 시사적인
문제의 중요성이 공동체에 의해 인식이 되었다면 일정한 주제에
대한 설교, 곧 주제설교도 좋다. 선교설교의 경우나 새 신자를
포함하는 모임에서는 연역적인 방법보다는 귀납적으로 그리고
강해보다는 서사적 설교나 이야기식 설교가 더 나은 이해로 인
도해 준다. 성도들의 교육을 위해서 흔히 논증을 통한 강해설교

가 선호되나 경우에 따라서는 서사적 혹은 이야기식 설교를 통해서 큰 효과를 보기도 한다. 공동체 안에 신앙적 관심을 집중시키고 있는 유명인사가 있다면 인터뷰식 설교가 권장된다. 절기예배일 경우 다양한 설교형태를 응용할 수 있다. 특히 유명인사들을 초빙해서 연주나 강연을 듣고 그들과 인터뷰를 하면서 신앙 간증을 들을 수도 있다. 대화를 통해서 그들이 만난 하나님을 전해 듣는 인터뷰식 설교는 청중들에게 신선한 감각을 북돋아 주기도 한다. 청중들에게 신앙의 각성을 촉구하는 설교에는 설득력 있는 강한 어조가 적합하다.

3) 설교구성130)

효과적인 설교에 기여할 수 있는 설교 구성의 문제는 설교학에서 매우 중요하게 다루어지는 수사학적 주제 가운데 하나이다. 설교의 주제가 통일성을 갖고 그 내용이 청중에게 가장 설득력 있게 전달될 수 있도록 설교 전체를 조직화하는 작업이다. 전통적으로는 서론-본론-결론으로 이루어지는 설교구조가 가장 많이 사용된다. 청중들의 집중을 모으는 것을 목표로 하고 본문의 내용에 기대를 불러일으키기 위한 서론, 즉 도입부와 메시지를 선포하고 그것의 의미를 설명하기 위한 작업으로서 본론 그리고 적용 내지는 요약 정리하면서 내용을 개괄적으로 숙지시키기도 하고, 때로는 청중들이 삶의 현장으로 나가 풍성한 결실을 맺을 수 있도록 결단을 촉구하는 노력의 일환으로 결론이 널리 사용되고 있다.

---

130) 참고: Henry C. Brown, The Making of the Sermon[정장복 역. 설교의 구성론. 엠마오, 1991].

246

최근의 설교학에서는 효과적인 설교를 위해 각 부분의 적당한 시간 배분은 어떻게 이루어져야 하는지, 그 안에는 어떠한 요소가 내포되어야 하며, 또 어떻게 진행되어야 하는지에 대한 연구가 많이 나오고 있다.[131] 무엇보다 중요한 것은 각 부분이 통일성을 갖도록 해야 하며, 또한 각 부분은 청중들의 설교에 대한 집중력의 정도를 고려해서 적절한 시간이 할당되어야 한다는 것이다. 대체로 외부로부터 초대되어 설교를 하게 될 경우 흔히 볼 수 있는 현상이지만, 개인 소개며 상황 이해와 같은 내용으로 도입부가 너무 길어져 정작 본론을 위해 필요한 시간이 부족해지는 경우가 있다. 이럴 때 설교자들이 시간에 쫓겨 성급하게 결론으로 넘어가 내용파악조차 하지 못하게 만들거나, 혹은 설교시간이 길어져 청중들의 집중력을 떨어뜨리고 관심을 분산시키는 일 등은 잘못된 시간 배분으로 인해 나타나는 결과이다.

가) 서 론[132]

대체로 '현실로부터 본문을 향해 나아가는 설교'에서 이루어지는 서론의 내용은 다음과 같은 요소들로 채워진다.

- 설교자와 청중들과의 만남이 누구 앞에서 이루어지는 것인지를 확인시켜 준다. 이것은 설교자나 청중의 정체성을 재확인해 주는 작업이다. 설교를 듣는 자나 설교하는 자 모두는 기독교인으로서 하나님 앞에서의 삶을 궁극적인 목표로 살아간다는 의식을

---

131) M. Josuttis, Über den Predigtanfang, in: PTh 53(1964), 474-492.
132) 참고: 이재곤, 『효과적인 설교의 서론연구』, 영남신학대학교 석사학위논문, 2002.

분명히 짚고 넘어갈 필요가 있다. 그렇지 않으면 설교는 방향을 잃게 된다.

- 청중들이 공감하는 현실이나, 모두에게 관심이 되는 현실을 기술해 준다. 청중들을 칭찬해 주는 말일 수도 있고, 때로는 예화를 통해서 현실을 보다 명확하게 제시할 수도 있다.
- 기술 과정을 통해서 청중들로 하여금 현실을 객관적으로 직시하게 해 주면서 그것으로부터 제기되는 질문을 구체화시킨다.

서론에서 구체화된 질문은 청중들에게 자기의 현실을 돌아보게 하고 또한 그 질문에 대한 대답을 기대하게 해 준다. 설교에 대한 집중력을 높여 줄 뿐만 아니라 설교자가 제시하는 대답에 대한 자신의 입장을 표명할 준비를 한다. 서론의 내용은 복잡하지 않고 청중들의 관심을 끌 수 있기에 충분할 정도로 단순해야 한다. 질문은 주제로 나아가는 데에 적절하게 제기되어야 하고, 본론과의 관계에서 통일성을 가져야 한다. 질문과 대답이 각각 따로 놀게 될 경우 설교는 방향성을 놓치게 된다. 주제에 적합한 질문을 제기하는 것은 신학적인 훈련과정이 없으면 결코 성공할 수 없다. 신앙적인 질문을 제기했지만 주제에 있어서 신학과는 전혀 무관한 방식으로 진행되어 결과적으로는 정치, 경제, 사회 혹은 종교 등과 같은 기타 비기독교 신학적인 기초에 근거한 설교가 되기도 한다.

나) 본 론

본론은 대개 설교의 중심부분으로 이해되지만 '현실로부터 본문을 향해 나아가는 설교'의 본론은 설교의 핵심으로 나아가기 위한 논의 작업이다. 다시 말해서 본론에서 본문에 대한 설명을 시도하지는 않는다. 본문으로 가기 이전에 먼저 서론에서 제기된 질문에 대한 청중들의 생각이나 그 질문에 대한 세상적인 대답과의 건설적이고 비판적인 대화가 시도될 필요가 있다. 그러므로 때로는 서론과 본론의 구별이 애매모호해질 수 있고, 때로는 전혀 구분이 안 가는 경우도 있다. 반드시 구분되어야 할 필요는 없지만, 굳이 구분해 본다면 서론에서는 현실에 대한 인식 및 질문이 제기되고 본론에서는 제기된 질문과 여러 대답의 정당성 혹은 적합성이 비판적으로 살펴진다. 본론에서 이러한 대화를 시도하는 이유는 분명하다. 성경은 세상의 지혜와 하나님의 지혜를 구분하고 있기 때문이다. 전자는 인간의 명예와 부귀영화를 위한 것이지만, 후자는 생명을 위한 것이요, 이웃의 이익을 우선하는 것이요, 궁극적으로는 하나님의 영광을 위한 것이다. 설교자의 신학적 훈련과 교양은 이러한 차이를 분명히 밝혀 줄 수 있도록 도와준다. 설교자는 이러한 논의를 통해서 세상 속에서 임재하시면서 당신의 역사를 일으켜 나가시는 하나님을 분명하게 인식해 주고, 또 세상의 지혜에 가려져 있는 하나님의 지혜를 밝히 드러낼 필요가 있다.

- 질문에 대한 대답으로서 청중들이 쉽게 접할 수 있는 것들을 소개한다. 종교적인 것일 수도 있고, 철학적이거나, 일상생활의 경험 속에서 얻을 수 있는 대답일 수도 있다. 이러한 대답들이 몇 개의 대지로 나뉠 수도 있고 대지의 형식이 아니라 단순히 서술 형식으로 나타날 수도 있다.
- 설교자는 한편으로는 이러한 대답들이 가져다주는 유익한 점을 소개하면서도, 다른 한편으로는 한계를 지적해 준다. 청중들이 충분한 동의를 할 수 있도록 설득력을 갖출 필요가 있다.

- 기독교적인 대답의 필요성을 부각시킨다. 그리고 그 대답이 청
  중들의 고민과 문제의식과 관련해서 얼마나 적절한지를 보여 준
  다. 이 과정에서 설교자는 성경의 예를 제시하는 데에 제한하지
  않는 것이 중요하다. 중요한 것은 본문의 의미를 수용하고 인정
  할 수 있도록 논의과정이 설득력이 있어야 한다.
- 본문으로 들어가는 준비작업을 한다. 본문의 의미는 기독교적인
  대답의 신학적 기초가 된다. 따라서 본문의 의미에 동의할 수밖
  에 없는 이유가 분명해지도록 접촉되는 부분을 부각시키고 본문
  을 그 의미가 분명해지도록 설명해 나간다. 강해설교에서 흔히
  보게 되는 자세한 석의 과정은 불필요하고, 이미 서론과 본론의
  앞부분에서 소개된 청중들의 현실을 통해서 본문의 맥락이 파악
  된 만큼, 이곳에서는 본문의 의미가 오늘 이곳에 있는 청중들에
  게 상관하고 있음을 분명하게 숙지시켜 주는 것으로 족하다. 메
  시지는 이때 선포된다.

   다) 결   론133)

  결론은 설교를 총체적으로 마무리 짓는 과정으로서 청중들이 선포
된 메시지에 먼저는 입술로 그리고 삶 속에서는 행위로 '아멘'으로 화
답할 수 있도록 초대하는 부분이다. 결론이 없으면 설교는 산만하게
끝날 수도 있고 청중들의 마음이 정리되지 못한 채 교회 밖을 나서게
될 수도 있다. 결론 부분에서 포함될 내용은 다음과 같다.

---

133) 참고: 김삼룡, 『효과적인 설교의 결론에 대한 연구』, 장로회신학대학 교
     역대학원, 석사학위논문, 2000.

- 본론 부분에서 질문에 대한 대답으로서 설득력 있게 제시된 하나님의 행위와 말씀을 다시 한번 확인해 준다.
- 하나님의 행위와 말씀이 우리의 삶에 구체적으로 어떻게 나타나는지를 제시해 준다.
- 청중들에게 '－해야만 한다'는 어조보다는 하나님이 무엇을 하셨는지, 무엇을 말씀하셨는지를 보여 주고 하나님의 행위와 말씀에 근거할 때 청중들이 '무엇을 할 수 있는지'를 보여 준다. 청중들이 비전을 갖게 되는 것은 현실에 대한 설교자의 긍정적인 인식과 더불어서 하나님의 말씀과 행위를 바로 보여 주었을 때이다.
- 하나님의 약속을 보다 분명하게 환기시켜 준다.
- 삶의 현장으로 나갈 청중들이 하나님과 함께 나가는 것임을 분명하게 선포하며 그들을 축복한다. 그러므로 설교의 결론이 꼭 '설교'라는 틀 안에서만 이루어질 필요가 없다. 청중들로 하여금 하나님의 행위를 기대하는 설교를 지향하기 위해서는 설교 후의 기도, 심지어는 축도조차도 결론으로 사용할 수 있다. 하나님의 동행하심과 보호하심을 기원하며 축복해 줄 때 청중들은 들은 말씀에 대한 기대와 만족을 느낄 수 있게 되기 때문이다.

라) 설교를 위한 기도

설교와 관련된 기도는 설교 전에 이루어지는 것이 적합한 것인지, 아니면 설교 후에 하는 것이 적합한 것인지에 대한 엄밀한 기준은 사실 없다. 대개는 설교자에 따라서 설교 전에 드려지기도 하고 설교 후에 드려지기도 한다. 경우에 따라서는 전후 모두에 드려지기도 한다. 전후 가운데 한 번 드려지든, 아니면 전후 모두 드려지든, 중요한 것은 기도의 내용이다.

설교 전에 드려지는 기도는 청중들의 마음을 정리해 주고 주의를 환기시켜 준다. 따라서 엄격한 서론-본론-결론의 구조를 따르지 않는 설교의 경우에는 설교 전과 후에 드려지는 기도를 통해 설교에 집중하게 하고 또 때로는 설교의 결론을 기도로서 마무리할 수 있다. 설교 전에는 성령의 말씀하심을 구하고 또한 설교자를 포함해서 청중 모두가 들을 수 있는 마음을 기원하는 것이 좋다. 이런 기도를 통해서 청중은 설교의 주체가 누구인지를 분명하게 깨닫게 되고 마음의 준비를 하게 된다. 뿐만 아니라 말씀을 듣는 곳으로 자신들이 초대되었음을 분명하게 인식하게 된다. 설교 후에 드려지는 기도는 설교에서 발견한 내용에 대해 하나님께 감사하며 하나님 앞에서 충실한 삶을 기원한다. 또한 아직 해결되지 않은 어려운 문제가 있다면 문제의 해결을 위한 기도가 드려질 수 있다. 기도를 통해서 간접적으로 청중들을 교육하거나 권고하는 일은 기도의 정신에 위배된다.

7. 설교와 성령

우리는 지금까지 설교의 한 형태로서 '현실로부터 본문을 향한 설교'를 살펴보는 가운데 설교에 대한 정의적인 이해에서부터 시작해서 공명과 공감을 주는 설교의 준비과정은 어떻게 이루어지며, 또 강단에서 실제적인 설교로 행해지기까지 어떠한 과정을 거치게 되는지 살펴보았다. 지금까지는 설교의 원리를 살펴보았다면, 이제는 설교의 신학적 기초에 대한 물음을 제기해야만 한다: '현실로부터 본문을 향해 나아가는 설교'는 무엇에 근거하고 있는가?

사실 설교의 원리와 설교의 신학적 기초는 엄격하게 분리되지는 않는다. 왜냐하면 설교는 해석의 과정을 거쳐서 청중들에게 하나님 말씀 및 행위의 현재적인 의미를 선포하는 것이며, 또 이것은 하나님의 말씀과 행위에 기초하기 때문이다. 이 점에 대해서는 이미 한국초기 선교사 부두일이 정확하게 인식하여 다음과 같이 말한 바 있다: "大抵講道의基礎와講道의理致는相離치못흘거슨즉하ᄂ님의言으로基礎를定ᄒ고ᄒᄂ講道와自古로잇ᄂ眞理를解釋홈으로趣味잇게ᄒᄂ講道는特別히愛慕흘쑌더러平生토록維持흘거시니."[134] 그럼에도 불구하고 설교론에서 인간인 설교자가 설교를 할 수 있는 이유는 무엇인가를 묻지 않을 수 없고, 또 대답하지 않을 수 없다.

인간인 설교자가 설교할 수 있는 이유는 앞서 언급한 부르심과 위임 이외에도 설교는 궁극적으로 볼 때 하나님의 사건, 곧 성령의 사건이기 때문이다. 설교는 성령 사역의 한 수단이다. 요한복음에 보면 성

---

134) 富斗一, "趣味있는 講道", 「신학지남」 Vol.1. No.2(1918), 101-106, 101.
"대저 강도의 기초와 강도의 이치는 서로 분리될 수 없기 때문에 하나님의 말씀으로 기초를 세우는 강도와 옛부터 전해내려 오는 진리를 해석하는 강도는 특별히 사모해야 할 뿐만 아니라 평생토록 유지해야 할 것이다"

령은 예수 그리스도의 말씀과 행위를 계속해서 전하는 사역을 계속하며, 또한 사도행전은 전도 및 선포의 사역을 가능하게 하는 모습을 보여 주고 있다. 성령의 사역 없는 설교란 도대체 가능하지 않을 뿐만 아니라, 믿음의 형성 역시 불가능한 것이다. 그러므로 효과적인 설교를 위해 우선되는 주제 및 기초는 성령이다.[135] 성령은 설교를 가능하게 하면서 동시에 설교자와 청중, 양방 간의 기대지평을 열어 주기 때문이다. 이러한 까닭에 설교와 성령의 관계를 묻는 질문은 이미 오래전부터 제기되어 왔다. 신학적으로는 특별계시론 안에서 다루어졌다. 다시 말해서 하나님의 모든 계시는 성령을 통해서 나타나는데 특별히 말씀과 더불어서 그리고 말씀을 통해서 나타난다는 주장이다.

칼빈으로부터 비롯되는 개혁주의 전통에서 강하게 나타나는 특징인 성령과 말씀(문자)의 관계는 이미 초대교회시대에서부터 시작된 문제였다. 영지주의와의 갈등 관계 역시 예수 및 말씀을 문자적으로 이해하느냐 혹은 비의적으로 이해하느냐의 차이로 인한 것이었다. 딤후 3:16절에서 모든 성경은 영감된 것이라고 선포하면서 문자의 중요성을 강조하고 있는 것도 갈등의 한 단면을 보여 준다. 그런데 고후3:16절에서는 관점의 변화가 이루어졌다. "저가 또 우리로 새 언약의 일군 되기에 만족케 하셨으니 의문(문자)으로 하지 아니하고 오직 영으로 함이니 의문은 죽이는 것이요 영은 살리는 것임이니라"고 말함으로써 바울은 '영과 문자'의 관계를 은혜와 율법의 관계로 이해한 것이다. 이러한 관점을 계승한 어거스틴은 펠라기우스와의 논쟁에서 자신의 입장을 정리하면서 '영과 문자'에 대한 사도 바울의 생각을 명쾌하게 정리해 인간은 오직 성령이 부어 주시는 사랑을 가져야만 율법이 명하

135) H. Kraemer, 『그리스도교 신앙의 커뮤니케이션』, 31: 참고: 정장복, 『한국교회의 설교학개론』, 343-361.

는 것들을 즐겨 행할 수 있게 된다고 말했다.[136] 성령과 말씀의 관계가 신학, 특히 설교론 안에서 중심 주제로 나타나게 되는 것은 바르트의 신학적 노력의 결과이다. 교회교의학(Kirchliche Dogmatik)에서 그는 신학의 기초로서 하나님의 말씀을 세 가지 형태, 곧 '기록된 말씀', '선포된 말씀' 그리고 '계시된 말씀'으로 분류했다. 그에게 있어서 인간의 언어적 행위로서 설교는 하나님의 말씀으로 나타나게 되는데 이 과정에서 하나님의 계시 사건은 성령의 사역으로 나타난다.

설교와 말씀의 관계를 생각할 때 먼저 주의해야 할 두 가지가 있다. 하나는 소위 '영해'(靈解)이고, 다른 하나는 본문을 성령과 동일시하는 경향이다. 설교와 성령의 관계를 묻게 될 때 그것이 반드시 영해를 가리킬 필요는 없다. 교회사 안에서 나타나는 '영해'에 대한 주장은 때로는 합리적 사고 능력의 결핍을 은폐하기 위한 수단이 되기도 했었고, 때로는 더 이상 해결될 수 없다고 생각되는 문제들을 피상적으로 해결하려는 노력에 이용되어 왔다.

설교와 성령의 관계를 생각할 때 주의해야 할 또 다른 하나는 성령을 성경본문 안에 가두어 놓을 수 없다는 것이다. 성경본문을 성령과 동일시할 때, 본문을 넘어 현실세계로 향하는 성령의 자유가 제한받게 된다. 성령에 의지하며 성령사역을 기대한다고 하면서 설교 준비에 소홀히 하는 것도 지양해야 할 부분이다. 한국의 설교학에 초석을 다진 곽안련은 그의 설교학에서 이런 점에 대한 경계를 잃지 않았다.[137]

---

136) 참고: Augustinus, *De Spiritu et Littera*(412) [공성철 역, 『성령과 문자』 (한들, 2000)].

137) 곽안련, 『설교학』, 23: "어떤 법칙을 따라 설교하는 것은 성령을 의지하는 것이 아니라 육체를 의지하는 것이라는 점이다. 이와 같은 사상은 그릇된 생각이다. 이러한 법칙은 우리 육신의 생각으로 판단한 것이라기보다는 성령께서 친히 우리에게 지시하여 주셔서 우리로 하여금 실행하게 하시는 것이다."

뿐만 아니라 설교와 성령의 관계를 묻는 질문은 설교자의 정체성과도 상관한다. 설교자는 성령의 부르심에 따라서 말씀을 선포하는 것이기 때문이다. 따라서 설교와의 관계보다는 오히려 설교자와의 관계설정이 더 앞선다.[138] 자신의 정체성을 확립한 설교자는 자신이 성령에 의해 부름을 받고 성령의 감동하심에 따라서 성경의 증거를 이해하고 또 선포한다는 사실을 명심한다. 설교자에게 영성이 갖추어져 있어야 하고 또한 그것의 계속적인 성장을 위해서 설교자가 부단히 노력해야 함은 당연하다.

성령론적인 설교론은 설교이해와 설교구성에 있어서 성령론적인 방법이 가능한가 하는 것을 고찰한다. 성령론적인 방법이라 함은 성령의 사역에 근거한 설교구성을 일컫는다. 성령과 설교의 관계와 관련해서 갖는 설교학적인 문제는, 설교를 준비하면서 혹은 설교행위 속에서 성령의 사역을 어떻게 인식할 수 있고 또 설교자는 성령의 사역에 대해서 무엇을 기대하고 또 어떻게 반응해야 하는가? 하는 것이다. 설교에서 성령의 사역이 어떻게 일어나는지에 대해서 살펴볼 때 '설교학적 성령론'이라는 말이 적절한 표현이라고 생각된다. 성령에 대한 이해를 설교학적 관점에서, 설교의 현장에서 모색해 보는 것을 일컫는다. 이것의 의미를 살펴보면 다음과 같다.

1) 설교의 주체는 성령이다

설교와 성령의 관계에 대한 질문을 통해서 교회는 설교가 비록 교회의 공동체에 의해 설교자에게 위임되어 있다 해도 설교의 권세는 사람에게 있지 않고 하나님에게 있음을 확인해 왔다. 예수님은 제자들

---

138) 정장복, 『한국교회의 설교학개론』, 348.

256

에게 자신의 사역이 성령을 통해서 계속될 것을 말씀하셨을 뿐만 아니라, 오실 성령은 제자들의 사역을 도우면서 그것이 하나님의 사역으로서 계속되게 할 것이라고 말씀하셨다(요14:16-17).

　　　"내가 아버지께 구하겠으니 그가 또 다른 보혜사를 너희에게 주사 영원토록 너희와 함께 있게 하시리니 저는 진리의 영이라 세상은 능히 저를 받지 못하나니 이는 저를 보지도 못하고 알지도 못함이라 그러나 너희는 저를 아나니 저는 너희와 함께 거하심이요 또 너희 속에 계시겠음이라"

이 보혜사 성령이 하시는 일은 14:25-26절에 기록되어 있다.

　　　"내가 아직 너희와 함께 있어서 이 말을 너희에게 하였거니와 보혜사 곧 아버지께서 내 이름으로 보내실 성령 그가 너희에게 모든 것을 가르치시고 내가 너희에게 말한 모든 것을 생각나게 하시리라"

오순절 성령강림 사건 이후에 이루어진 사도들의 복음선포사역은 주님의 약속이 이루어진 것이며 또한 복음선포의 권세가 사람의 능력이 아니라 성령에 있음을 보여 준다. 성령은 하나님과 인간, 인간과 인간 사이에서 이루어지는 커뮤니케이션의 주체임이 천명된 것이다. 설교를 통해서 비로소 성령의 사역이 나타나는 것이 아니라, 성령은 스스로의 사역을 나타내기 위한 하나의 수단으로 설교를 사용한다는 말이다. 그러므로 설교의 우선적인 목표는 우리 가운데 계신 성령의 임재와 그의 사역을 청중들에 분명하게 인식시켜 주는 데에 있다. 청중은 한편으로는 하나님의 말씀을 듣는 자이지만, 다른 한편으로는 하나님의 사역의 매개체로서 인식되어야 할 부분들을 가지고 있다. 따라서 설교자와 청중은 상호 의사소통을 통해서 서로를 돕는 자로 있는 것이다.

2) 성령의 내적 조명

설교학적 성령론을 설교 준비와 관련해서 생각해 보면, 설교자는 본문의 의미와 청중들을 이해함에 있어서 성령의 내적인 조명을 기도한다. 영의 일은 영을 통해서만 인식할 수 있기 때문에 하나님의 행위는 영을 통해서 비로소 온전하게 깨닫게 된다. 이는 기도와 묵상을 동반한 설교 준비에서 이루어진다. 아무리 학문적으로 잘 다듬어진 연구라 해도 기도와 묵상이 없다면 설교에 적합한 의미를 발견하는 데 성공하지 못한다. 본문만 들여다보아도 부족하며 청중들에게만 관심을 보여도 성경적이지 못하게 된다. 본문과 현실을 설교 행위 속에서 바르게 수렴될 수 있도록 이끌어 주는 성령의 도우심에 대한 기도는 설교 준비에 있어서 없어서는 안 되는 요소이다.

3) 설교의 현재적인 의미를 파악하게 해 준다

현재라는 시간은 매우 다양하고 포괄적이고 유동적이어서 감히 개념적으로 파악하는 것이 불가능하다. 그럼에도 불구하고 설교는 말씀의 현재적인 의미를 겨냥한다. 그래야만 청중들의 공감과 공명을 얻을 수 있다. 서로 다른 배경 속에서, 서로 다른 문제의식을 갖고, 또 서로 다른 의도와 생각을 가진 청중들을 말씀 속에 선포된 하나님의 행위에 근거해서 하나로 묶어 주는 것은 오직 성령만이 하실 수 있는 일이다(엡4:1-3).

4) 설교자의 정체성을 확립해 준다

설교자는 자신의 위치를 하나님과의 관계 안에 설정하고 또한 하나님과의 관계 속에서 설교사역을 이해한다. 하나님의 부르심에 따라 말씀을 전한다는 믿음이 없이는 어떠한 설교자도 강단에서 하나님의 말씀을 담대하게 전할 수 없다. 아무리 많은 준비를 갖추었다 해도 설교자에게 이런 믿음이 없다면 듣는 자들로 하여금 하나님의 행위에 대해 고백하도록 만드는 데 실패할 수밖에 없다. 부르심에 대한 확신 없이도 담대하게 전할 수 있다면, 그 설교자는 예레미야에서 볼 수 있는 거짓 선지자들이다. 평화를 말하지만 실상은 거짓을 말하는 것이요, 재난과 회개를 말하지만 실상은 하나님의 용서와 회복을 보지 못하고 말하는 말들일 뿐이다. 분위기에 맞는 말과 청중들이 요구하는 말만을 전해 주는 삶을 위해 일하는 자들이다.

다른 한편으로, 성령을 통해 설교자가 자기 정체성을 확립함으로써 설교자 자신은 성령이 하시는 일을 위한 도구요 수단일 뿐임이 분명해진다. 아무리 위대한 설교자라 할지라도 신격화되어서는 안 되며, 언제나 하나님 앞에 서 있는 인간으로서 하나님의 은혜를 필요로 하는 죄인일 뿐이다. 그렇기 때문에 말씀을 듣는 청중들을 돕고 또 그들과의 연대감을 갖는 설교자로 남아 있는 것이 중요하다. 하나님의 종으로서 청중들로 하여금 하나님을 알고 또 그를 고백하고 그를 섬길 수 있는 사람이 될 수 있도록 돕는 자로서의 범위에서 벗어나, 예컨대 하나님의 사자라는 미명하에 일방적으로 선포하면서 말씀의 권위에 의탁해서 청중들 위에 군림하려는 것은 설교자의 본분에서 벗어난다.

5) 설교의 결과에 대한 자유로움을 준다

설교의 결과는 오직 기대될 수 있을 뿐이다. 그것은 결코 예측될 수 없고 임의적으로 조장할 수도 없다. 인간의 계산 방식이나 기준에 근거해서 판단될 수도 없고 그렇다고 해서 하나님의 기준이라고 할 만한 것도 설교자들은 갖고 있지 못하다. 설교자는 오직 성실하게 준비된 것을 전할 뿐이고 그 결과는 기대될 수 있을 뿐이다. 설교가 설령 성공적이라고 해서 설교자 자신의 공로로 생각해서도 안 되고, 설교가 성공적이 되지 못했다고 해서 지나친 자책은 금물이다. 설교자가 설교를 충실하게 준비했다고 한다면 설교의 결과는 언제나 성령의 임재와 사역을 기대하는 마음으로 바라볼 것이고, 또한 결과를 참조하면서 기도와 더불어서 다음 설교를 준비하는 태도가 바람직하다.

6) 성령의 감동을 기대하게 한다

청중들에게 일어날 성령의 감동을 기대하게 한다. 설교를 하면서 청중들이 단순히 자신의 말을 듣는다고 생각하는 설교만큼 무력한 설교는 없다. 설교를 통해서 하나님의 말씀, 성령의 감동이 일어날 것을 기대할 때, 설교는 가장 큰 힘을 얻는다. 설교자는 성령의 감동하심이 자신에게 나타났듯이 청중들에게도 일어날 것을 가장 먼저 기대하고 확신할 수 있어야 한다. 단순히 자신의 말이 아니라 하나님의 말씀을 선포하는 것이기 때문이다. 설교자들은 청중들의 삶의 문제가 하나님의 도우심으로 해결될 수 있기를 간절히 바라고 있기 때문이다. 이런 마음을 가진 설교자는 설교를 준비하며 하나님의 도우심을 구하는 기도를 하지 않을 수 없게 된다. 설교의 결과에 대한 두려움으로 설교 후에 청중들을 잊어버리지 않고, 오히려 설교를 통해서 청중들에게 어떠한 변화가 일어났는지 혹은 어떠한 문제가 있었는지에 관심을 가지며 설교 후의 일들에 관심을 기울인다. 자기반성의 기회를 가질 수 있는 자신감을 얻게 된다.

III

이제는 들어야 할 때

　유학생활에서 돌아온 직후부터 한국 강단에서 전개되고 있는 설교의 현실과 출판계에 쏟아져 나오는 설교학의 현주소를 파악하기 위해 시작했던 탐구의 여행이 어느새 이곳까지 이르게 되었다. 많은 목회자들과 만나 그들의 고민을 들으며 그들이 무슨 문제와 더불어 씨름하는지 알게 되었다. 설교학에서 다루어지는 것이 원론적인 수준에 머무는 것이 많아 목회자들의 실제 설교 준비에 큰 도움을 주지 못한다는 말을 듣기도 하였다. 특히 주제설교와 본문 설교 사이에서 방황하는 많은 설교자들을 바라보며 안타까운 마음을 가득 품게 되었다. 양자 사이를 이어줄 매듭은 없는 것일까? 이렇게 그들의 고민을 해결해 주고 싶어 시작했는데…… 결과적으로는 비록 또 한편의 원론이 제시된 것은 아닌지 염려가 된다. 기존의 설교학적인 입장과는 다소 다른 것이 제시되었지만 그럼에도 불구하고 필자는 설교 준비에 있어서 실제적인 도움을 줄 수 있도록 심혈을 기울였다. 그것을 혹은 '현실로부터 본문을 향해 나아가는 설교' 혹은 '제3의 설교론'으로 이름 지으며 모두를 품을 수 있는 설교론을 지향하려 했다. 다른 한편으로는 필자가 광주운암교회에서 매주일 행하고 또 여러 교회에서 초빙되어 행하는 나의 설교에 대한 신학적 기초를 세우기 위한 노력이기도 했다. 그래서 이 글 전체의 구조를 서론 – 본론 – 결론이 아닌 세 부분으로 나누었다. 독자들이 탐구 및 발견의 과정들을 함께 걸어갈 수 있게 되기를 바라는 마음 때문이다.

　필자가 이곳에서 제시한 '제3의 설교론'의 핵심은, 설교란 궁극적으로는 하나님의 나타나심 및 그의 말씀과 상관하고 있기 때문에 설교는 그것을 인식하는 형태나 표현에 있어서 다양할 수밖에 없다는 것이다. 하나님의 자유로운 행위, 바로 이 하나님의 행위에 부합되는 설교에 대해 구상하기를 원했다. 하나님의 나타나심을 어떤 이는 그림으로, 어떤 이는 음악으로, 또 어떤 이는 춤으로도 인식하며 또 표현한다. 과거에 넋을 놓고 춤을 출 수 있는 능력이 있고 또 보는 이들로 하여금 어깨를 들썩거리게 만들 수 있는 능력이 있음에도 불구하고 하나님을 찬양하고 표현하는 방법에 있어서 큰 제한을 받아 교회 밖으로 겉돌아 결국 교회를 떠날 수밖에 없었던 한 무명 춤꾼의 이야기를 듣게 되었다. 그 아픈 가슴을 무엇으로 위로할 수 있겠는가! 새로운 시각을 여는 창의적인 예술가들의 삶이 교회 안에서 수렴되고 또한 무식한 사람들, 한 맺힌 여인네들, 정치에 식상한 사람들, 젊은 세대들로부터 철저하게 배제된 노년층들의 현실 그리고 그들 모두의 삶과 이야기가 설교에서 다시 들려야 할 이유가 있을 뿐만 아니라, 그들이 이해할 수 있는 방식이 설교에서 사용되어야 함을 말하고자 했다.

물론 전통적인 설교에서 선호되어 온 개념적인 사고와 표현은 여전히 큰 의미를 갖는다. 중요한 것은 기존의 설교적 관행에 매여 다른 인식 및 표현방법을 제한하는 일은 지양되어야 한다는 것이다. 특히 한국 설교학에서 교과서적인 의미를 갖는 선포－해석－적용이라는 구조는 청중들로 하여금 성경본문을 이해시키고 또 그것을 삶에 구체적으로 적용하게 하는 데 큰 도움을 주었지만, 유감스럽게도 연역적인 구조로 이루어져 설교자와 청중들 사이를 멀어지게 하는 원인이 되었다.

이에 필자는 설교자와 청중이 좀더 가까워지고 청중이나 설교자 모두가 함께 하나님 앞에 서서 하나님의 말씀을 들을 수 있는 설교가 될 수 있는 구조를 찾아 나서게 되었다. 바로 이 여정을 통해 귀납적 설교의 형태를 갖는 '현실로부터 본문을 향해 나아가는 설교'에 이르게 된 것이다. 이 설교론에 기초를 이루고 있는 점은 설교는 성령의 자유로운 역사에 부합되어야 한다는 것이다. 그래서 하나님에 대한 인식 및 표현방법은 단순히 개념적인 이해에만 제한되지 않는다는 것이다. 설교자들은 청중들의 삶, 곧 현실 속에서 하나님을 발견할 수 있어야 하고 그것을 청중들에게 알려야 할 과제를 갖는다. 그동안 자신의 이해 및 표현방식에 대해 이단시 여기는 편협한 신학사조에 매여 하나님의 나타나심을 자유롭게 표현해 내지 못했던 많은 목회자들의 고충을 들어 오면서 그들의 고민이 해결될 수 있기를 간절히 바랐다. 그들의 자유로운 사고와 표현방식에 신학적인 기초를 제공하고 싶었다. 예배학적인 상황이 진지하게 고려되고 또 신학적인 검증과정에서 문제가 발견되지 않는다면 설교가 어떤 형태로 전달되든 무슨 상관이 있겠는가! 공명과 공감을 주는 설교가 되어 청중들이 하나님을 바로 알게 되고 삶의 변화를 유발시킬 수 있는 용기를 주는 것이면 된다. 설교자의 자유스런 사고는 곧 청중들의 자유로운 사고를 열어 준다. 설교자들의 막힘없는 표현방식은 청중들의 해방된 신앙적 경험을 가능하게 해 준다. 그러기 위해서 설교자들은 먼저 청중들을 늘 염두에 두고 그들의 생각과 삶이 설교 안에서 수렴될 수 있도록 노력해야 할 것이다. 청중들이 주의를 기울여 듣게 되고 설교자의 거침없는 하나님 인식과 표현방식에 주목할 때, 설교는 당연히 청중들의 공명과 공감을 불러일으킬 것이기 때문이다. 모든 설교자가 꿈꾸는 효과적인 설교가 공동체 안과 밖에서 그 현실을 보게 된다. 하나님의 임재의 경험이 공동체 안에서뿐만 아니라 공동체 밖인 개인적인 삶의 영역 속에서도 충분히 가능하게 될 것이다.

　지금까지 필자와 함께 긴 여행을 떠나 이곳까지 이른 독자들이 설교에 기쁨을 갖고 또 자신감을 얻는 것이 필자의 간절한 바람이었다. 만일 그렇지 않았다면, 오히려 심한 혼돈을 느꼈다면, 무엇이 문제였는지 필자로 하여금 그 이유를 알게 해 준다면 더욱 개선된 설교론을 위해서 큰 도움이 될 것이라 믿어 의심치 않는다. 신학적으로 아직 만삭되어 나지 못한 자와 같은 필자에게 향한 하나님의 가르치심이 독자 여러분들의 질책을 통해서 분명하게 들리기를 원한다. 자, 지금까지는 필자가 말했으니 이제는 여러분들이 말하고 필자는 들어야 할 때라 생각한다. 모든 것을 하나님께 영광을 돌리며 설교에 뜻을 두고 있는 독자 여러분을 향한 하나님의 비전을 기대한다.

　사랑하는 설교자 여러분, 설교에 기쁨을 가지세요. 설교에 자신감을 가지시기 바랍니다. 하나님은 여러분의 능력을 사용하시기 위해서 여러분을 부르셨기 때문입니다. 여러분의 자유로운 생각을, 복음을 향한 여러분의 뜨거운 마음을 신학적인 훈련과 더불어서 맘껏 발휘하시기 바랍니다. 청중들을 평생 여러분들의 동역자로 생각하며 그들의 삶 속에서 역사하시고 계시는 하나님을 발견하실 수 있기를 바랍니다. 그들로부터 하나님이 말씀하시는 메시지를 명료하게 들을 수 있게 되길 바랍니다. 설교자 여러분의 설교를 통해 하나님의 크신 역사가 또다시 청중들의 삶을 변화시켜 나가고 인도할 수 있기를 기대합니다.

인용 및 참고문헌

■ 사전류

『예배학사전』(예배와 설교아카데미, 2000).
『평생 유용한 설교방법 백과사전』(존 칼링거, 진흥, 1999).
Theologische Realenzyklopädie (TRE).
Die Religion in Geschichte und Gegenwart(RGG³)

■ 단행본 및 연구논문

곽안련, 『설교학』(대한기독교서회, 1925, 개정판 1954).
길선주, 『길선주 목사 설교: 강대보감 및 다니엘서 사경안』(혜문사, 1977).
_____. 『길선주 목사 설교 약전』(혜문사, 1971).
김금용, 한국교회 여명기의 설교연구, 장로회신학대학교대학원 석사학위논문, 1996.
김운용, "설교의 새로운 패러다임", 「기독교사상」 495-502(2000. 3-10).
_____. "창조적인 설교를 위한 방법론적 접근", 「기독교 사상」517-525 (2002.1-9).
김재영(역), 『하나님 그리고 언어와 성경과의 관계』(나침반, 1994).
김해동, 『복음적 설교의 이해』, 한신대학원 석사학위논문, 1977.
김희보, "목회자로서의 칼빈", 「신학지남」, Vol.29, No.1(1962), 60-69.
박건택, 『칼빈과 설교』(나미출판사, 1988).
박근원, 『오늘의 설교론』(대한기독교서회, 1980, 증보판 1998).
박영선, 『설교자의 열심』(규장문화사, 1999).

박영재,『설교가 전달되지 않는 18가지 이유』(규장사, 1998).

_____,『설교자가 꼭 명심할 9가지 설득의 법칙』(규장사, 1998).

_____,『청중 욕구 순서를 따른 16가지 설교구성법』(규장사, 2000).

박종수,『성서적 설교의 이론과 실제』(대한기독교서회, 2002).

富斗一, "趣味있는 講道", 「신학지남」 Vol.1. No.2(1918), 101-106.

_____, "實效있는 講道의 要素", 「신학지남」 Vol.4. No.1(1921), 80-86.

엄요섭, "한국교회 설교의 시대적 형태론(상)", 「기독교사상」 1972년 4월, 124-133.

유동준,『설교자를 위한 언어학』(쿰란출판사, 1996).

월간목회사,『나는 설교를 이렇게 한다』(생명의 말씀사, 1993).

이동원,『청중을 깨우는 강해설교』(요단출판사, 1990).

이상범, 설교명상에 대한 한 연구, 한국신학대학 대학원 석사학위논문, 1981.

이웅일, 한국교회설교에 대한 현상학적 연구, 서울대학교 대학원 석사학위 논문, 1976.

이종윤(편),『설교와 목회』(요단출판사, 1996).

이호형, "관객을 존중하는 영화와 회중을 무시하는 설교", 「기독교사상」 2002년 10월, 116-127.

정성구,『개혁주의 설교학』(총신대학출판부, 1991).

_____,『한국교회설교사』(총신대학출판부, 1986).

_____,『칼빈의 생애와 사상』(세종문화사, 1980).

_____, "칼빈의 설교연구(1), 「신학지남」, 1979. Vol.46, No.1, 53-73.

_____, "칼빈의 설교연구(2), 「신학지남」, 1979. Vol.46, No.2, 46-66.

_____, "칼빈주의와 설교", 「신학지남」, 1977. Vol.44, No.3, 79-90.

정인교,『정보화 시대 목회자를 위한 설교 살리기』(생명의 말씀사, 2000).

정장복,『설교학 서설』(도서출판 엠마오, 1992).

_____,『설교 사역론』(대한기독교서회, 1990).

_____,『설교학 강의』(양서각, 1982).

_____,『한국교회의 설교학개론』(예배와 설교아카데미, 2001).

주성호,『21세기를 위한 설교학』(대한기독교서회, 2002).

지용석, 설교위기 극복을 위한 회중에로의 접근에 관한 연구, 장로회신학대학 석사학위논문, 1998.

최병헌, 『몽양원』(이주익 역편, 도서출판 탁사, 1999).

한세완, 『평신도가 갈망하는 설교』(아가페, 1999).

Adams, Jay E., *Preaching with Purpose - The Urgent Task of Homiletics* (1982) [이길상 역, 『설교의 시급한 과제』(아가페, 1993)].

Barth, Karl, Menschenwort und Gotteswort in der christlichen Predigt, in: Zwischen den Zeiten 1925, 119-140.

_____, *Homiletik, Wesen und Vorbereitung der Predigt* (1966, ³1986) [정인교 역, 『바르트의 설교학』(한들출판사, 1999)].

_____, Not und Verheißung der christlichen Verkündigung, ZZ 1, H 1, 1923, 3-25.

_____, *Nein! Antwort an Emil Brunner*, 1934(TExH 14).

_____, Die Gemeindemäßigkeit der Predigt, EvTh 16, 1956, 194-205, 다음의 글에도 수록 Gert Hummel(hg.), Aufgabe der Predigt, Darmstadt 1971, 165-178.

Baumann, J. Daniel, *An Introduction to Contemporary Preaching*[정장복 역, 『현대설교학입문』(양서각, 1983)].

Benckert, Heinrich, Die Predigt als Problem der Dogmatik, PTh 51, 1962, 4-13.

Bieritz, K.H., u.a., *Handbuch der Predigt*, Berlin(Ost) 1990.

Bohren, Rudolf, *Predigtlehre*(1974) [박근원 역, 『설교학 원론』(대한기독교출판사, 1979)].

_____, *Predigtlehre*[박근원 역, 『설교학 실천론』(대한기독교출판사, 1980)].

_____, Die Gestalt der Predigt, EvTh 17, 1958, 358-377.

_____, Die Krise der Predigt als Frage an die Exegese, EvTh 22, 1962, 66-92.

_____, Die Laienfrage als Frage nach der Predigt, EvTh 26, 1966, 75-95.

_____, Notizen zum Problem des Predigers, VF 12, 1967, 26ff.

_____, Die Differenz zwischen Meinen und Sagen, PTh 70, 1981, 416ff.

Brooks, Phillips, *On Preaching*(1877) [서문강 역, 『설교론 특강』(크리스챤

다이제스트1995)].

Brunner, Emil, *Natur und Gnade*, Tübingen 1934.

_____(K. Barth와 공저), *Natural Theology(1946)* [김동건 역, 『자연신학』 (한국장로교 출판사, 1997)].

Buttrick, David, *A Captive Voice: The Liberation of Preaching* (Westerminster/John Knox, 1994).

Crabb, Lawrence J., *Understanding People(1987)* [윤종석 역, 『인간 이해와 상담』(두란노, 1996)].

Craddock, Fred B., *As One without Authority*(1974).

_____, *Overhearing the Gospel*(Nashville: Abingdon Press, 1978).

_____, *Preaching*(1985) [김영일 역, 『설교. 열린체계로서의 귀납적 설교방식』(컨콜디아사, 1989)].

Crawford, Evans E., *The Hum*(1995) [차종순 역, 『설교의 음악성』(한국장로교출판사, 1997)].

Daiber, Karl-Fritz, Predigt als religiöse Rede. Homiletische Überlegungen im Anschluß an eine empirische Untersuchung - Predigt und Hören 3, München 1991.

Dannowski, Hans Werner, *Kompendium der Predigtlehre*, Gütersloh 1985.

Doerne, Martin, Das Liebeswerk der Predigt. Ein Beitrag zur Predigtlehre, in: F. Wintzer(hg. und eingführt), *Predigt. Texte zum Verständnis und zur Praxis der Predigt in der Neuzeit*, München 1989, 162-173.

Fosdick, Harry Emerson, What Is the Matter with Preching?, in: Harper's Magazine, 157(July 1928).

_____, *The Hope of the World. Twenty-five Sermons on Christianity Today*, Harpers & Brothers, New York and London 1933.

_____, *Dear Mr. Brown. Letters to a person perplexed about Religion* [김하태 역, 『젊은 지성인에게 - 종교문제로 고민하는 이에게 보내는 편지』, 대한기독교서회, 1964].

Henkys, Jürgen, Predigtmeditation. Terminologisches zu einer umstrittenen

Aufgabe, in: ZdZ 33(1979), 321-328.

Hoefer, Herbert E., *Gospel-Preaching*(1981) [이기문 역, 『복음적 설교』, 컨콜디아사, 1990].

Howe, Reul L., *Partners in Preaching*(1965) [정장복 역, 『설교의 파트너』 (도서출판 엠마오, 1982)].

Hummel, Gert(hg.), *Aufgabe der Predigt*, Darmstadt 1971.

Jesen, Richard A., *Telling the Story*(Minneapolis: Augsburg Publishing Co., 1980).

Jetter, Werner, Die Predigt als Gespräch mit dem Hörer, in: PTh 56, 1967, 212-228.

Jacob, Günter, Meditation und Predigt, in: ZdZ 5(1951), 41-50.

_____, *Thinking in Story*(Lima: CSS Publishing Co., 1993).

Jones, James William, *Contemporary Psychoanalysis & Religion(1991)* [유영권 역, 『현대 정신분석학과 종교』, 한국심리치료연구소, 1999].

Josuttis, Manfred, 설교와 예전: 예배 의식에 있어서의 하나님의 말씀, 『창조적인 목회를 위한 실천신학』(하우실트, 이영미, 슈뢰터 엮음, 한들출판사 2000), 193-211[Gottes Wort im kultischen Ritual. Das Verhältnis von Predigt und Liturgie in der protestantischen Theologie, in: Erich Gerhammer/Hans-Günter Schölter(hg.), Predigt als offenes Kunstwerk. Homilietik und Rezeptionsästhetik, München 1998, 168-179].

_____, Über den Predigtanfang, in: PTh 53(1964), 474-492.

_____, Der Prediger in der Predigt. Sündiger Mensch oder mündiger Zeuge?, in: ders., *Praxis des Evangeliums zwischen Politik und Religion*, München ⁴1988, 70-94.

_____, *Der Pfarrer ist anders. Aspekte einer zeitgenössischen Pastoral-theologie*, München ⁴1991.

Kraemer, Hendrik, *The Communication of the Christian Faith*(1960) [임춘갑 역, 『그리스도교 신앙의 커뮤니케이션』, 종로서적, 1981].

Krusche, Peter, Die Schwierigkeit, Ernst Lange zu verstehen, PTh 70,

272

1981, 430ff.

Lange, Ernst, Zur Aufgabe christlicher Rede, in: ders., *Predigen als Beruf*, hg. von R. Scholz, Stuttgart/Berlin 1976, 52–67.

_____, *Zur Theorie und Praxis der Predigtarbeit*, Beiheft 1 der Predigtstudien, Stuttgart 1968.

Lawry, Eugene L., *The Homiletical Plot*(1980) [이연길 역, 『이야기식 설교 구성』(한국장로교출판사, 1996)].

_____, *How to Preach a Parable*(1989) [이주엽 역, 『설교자여, 준비된 스토리텔러가 되자』(요단출판사, 1999)].

Lester, Andrew, *Hope in Pastoral Care and Counseling*(1995) [신윤복 역, 『희망의 목회상담』(한국심리치료연구소, 1997).

Long, Thomas G., *The Witness of Preaching*[정장복, 김운용 역, 『증언으로서의 설교학』(쿰란출판사, 1998)].

Marxsen, W., Beitrag der wissenschaftlichen Exegese des Neuen Testaments für die Verkündigung, in: ThEx NF 59, 1957, 31–56.

Meyer, Frederick B., *Expository Preaching: Plans and Methods*(New York: George H. Doran Co., 1912).

Miller, Donald, *The Way to Biblical Preaching* (New York: Abingdon Press, 1957).

Möller, Christian, *Von der Predigt zum Text*, München 1970.

_____, *Seelsorglich Predigen*, Göttigen 1983 ²1990.

Müller, H. M., Homiletik. *Eine evangelische Predigtlehre*, Berlin/New York 1996.

Nelson, C. Ellis(Ed.), *Congregations. Their Power to Form and Transform*(1988) [김득룡 역, 『회중들』(한국장로교출판사, 1996)].

Nicol, Martin, Meditation II. Historisch/Praktisch–theologisch, Art. TRE 22, 337–353.

Niebergall, Alfred, *Die Geschichte der christlichen Predigt*, Leiturgia II, 1956.

Northrup, Christian, Women's Bodies, Women's Wisdom(1998) [강현주 역, 『여성의 몸, 여성의 지혜』, 한문화, 2000].

Oden, Thomas C., *Kerygma and Counseling*(1966) [이기춘, 김성민 역,

『목회상담과 기독교신학』, 다산글방, 1996].

Oelker, Hans Adolf, Der Hörer und die Predigt, in: PTh 53(1964), 465ff.

Osmer, Richard Robert, *Teaching for Faith*(1992) [사미자 역, 『신앙교육을 위한 교수법』, 한국장로교출판사, 1995].

Porscharsky, Peter, Homiletik, Art. TRE 15, Berlin/New York 1986, 526-565.

Predigt, Art. TRE 27, Predigt I-IX, Berlin/New York 1997, 225-330.

Reid, Cleyd, [정장복 역, 『설교의 위기』(대한 기독교출판사, 1982)].

Rice, Charles, Preachers as Storyteller, Union Seminary Quarterly Review, Vol.31, No.3(Spring 1976), 193-196.

Ritschl, Dietrich, *A Theology of Proclamation*(1960) [손규태 역, 『선포의 신학』, 대한기독교서회, 1990].

Robinson, Haddon W., 『강해설교의 원리와 실제』(정장복 역, 서울: 대한기독교출판사, 1987).

Rössler, Dietrich, *Grundriß der praktischen Theologie*, Berlin/New York, 1993 1994^2, 346ff.

Ruppert, Fidelis, Meditatio-ruminatio. Zu einem Grundbegriff christlicher Meditation, in: EuA 53(1977), 83-93.

Seitz, Manfred, Zum Problem der sog. Predigtmeditation, in: *Die Predigt zwischen Text und Empirie*, hg. von Herbert Breit u.a., Stuttgart 1969, 9-21.

Sauter, Gerhard, Reden von Gott in Gebet, in: in: *Gott nennen*, hg. von B. Casper, Freiburg-München 1981, 219-242.

Smith, Donald, P., *Congregation Alive*(Philadelphia: Westminster, 1981).

Steimle, Edmund A., etc., *Preaching the Story*(Philadelphia: Fortress Press, 1980).

Thurneysen, Eduard, *Die Aufgabe der Predigt*, PBI 63, 1921.

_____, *Seelsorge im Vollzug*(1968) [박근원 역, 『현대목회실천의 원리와 방법』(한국신학 연구소, 1993)].

Trillhaas, Wolfgang, Meditation. Art. RGG^3 Bd. 4, 823-826.

_____, *Evangelische Predigtlehre*, München ^{3}1948.

_____, Die wirkliche Predigt, in: H. Gerdes(hg.), *Wahrheit und Glaube*, FS E. Hirsch, Itzehoe 1963, 193 – 205.

_____, *Einführung in die Predigtlehre*, Darmstadt ²1980.

Ulrich, Ludolf, Erwartungen an die Predigt, in: M. Seitz/L. Mohaupt, *Gottesdienst und öffentliche Meinung*, Stuttgart 1977, 121ff.

Weber, Otto, Vom Text zur Predigt, in: O. Weber, *Der euch berufen hat. Predigten und Erwägungen zur Predigt*, Neukirchen 1960, 31 – 46. 이 글은 다음의 글에도 수록: F. Wintzer(hg. und eingeführt), *Predigt. Texte zum Verständnis und zur Praxis der Predigt in der Neuzeit*, München 1989.

Weber, Robert E., *God Still Speaks*(1980) [정장복 역, 『그리스도교 커뮤니케이션』, 대한기독교출판사, 1985].

Wiersbe, Warren W. *Teaching and Preaching with Imagination*(1994) [『상상이 담긴 설교』, 『이미지에 담긴 설교』(요단출판사, 1997)].

_____(외 6인 공저), 『심령을 꿰뚫는 설교를 합시다』(배응준 역, 나침반, 1996).

Wintzer, Friedrich, *Die Homiletik seit Schleiermacher bis in die Anfänge der dialektischen Theologie in Grundzüge*(1969) [정인교 역, 『현대 설교학』(한국신학연구소, 1998)].

_____(hg. und eingeführt), *Predigt. Texte zum Verständnis und zur Praxis der Predigt in der Neuzeit*, München 1989.

_____, Textpredigt und Themapredigt, in: Hg. von demselben, *Praktische Theologie*, Neukirchen 1982, 81 – 91.

_____, Die Predigt als Ermutigung zum Dialog, in: P. Rössler u.a.(hg.), *Fides et communicatio*, Festschrift für M. Doerne zum 70. Geburtstag, Göttingen 1970, 428ff.

Wagner, Heinz, Die Predigt als Seelsorge, in: ThLZ 83(1958), 81ff.

Wyder, Heinrich, *Die Heidenpredigt. Ihr Gegenüber, ihr Ziel, ihr Inhalt und ihre Ausdrucksweise. Eine praktisch – theologische Untersuchung in Rückblick auf die missionarische Begegnung in China*, Gütersloh 1954.

· 저자 ·

최성수 · 약 력 ·

서강대학교 철학과
독일 본(Bonn) 대학 Mag. theol., Dr. theol.
호남신학대학교 신학대학원(M. Div.)
본(Bonn) 대학 에큐메니칼연구소 연구원
한국기독교학술원 전문연구원
연세대, 감신대, 서경대, 호서대, 장신대, 호신대 강사 역임
현 한남대학교 기독교문화연구원 전임연구원
현 전남과학대학 겸임교수
현 한일장신대학교 출강

· 주요논저 ·

『Koreanisches Christentum in Begegnung mit den einheimischen Religionen』
(Peter Long, 1999)
『신학과 목회, 그 뗼 수 없는 관계』
『종교 다원주의 시대의 기독교와 종교적 관용』(공저)
『계명은 복음이다』
『영화관에서 만나는 하나님』
『영화 속 장애인 이야기』
『영화 속 기독교』
『소망의 이유를 묻는 이들을 위하여, 종말론 입문』(역서)
『소망을 위하여』(역서)
『신학은 어떤 의미에서 학문인가』(역서)
『시간과 종말』(공저)
『설교로 이해하는 종교개혁 – 종교개혁기념주일 설교집』
『기독교 문화와 상상력』(공저)
『오소서! 성령이여! – 성령강림절 설교집』(공저)
『위로하라, 내 백성을 – 대강절 · 성탄절 설교집』(공저)
『볼프하르트 판넨베르크 신학 연구』
외 다수의 논문

· 연락처 ·

메일주소: sscc1963@hanmail.net
전화번호: 011-9744-0572

제3의
설교론
영상시대에 필요한 설교

• 초판 인쇄	2008년 1월 15일
• 초판 발행	2008년 1월 15일
• 지 은 이	최성수
• 펴 낸 이	채종준
• 펴 낸 곳	한국학술정보(주)
	경기도 파주시 교하읍 문발리 513-5
	파주출판문화정보산업단지
	전화 031) 908-3189(대표) · 팩스 031) 908-3189
	홈페이지 http://www.kstudy.com
	e-mail(출판사업부) publish@kstudy.com
• 등 록	제일산-115호(2000. 6. 19)
• 가 격	28,000원

ISBN   978-89-534-7771-1 93230 (Paper Book)
        978-89-534-7772-8 98230 (e-Book)